中央高校基本科研业务费专项资金资助（Supported by the for the Central Universities）；浙江省自然科学基金一般项目：银根紧缩、信贷资源配置非对称性与企业陷入财务困境可能性（LY17G020019）

货币政策影响企业现金流风险机理的实证研究

季伟伟 ◎ 著

吉林大学出版社

·长春·

图书在版编目(CIP)数据

货币政策影响企业现金流风险机理的实证研究 / 季伟伟著.— 长春：吉林大学出版社，2023.3
 ISBN 978-7-5768-1554-2

Ⅰ．①货… Ⅱ．①季… Ⅲ．①货币政策－影响－企业管理－现金管理－风险管理 Ⅳ．① F275.1

中国国家版本馆CIP数据核字(2023)第049223号

书　　　名：	货币政策影响企业现金流风险机理的实证研究

HUOBI ZHENGCE YINGXIANG QIYE XIANJINLIU FENGXIAN JILI DE SHIZHENG YANJIU

作　　　者：	季伟伟
策划编辑：	邵宇彤
责任编辑：	陈　曦
责任校对：	单海霞
装帧设计：	优盛文化
出版发行：	吉林大学出版社
社　　　址：	长春市人民大街4059号
邮政编码：	130021
发行电话：	0431-89580028/29/21
网　　　址：	http://www.jlup.com.cn
电子邮箱：	jldxcbs@sina.com
印　　　刷：	三河市华晨印务有限公司
成品尺寸：	170mm×240mm　　16开
印　　　张：	14
字　　　数：	242千字
版　　　次：	2023年3月第1版
印　　　次：	2023年3月第1次
书　　　号：	ISBN 978-7-5768-1554-2
定　　　价：	88.00元

版权所有　　翻印必究

前言

  2008年美国次贷危机的不良影响传导至我国，对出口、经济增长、就业产生了严重冲击。当年年底，国家出台了包含积极财政政策和宽松货币政策的"四万亿"经济刺激方案，一场旨在挽救经济的战役展开。2009年、2010年两年，物价水平不断上升，不动产价格飞涨，民间对"四万亿"经济刺激方案的效果产生怀疑，批评声音此起彼伏，而官方也不断为其进行辩解，最终2010年底"四万亿"经济刺激方案悄悄落幕。2011年为控制物价水平不断上涨，央行事实上实行紧缩货币政策控制市场上货币的流通数量。此后浙江、江苏、广东等经济发达省份，老板们结群跑路，民营企业相继破产。一时间各路专家对于"国进民退"现象而引发的论战充斥于各种场合。很多人对"四万亿"经济刺激方案的怀疑进一步加重，认为其是导致民营企业破产的主要原因，甚至有著名学者提出"四万亿"经济刺激方案是祸国殃民之举。

  然而，即使是再著名的专家，在电视、报纸等大众媒体上发表的观点大多是概念性的，缺乏系统性阐述和数据支撑。相对应的是，学术刊物至今缺乏对"四万亿"经济刺激方案的评估性研究。

  基于上述研究背景，本书对2008年推出的"四万亿"经济刺激方案进行评价。本书通过以下三个方面来探讨：第一，"四万亿"经济刺激方案对于企业脱困是否有帮助；第二，实行"四万亿"经济刺激方案是否有代价，对于企业现金流状况有什么不良影响；第三，2008年"四万亿"经济方案与2011年民营企业破产潮是否存在因果关系。为回答上述问题，我们分别将研究主题聚焦于宽松货币政策对于企业现金流风险的影响。

  在研究方法上，本书采用规范性研究与实证研究相结合的方法。概念阐述、逻辑推导、归纳总结等主要是规范性研究方案，见第1章、第2章、第3章、第4章、第5章；而第6章与第7章主要是对第3章的概念框架进行实证检验。实证研究方法主要采用了方差分析、多元线性回归等，更为具体的，还包括检验中介变量、调节变量的作用。

本研究从宏观、宏观到微观以及微观三个层次进行分析，得出了以下结论：宏观调控的目标与经济微观主体企业的目标并不是一致的。为促进充分就业，中央政府实施宽松的货币政策，在某种程度上是以增加企业外部不确定性为代价的。企业是就业和经济增长的主要载体，现金流风险增加也就意味着宏观经济政策失败的可能性加大。

研究对宽松货币政策与企业陷入财务困境的可能性两者之间的关系进行了实证检验。研究发现：2009—2010 年宽松货币政策显著地助推了上市公司走出 2008 年的财务窘境。我们还发现，货币政策和企业财务风险两者关系还受到企业投融资行为的影响，也就是说大规模企业投资、债务融资将会抵消宽松货币政策对企业财务健康状况的积极效应；而在货币政策转为紧缩时，更是会加剧货币政策对企业财务风险的负面冲击。

研究还检验了紧缩性货币政策对上市公司银行贷款增长率的影响，相对于国有企业，民营企业所受冲击更大，银行贷款增长率下降得更多；与欠发达地区相比较，金融市场化程度高的地区上市公司受紧缩性货币政策影响更大，银行贷款增长率下降得更多。更让人吃惊的是，欠发达地区的国有企业平均贷款增长率反而上升；而相对应的发达地区的民营企业平均贷款增长率下降幅度最为巨大。

同时，研究还研究了宽松货币政策环境下企业的应对策略。研究认为，在宽松货币政策环境之下，国有企业最优策略是收购竞争对手，次优策略是加大投资额，形成规模经济，达到最低单位生产成本。而民营企业如果面对的竞争对手是国有企业，预期投资后单位成本做不到低于对手的单位变动成本，最优策略是将企业卖出。

作者

2022 年 7 月

目录 CONTENTS

第1章 绪论 **001**
    1.1 研究背景 001
    1.2 研究主题 005
    1.3 宏观经济政策与微观企业行为的研究现状 006
    1.4 本研究可能存在的创新点 013
    1.5 研究内容与章节结构 015

第2章 现金流风险理论及述评 **020**
    2.1 现金流风险的概念定义 020
    2.2 经营失败的公司的特征 022
    2.3 现金流风险的判别方法 022
    2.4 现金流风险的影响因素 037
    2.5 现金流风险的经济后果 038
    2.6 现金流风险的应对措施 041
    2.7 现金流风险研究述评 041

第3章 基于宽松货币政策动因的制度环境分析 **043**
    3.1 美国次贷危机对我国经济的影响 043
    3.2 出口是我国 GDP 的重要组成部分 044
    3.3 短期内净出口下降部分只能通过投资、政府支出弥补 ... 045
    3.4 积极财政政策的额度受到限制 047
    3.5 货币政策被赋予更重要地位 049

第4章 货币政策影响企业现金流的作用机理 **057**
    4.1 总体思路 058

4.2 战略投资、政策激励与民企破产潮因由的经济学分析............058
　　4.3 宏观经济政策对微观企业作用路径传导机制解析............060
　　4.4 微观企业宏观政策路径依赖——因果效应凸显............064
　　4.5 结论和启示............067

第 5 章　宽松货币政策内在逻辑与经济后果............**069**
　　5.1 货币政策目标与企业目标的各自表述............069
　　5.2 经济衰退情况下预期企业行为............069
　　5.3 经济衰退时期政府实行宽松的货币政策以刺激投资............070
　　5.4 宽松货币政策下企业应对策略............071
　　5.5 后危机时代产业就业格局巨变............072
　　5.6 启示............073

第 6 章　宽松货币政策、企业投融资与现金流风险变化............**074**
　　6.1 理论分析与研究假设............075
　　6.2 研究设计............077
　　6.3 实证结果与分析............082
　　6.4 进一步检验——投资的中介效应............089
　　6.5 本章小结............092

第 7 章　银根紧缩、制度特征与企业现金流风险............**095**
　　7.1 制度背景............096
　　7.2 文献回顾与研究假设............097
　　7.3 研究设计............101
　　7.4 回归结果............105
　　7.5 讨论与进一步分析............111
　　7.6 本章小结............115

第 8 章　中国应对 2008 年美国次贷危机的经济政策分析............**117**
　　8.1 经济学家利用多个模型构建宏观经济学理论............117
　　8.2 中国特定的国际金融环境分析............144
　　8.3 固定汇率制度、资本完全不流动情况下开放经济的宏观经济政策............147

8.4 使用内外均衡理论分析我国应对 2008 年全球金融危机的
宏观经济政策及其效果 150

第 9 章 结论 153

参考文献 154

附录 1 紧缩货币政策数据来源 169

附录 2 2009 年 IMF 汇率制度归类体系 177

附录 3 中国汇率安排和外汇管制 185

第1章 绪论

1.1 研究背景

2007年8月，美国次贷危机迅速蔓延开来，全球股市暴跌，实体经济衰退，失业率增高，演变成全球性经济危机。中国GDP增速也快速回落，出口出现负增长，经济面临硬着陆的风险。为应对这种危局，2008年11月5日国务院推出被简称为"四万亿"的经济刺激方案。

1.1.1 四万亿计划

2008年11月5日，时任中国国务院总理温家宝主持召开的国务院常务会议正式作出决定，并在2008年11月9日星期日晚间对外公布"四万亿计划"。初步匡算，我国为实施铁路、公路等十大工程[①]建设，到2010年底约需投资4万亿元。资金来源，其中中央政府承担1.18万亿，其他近2.82万亿元靠银行贷款解决，约占整个计划的70.5%。为此，会议提出取消对商业银行的信贷规模限制，合理扩大信贷规模。

并且，2008年12月10日，更重要的中央经济工作会议确定了实现保增长的工作基调（保持经济平稳较快发展），强调进一步发挥金融对促进经济发展的积极作用，果断实施适度宽松的货币政策。

2008年12月13日，国务院办公厅印发的《关于当前金融促进经济发展的

---

① 十大工程分别是：1.保障性安居工程；2.农村基础设施；3.铁路、公路和机场等重大基础设施；4.医疗卫生、文化教育事业；5.生态环境建设；6.自主创新和结构调整；7.地震灾区灾后重建；8.提高城乡居民收入；9.在全国所有地区、所有行业全面实施增值税转型改革，鼓励企业技术改造，减轻企业负担1200亿元；10.加大金融对经济增长的支持力度。取消对商业银行的信贷规模限制，合理扩大信贷规模，加大对重点工程、"三农"、中小企业和技术改造、兼并重组的信贷支持，有针对性地培育和巩固消费信贷增长点。

若干意见》明确提出，创造适度宽松的货币信贷环境，以高于 GDP 增长与物价上涨之和约 3 至 4 个百分点的增长幅度作为 2009 年货币供应总量目标，争取全年广义货币供应量（M_2）增长 17% 左右；追加政策性银行 2008 年度贷款规模 1000 亿元，鼓励商业银行发放中央投资项目配套贷款，力争 2008 年金融机构人民币贷款增加 4 万亿元以上。

《中国货币政策执行报告（2009 年第 4 季度）》显示，2009 年广义货币供应量（M_2）为 60.6 亿元，同比增长 27.7%；《中国货币政策执行报告（2010 年第 4 季度）》显示，2010 年 M_2 为 72.6 万元，同比增长 19.7%。

2010 年 12 月 12 日闭幕的中央经济工作会议指出，2011 年将实施积极的财政政策和稳健的货币政策，把稳定价格总水平放在更加突出的位置。货币政策由过去两年来的"适度宽松"搭配变为"稳健"。就在会议开幕当天，央行宣布年内第六次、同时是月内第三次上调金融机构存款准备金率，进一步向外界释放出货币条件继续回归常态的信号。

2010 年 12 月 13 日，时任央行行长周小川主持召开央行党委会议，传达学习中央经济工作会议精神，强调积极稳妥地处理好保持经济平稳较快发展、调整经济结构、管理通胀预期的关系，把稳定价格总水平放在更加突出的位置；要实施稳健的货币政策，把好流动性这个总闸门。

2010 年 12 月 14 日，国家发改委负责人介绍，2008 年中国为扩大内需而进行的 4 万亿投资基本完成。

1.1.2 企业破产老板跑路潮

2011 年前三季度，面对不断加大的通货膨胀压力，央行先后 6 次上调存款准备金率共 3 个百分点，3 次上调存贷款基准利率共 0.75 个百分点，2011 年 9 月末 M_2 同比增长速度降至 13.0%。

相对应的是截至 2011 年 9 月份，浙江省消亡企业 2.5 万家，跑路老板超 200 位，这是 2011 年比 2008 年更为严峻的金融危机。2008 年，浙江省全年注销私营企业 2.2 万家，同比增长 10.99%，为当时近六年最高。比较两组数据不难发现，到 2011 年 9 月份，浙江消亡企业的数量已经超过了 2008 年全年消亡企业的数量（李娟，2011）。

1.1.3 "四万亿"政策效果争论

"四万亿"经济刺激政策与江浙民营企业破产潮有时间上的先后顺序,加上"四万亿"政策推出之后的国有企业迅速膨胀,出现了所谓的国进民退的论调。加之通货膨胀带来的不利影响,很多学者对"四万亿"经济刺激方案进行抨击。

经济学家郎咸平 2011 年 10 月 25 日发表微博称,政府"四万亿"投资带来财政、滞胀、民企三大危机。张维迎在 2014 年博鳌亚洲论坛上批评 2008 年政府出台的"四万亿"经济刺激政策,称政府需求管理误导企业家作出错误决策,政府干预货币导致结构失调。他引用哈耶克(Friedrich Hayek)等奥地利学派经济学家的观点提出,如果不允许中国经济按其自身规律进行调整,那么中国经济中小的泡沫破裂之后就会发生大泡沫的破裂。耶鲁大学金融学教授陈志武也指出,中国要通过货币、财政政策扭转四万亿计划带来的结构性破坏。

针对这些声音,温家宝同志在作 2013 年政府工作报告时,主要从基础设施建设、非化石能源发展、财政赤字占国内生产总值的比重、银行业资本充足率和不良贷款率、国内生产总值增长等几个方面对"四万亿"政策的作用进行总结:"回首这五年,面对国际经济形势复杂多变、持续低迷的严峻挑战,中央科学判断、果断决策,有效避免了我国现代化进程因巨大的外部冲击而出现大的波折,实践证明这些决策部署是完全正确的。"①

原工信部部长李毅中等也特别为"四万亿"政策进行了解释,但他们在坚持决策正确的前提下,承认该政策有利有弊。李毅中称,"应对危机采取的措施,只是在特殊情况下采取的特殊办法,而不是常规措施""一件事情不能十全十美,总是有利有弊"②。原央行行长周小川认为:"总体来讲,我国应对危机的成效相当不错,不能既要好效果,又要零代价""评价经济刺激计划的作用,应该将其放在一个历史阶段综合来看,不能只想在危机时尽快复苏,复苏成功了以后又不愿意承担由其产生的成本。"③

---

① 温家宝. 2013 年国务院政府工作报告 [R]. [DB/OL]. (2013-03-19)[2022-10-12]. http://www.gov.cn/test/2013-03/19/content_2357136.htm.
② 李毅中. 全国政协经济界别小组讨论会发言实录 [N]. [DB/OL]. (2019-11-23)[2022-10-12]. https://www.163.com/dy/article/EUKLUVRF0514HGHU.html.
③ 杨燕青,柏亮. 周小川回应货币超发:要经济复苏就要承担成本 [DB/OL]. (2013-03-08)[2022-10-15].https://www.qhlingwang.com/caijing/content/2013-03/08/content_1065797.htm.

1.1.4 其他声音

其他经济学家将企业破产现象归纳出以下几个方面的原因。

（1）优胜劣汰。浙江大学区域与城市发展研究中心执行主任陈建军认为："这些传统行业在宏观经济环境比较复杂的时候，就会出现洗牌，或者优胜劣汰的情形。"（李娟，2011）

（2）扩张中的问题。浙江大学民营经济研究中心主任史晋川则认为："在这一波的'跑路潮'中，大部分都是扩张中出现了问题，导致青黄不接，企业无以为继。"（李娟，2011）

（3）高利贷。高利贷的活跃反映出金融体制改革的滞后和利率市场化的迫切需求。银行体系在半垄断状态下，竞争并不充分，大量中小企业的融资需求长期边缘化，一旦遇到货币紧缩，中小企业常常面临"缺水"之困（刘胜军，2011）。

（4）经营风险意识薄弱。企业破产的原因来自企业家本身。因为他们的成长背景和时代背景，这些人有一个很大的共性：经营风险意识薄弱（或者说他们是偏好风险的盲目投资者），资金链紧张和财务管理混乱（王敏，2011）。

1.1.5 评述

我们对浙江玻璃、温州信泰、绍兴飞泰光电等一些典型案例进行分析发现，这些企业经营的业务都是盈利的，发展前景事实上也都不错，并且破产企业并没有出现类似炒房、炒地皮等投机行为。上述很多观点似乎都是似是而非。

对于上述各方评论进行归纳总结，我们可以发现以下问题：一、虽然"四万亿"经济刺激方案已经结束3年，但目前国内学术界对其政策效果及评价仍然缺乏严肃的总结，上述专家学者的言论多为观点阐述性质的，论述不系统，也缺乏数据支持，即多为经典理论对现象的事后解释。虽然这种工作是有价值的，但是不太可能产生 Kuhn（1970）所描述的"科学进步"。对此，原工信部部长李毅中、原央行行长周小川都呼吁加强对"四万亿"经济刺激方案的总结、对货币政策成本效应的研究，到目前为止学界鲜有人给予回应。二、对于"四万亿"经济刺激方案，具体来说货币政策的经济后果，经济学还是难以摆脱以GDP增长、物价水平（例如CPI）等宏观变量作为研究视角。对此，经济学界并没有给出有力的解释，现有经济学家和金融学家的研究或解释都仅从总量和宏观的角度出发，并未详尽考察货币政策信贷渠道的微观传导机制（Bernanke et al., 1995；Kashyap et al., 2000；蒋瑛琨等，2005；等等）。为此周小川（2004）呼吁研究货币政策传导机制问题时，应充分关注微观基础、宏观和微观的博弈关系。

1.2 研究主题

本书的研究范畴明确为2008年推出的"四万亿"经济刺激方案与2011年民营企业破产潮之间是否有关系。

由前文得知，"四万亿"的经济刺激方案包含了货币政策、财政政策两种方案。其中货币政策是主要资金来源（近2.82万亿资金靠银行贷款解决，约占整个计划的70.5%），且不良后果或者说争议都与此相关。因此，我们简化"四万亿"这一概念，集中关注其中货币政策的部分（图1-1）。①

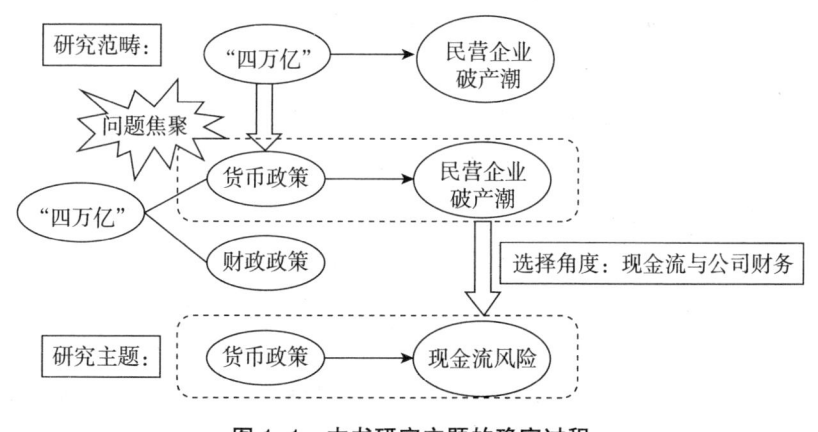

图1-1　本书研究主题的确定过程

问题得以聚焦之后，我们就要选择研究的角度或者立场，即我们从什么方位或角度观察研究对象。研究角度的选择视学科而定，而这又取决于所要研究的对象，以及打算从什么视角来看待这一现象（马奇等，2011）。2011年民营

---

① 关于财政政策对于企业现金流的影响，本研究团队的陈志斌等（2010）已经进行详细阐述。因此，本书仅关注货币政策。

企业破产潮，如果从产业经济学角度来看，是个转型升级、优胜劣汰的问题；从战略管理角度来看，是民营企业缺乏核心竞争力的问题；而从金融学角度来看，是金融体制改革不彻底，利率价格市场化滞后引发的高利贷问题。那么从财务角度来看，这又是什么？

企业的破产问题，从财务角度来看主要是现金流问题，通常用"现金流风险"（cash flow risk）这一专业术语来描述。这时研究对象转化成一个正式研究的主题：在货币政策的刺激下，企业现金流风险如何变化。

1.3　宏观经济政策与微观企业行为的研究现状

Ball 等（1968）发布奠基性的文章后，财务会计与资本市场逐渐成为会计学研究的国际主流，选题及范式日益向其靠拢。Tuttle 等（2007）统计了 2006 年 *Accounting Review*[①] 发表的文章，发现财务会计主题占据 66.7%，出现选题与范式单一、研究内容缺乏创新的局面。事实上，其他会计研究领域（例如管理会计、税务、内部控制、会计信息系统、审计等重要业务与实践）以及其他研究范式（规范研究、分析研究、行为研究、实验研究、实地研究等）被边缘化了。

早在 2001 年，Joel Demski 教授在美国会计学会年会演讲中提出了对当前会计学研究的警告：会计学研究的宗族倾向 (tribal tendency)，体现为研究选题和范式的趋同（sameness）。[②] 而在 2006 年美国会计学会年会（American Accounting Association 2006）主题发言中，Anthony Hopwood 教授同样提出会计学研究缺乏创新，并且离会计业务与实践越来越远。John Fellingham 甚至提出：会计研究还属于一个学术领域吗？[③]

国内会计学者也作出了积极响应，在会计领域进行了新的尝试与创新。陈

[①]　美国会计学会主办的旗舰学术刊物，国际三大会计学顶尖期刊之一，另外两本分别为 *Journal of accounting and economics*, *Journal of accounting Studies*。

[②]　DEMSKI. Some Thoughts on Accounting Scholarship [R]. August 22, 2001. [DB/OL]. （2001-08-22）[2022-10-18]. https://www.cs.trinity.edu/rjensen/001aaa/atlanta01.htm#Demski01.

[③]　FELLINGHAM J. Is Accounting an Academic Discipline? [RB/OL].[2022-10-20].http://www2.aaahq.org/AM2006/speaker_materials.htm.

志斌教授作为国内该领域的研究先驱,在金融危机前就已进行诸多探索,并在2008年主持教育部应急课题——"企业现金流断流风险:金融危机对企业的正面冲击点解析与应对策略探讨"(项目批准号:2009JYJR019)。2010年,《会计研究》发表陈志斌和刘静的代表性论文《金融危机背景下企业现金流运行中的政策影响研究》,对宏观经济政策对于企业现金流运营的影响机理进行剖析和阐释,提出了一个宏观—中观—微观的作用框架,为后续研究提供分析路径。

姜国华等(2011)作为海归学者,利用其信息优势对国内外会计研究境况进行分析总结,呼吁将国家宏观经济政策与微观企业行为相结合。姜国华等(2011)认为,传统经济学的一个研究重点是宏观经济政策与经济产出之间的关系(图1-2)。宏观经济政策是政府为了特定经济目标而利用某种工具影响经济产出所采取的政策,包括经济周期、财政政策、货币政策、信贷政策、汇率政策、经济管制政策、产业政策等。而经济产出是国内生产总值(GDP)、全社会投融资、物价水平、就业、进出口总额等指标。

宏观经济政策 ⟶ 经济产出

图1-2 传统经济学的研究主题

传统会计学的研究一般涉及微观企业行为与企业产出之间的关系(图1-3)。微观企业行为包括但不限于公司治理、资本结构、投融资、内部控制、会计政策等。企业产出包括利润、公司市值、异常收益率等指标。

微观企业行为 ⟶ 企业产出

图1-3 传统会计学的研究主题

经济学研究直接分析宏观经济政策与经济产出之间的关系,无法理解从宏观经济政策到经济产出的传导机制。而传统会计学研究考察企业行为与企业产出关系时,忽视了企业行为必然受宏观经济政策波动的影响,所以经济政策对企业行为与业绩的影响往往没有进入研究视野。所以姜国华等(2011)认为会计学、财务学研究应该借鉴宏观经济政策研究的成果,在微观层面上分析宏观经济政策的微观传导机制(图1-4),从而更好地理解企业行为与企业产出的关系,更好地预测企业未来的行为与产出,拓展出会计与财务研究的一个新领域。

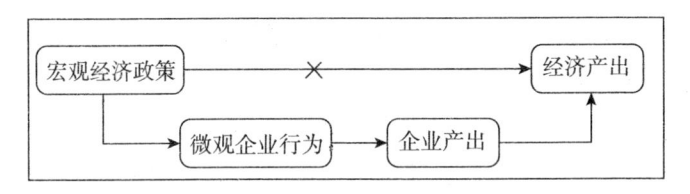

图 1-4 宏观经济政策的微观传导机制

与此同时，其他学者对此研究领域也有诸多探索。总的来说，宏观经济政策与微观企业行为的研究目前可以分为以下几个方面。

1.3.1 经济周期与微观企业行为

Klein 等（2006）以美国上市公司 50 年数据为样本，考察了会计谨慎性与企业盈亏之间的联系，结果发现亏损的企业不仅与其谨慎性原则相关，还与整个经济周期紧密相连。Korajczyk 等（2003）研究了存在融资约束和不存在融资约束的企业与经济周期的关系，结果发现不存在融资约束的企业能依据经济周期走向自行调整其筹融资结构，而存在融资约束的企业却不能。Carling 等（2004）考察了财务报表中相关业绩指标与宏观经济政策之间的关系，研究发现宏观经济政策与报表中业绩指标具有明显的相关关系。Jin 等（2005）考察了宏观经济动态与企业盈余管理行为之间的联系，研究显示不同性质的企业随着经济动态变化，其盈余管理的方法及目的存在明显差异。

应惟伟（2008）按经济周期阶段不同对样本企业进行分组，研究不同经济周期下的投资现金流敏感性，通过比较不同组别投资现金流敏感性的差别，初步分析了不同宏观经济环境对企业投资决策的影响。郭建强等（2008）指出，宏观投资环境通过商业周期不同阶段来影响投资，且不确定性加大了商业周期的变动性，从而进一步增加了对投资的影响。陈艳（2012）发现企业投资机会和新增投资支出与经济危机具有显著负相关关系。

1.3.2 汇率政策与微观企业行为

Cushman（1985）研究了人民币汇率政策对国际投资（Foreign direct investment, FDI）FDI 的影响，发现人民币贬值增强与提高了我国 FDI 的引入，并提出了比较生产成本理论，即当一国货币贬值，由于存在价格黏性与工资刚性，人民币贬值将会降低整个生产成本。Froot 等（1991）的研究与 Cushman（1985）的研究结论大致相同，人民币贬值引起生产成本下降，也就意味着投资回报率上升，会增加投资者投资预期与财富，因而将会吸引更多的FDI。Campa（1993）的研究结论与前两者相反，其研究认为，人民币升值则能增加FDI的引入。其理论是FDI的引入取决于所在国的货币坚挺程度，货币越坚挺，该国市场未来投资回报率的期望值则越高，自然FDI的流入就会增多。

国内学者作了相关汇率政策对物价、FDI、通货膨胀等相关影响的研究。吕剑（2007）以1994—2005年月度数据为样本，考察了人民币汇率变动对消费物价指数（Consumer Price Index, CPI）、生产物价指数（Producer Price Index, PPI）、零售物价指数（Retail Price Index, RPI）的传导效应，检验表明CPI的汇率传递效应最强，其次为PPI，最后为RPI，传导在4个月后有明显负面效果，滞后期持续两年左右。高波等（2011）阐述了人民币升值对房地产市场的作用机理，若增强人民币升值幅度将会导致银行信贷资金向房地产市场倾斜，由此加剧目前及今后一段时期房地产泡沫。徐奇渊（2012）以2001—2009年11月省际面板数据为检验样本，考察了人民币汇率变动对我国不同地区之间CPI的影响与作用。研究表明，汇率变动对我国东部、西部、中部地区有显著效应，但东部地区呈负向关系，西部与中部地区呈正向关系。潘锡泉等（2012）以2000年1月至2011年5月相关数据为基础，研究了人民币汇率变动与经济增长、FDI之间的联系，结论为人民币升值预期促进了FDI流入。

近期也有部分学者尝试研究汇率政策变动对微观企业实体行为的影响，本书试着梳理与述评。戴觅等（2011）以2001—2007年的工业企业为数据样本，观察人民币升值与我国企业自主创新之间的联系，发现在人民币升值的背景下，相对于非出口企业，出口企业研发投资额增长11%，而来自新产品的收入却比非出口企业增长接近2倍。吴国鼎等（2012）以2001—2007年工业企业数据库相关数据为基础，探究人民币汇率变动与企业雇佣人数之间的联系，研究发现：人民币升值与公司雇佣人数之间成反比，尤其是劳动密集型企业，这种负相关关系更为明显。

1.3.3 财政政策与微观企业行为

陈志斌等（2010）将财政政策对企业现金流的影响归纳为宏观层面、宏观微观间、微观层面三个阶段传导链条，并进行分析，提出了危机中企业现金流管理的两大关注点。雒敏等（2012）发现扩大政府财政支出能提升企业资本结构调整的速度，而降低企业所得税反而显著降低了企业资本结构调整的速度。

研究还发现财政政策并不会影响企业资本结构调整方向，但非国有企业对于政策变动更为敏感。雒敏等（2013）研究发现，政府增加财政支出采用扩张性财政政策时，公司喜欢选择内源融资，而进行外源融资时会优先利用股权融资。但是2008年降低公司所得税率的扩张性财政政策使得公司倾向于选择外部债权融资这种外源融资。

1.3.4 货币政策与微观企业行为

（1）货币政策的传导路径。Kashyap等（2000）以美国1976—1993年银行企业数据作为对象，研究货币政策信贷传导路径，发现紧缩货币政策的效用对大银行和流动性较好的银行不明显，而对规模较小的银行及流动性较差的银行作用显著。周英章等（2002）运用1993—2001年我国上市公司数据对货币政策传导路径进行检验，发现我国货币政策的作用路径主要有信用渠道和货币渠道，其中信用渠道发挥了主要作用。索彦峰等（2007）同样证实了我国信贷传导路径是存在的，也具有三种主要传导路径特质。饶品贵等（2010）首先归纳总结了货币政策对微观企业行为的传导路径，总结归类为三类，即货币政策通过商品价格、利率政策和银行信贷传导；并对信贷传导路径的作用机理进行细致阐述，发现银行可以通过调整对企业的贷款规模与数量来影响企业实体经营与管理行为。我国的融资渠道和环境与国外的融资渠道和环境存在较大差异，相对于国外，我国企业融资途径与来源有限，银行信贷是企业最主要的资金来源（饶品贵 等，2011）。

（2）货币政策与企业投资行为。Kashyap等（1993）研究认为，紧缩货币政策会减少信贷供给，从而影响企业投资行为。Hu（2000）研究了货币政策对于微观企业投资的影响，发现面临银根紧缩，高杠杆率公司投资缩减的幅度更大，并且在缺乏投资机会的公司体现得更为显著。Beaudry等（2001）调查了英国货币政策对于企业投资的影响，结果显示，相对于1970年，1980年的英国上市公司投资总体方差显著下降，说明了基于货币政策不确定性产生了企业投资同质性。刘斌（2001）利用向量自回归的方法，发现货币政策在短期内影响企业投资，并且作用时间可持续36个月。彭方平等（2007）从微观角度，利用动态面板数据模型，发现货币政策通过影响政策利率以及改变国债到期收益率等，影响资本使用成本，从而影响公司的投资行为。宁宇新等（2012）以2008—2009年房地产业上市公司为研究对象，主要研究了我国货币政策对房地产上市公司投资效率的影响，检验结果表明，相对于民营企业，国有控股企业的投资效率较低，并且在紧缩货币政策背景下，国有控股上市公司仍旧存在较大的过度投资行为；紧缩货币政策对民营控股企业影响更为显著。宣扬（2012）发现，在货币宽松时期采用债务保守策略的公司，货币紧缩期间获得贷款的能力与投资水平较高。龚光明等（2012）以2004—2011年中国制造业上市公司季度数据为样本，探究货币政策如何改变微观企业投资行为，研究发现：银根紧缩的环境抑制了公司投资行为，而宽松货币政策可以促进公司投资，外部的融资约束越强，公司投资行为受货币政策的影响越大。张西征等（2012）发现对于不同融资约束公司，货币政策对于投资的影响存在非对称性。低融资约束公司需求效应强于高融资约束公司，而高融资约束公司供给效应强于低融资约束公司。陈艳（2012）提出宽松货币政策可以有效降低融资约束负面影响，提高企业新增投资支出水平。钱燕（2013）研究发现，银根紧缩对企业投资有显著负面影响，且这一影响存在异质性，货币政策的调整对国有企业、小规模企业、低担保能力企业的影响大于对非国有企业、大规模企业、高担保能力企业的影响。

（3）货币政策与企业融资行为。Kashyap等（1993）验证了信贷传导渠道，提出紧缩性货币政策会改变企业外部融资结构，使得外部贷款融资总额下降。Oliner等（　　）以1958年第4季度至1992年第4季度美国制造业企业数据为样本进行研究，结果显示，银根紧缩会显著影响小公司的内源性融资。Kashyap等（2000）发现紧缩性货币政策显著降低了小规模银行的放贷能力。Ghosh等（2004）利用印度数据，以银行短期贷款利率和法定存款准备金率测度货币政策冲击，研究货币政策对关系信贷企业融资选择行为的影响，发现上市公司与非上市公司反应有显著差异。

国内学者结合我国特殊的制度背景对货币政策对于企业融资行为的影响进行了有益探索，并取得丰硕成果。叶康涛等（2009）指出，宽松货币政策背景下，高成长行业更有可能得到银行贷款；相对应的是，银根紧缩阶段，企业银行贷款融资获得额大幅下降，并且主要发生在高成长行业。此外，银根紧缩阶段，银行更喜欢将资金贷给国有企业和劳动密集型企业。陆正飞等（2009）分析了紧缩货币政策对公司债务融资的影响，发现相比于国有上市公司，民营上市公司的负债增长率，尤其是长期负债增长率受到了更为强烈的冲击。黄新建等（2010）发现宽松货币政策对于信贷融资的影响与所在地区相关。企业所属地区经济越发达或政治地位越高，企业获得信贷融资额也越多；相对应的是，货币政策紧缩时，企业所在地区经济越发达或政治地位越高，信贷融资额减少更多。饶品贵等（2010）证实企业可将净商业信用作为贷款的替代融资方式以应对紧缩货币政策的冲击；在信贷配给更为严重的民营企业中，这种替代现象更为常见。饶品贵等（2011）指出，当货币进入紧缩期时，企业的会计政策将变得更加稳健，以利于取得银行贷款。曾爱民等（2011）的研究结果表明，在金融危机时期，相对于非财务柔性企业，财务柔性企业具有更强的资金筹集和调度能力，能更好地筹集资金。李志军等（2011）的研究结果表明，较高的信息披露质量可以减轻银企之间信息不对称状况，使得企业资信增强，降低贷款的融资成本，从而减轻紧缩货币政策给予企业信贷融资的不利影响。

（4）货币政策与企业现金持有行为。当宏观经济形势趋紧时，融资约束强的企业为应对未来不确定性将会持有更多的现金（Custodio et al., 2005）。祝继高等（2009）证实了紧缩货币政策会显著增加企业现金持有量，且高成长企业所受货币政策影响更大。祝继高等还发现，当货币政策趋于紧缩时，高成长企业会同时使用经营活动和筹资活动两种渠道增加现金持有量，而低成长企业仅通过筹资活动来增加现金持有量。王先柱等（2011）考察了房地产企业现金持有水平与货币政策紧缩程度之间的关系，发现当银根紧缩时，外部融资约束增强，企业会增加现金持有量。更进一步地，国有和低成长房地产企业现金持有水平受货币政策影响程度较小。银根紧缩时，具有银行关联的上市公司主要通过经营活动、筹资活动调整现金持有量，依然可以保持较高的投资支出；而无银行关联的上市公司则需要通过经营活动、减少投资支出维持公司现金持有水平（陈栋 等，2012）。

出于预防性动机，民营上市公司在面临流动性冲击时将持有高额现金，实证检验的结果表明这种行为对公司具有正向的价值效应（何靖，2011）。具有银行关联的上市公司这种积极的现金管理政策可以帮助公司抵御紧缩货币政策对公司流动性的冲击，对公司发展具有促进作用，而无银行关联的上市公司在面对紧缩货币政策导致银行放贷紧缩时更多的是一种被动的现金管理政策，现金调整成本较大，公司现金持有价值折价显著（陈栋 等，2012）。

（5）货币政策与其他企业行为。LaFond等（2008）考察了偏紧的货币政策与企业会计政策之间的联系，研究结果显示，当货币政策趋于收紧与紧缩时，企业基于稳健性的考虑，往往采用较为审慎的会计政策。陈冬华 等（2012）以1999—2011年我国上市公司业务招待费等数据为研究对象，研究了利率管制下的隐性资本成本状况。研究发现，融资约束较强和贷款规模较大的企业隐性资本成本越大，同样处在市场化程度较低地区，相对而言，民营企业比国有企业贷款隐性资本成本更高些。当企业性质发生改变时，即国企变民营，变更后企业隐性资本成本明显上升。

1.3.5 宏观经济政策与现金流风险

现金流风险指的是企业无法按时偿付日常经营事项，还清欠款，支付到期债务，表现为流动性不足、资本不足以抵债等，即企业履行义务时受阻（吴世农 等，2001）。现金流风险的最终表现为微观企业内部缺乏货币资金。当货币政策趋于宽松时，外部流动性充足，融资成本降低，企业财务风险下降。

此外，有国外研究表明，宽松货币政策有利于降低企业陷入现金流风险可能性。经济衰退期公司陷入财务困境的可能性更大，缩减货币供应量对公司陷入现金流风险的可能性具有显著负面影响（Altman，1983b）。Bae 等（2002）以亚洲金融危机为背景，发现对主办银行的负面冲击最终会恶化客户公司的财务状况。Pesaran 等（2006）从个体因素中分离出宏观经济指标变动与企业还款违约概率之间的传导效应，研究发现利率、汇率对企业财务状况有显著负面效应。Nguyen（2006）阐述了日本企业现金流风险变化情况与宏观经济环境变动有明显的关联，尤其是银行贷款利率指标，利率上升使得各行业的现金流风险都随之上升，而资本密集型产业所受的冲击更为明显。

国内有关货币政策对企业财务危机的影响研究十分少见，机理阐释较为简略。王克敏等（2006）研究表明，企业对实际利率变化越敏感，越易受到外部事件冲击，陷入财务困境。吕峻等（2008）证明，真实利率水平与公司陷入财务危机概率成正比，信贷增长率与公司陷入财务危机的概率成反比。肖贤辉等（2012）运用多种实证检验方法证明，上市公司现金流风险与广义货币供应量（M_2）负相关，与实际利率水平正相关。李秉成等（2013）研究发现，中央银行货币政策通过影响商业银行信贷量，进而作用于企业现金流，企业现金流风险与货币供应量负相关。

1.4 本研究可能存在的创新点

综合上述研究，我们发现宏观经济政策结合微观企业行为的研究大多发生在第 1 步（图 1-5）。例如，宽松货币政策对于企业信贷、投资、现金持有等行为的影响。对于第 2 步关注得较少，但是我们认为未来的研究方向是结合第 1 步研究成果，将其扩展至第 2 步。这样的研究可以帮助我们理解企业行为的宏观背景和原因，从而能够更好地理解企业行为和企业产出之间的关系，尤其是预测这些行为和关系未来的走向（姜国华 等，2011）。

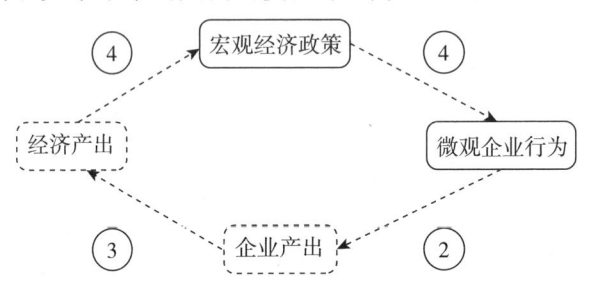

图 1-5　宏观经济政策与微观企业主体互动过程的研究框架

相对于以往少量研究涉及常规企业产出指标如资本成本、盈利能力、成长性等（图 1-6），本书的不同之处在于关注的是现金流风险，从而丰富了对宏观经济政策引发微观企业行为的经济后果的理解。

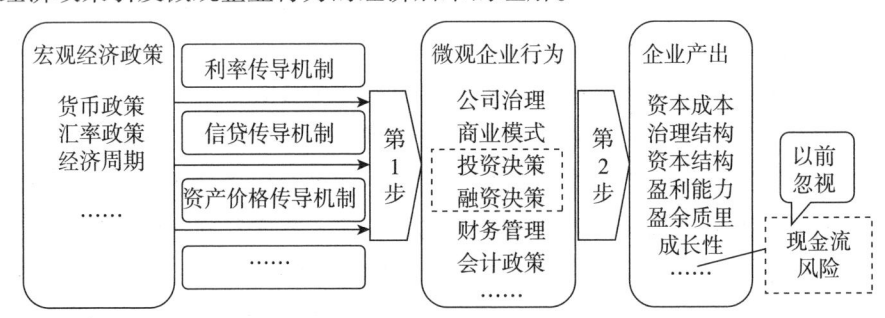

图 1-6　货币政策的传导机制

与此同时，归纳总结以往宏观经济政策与现金流风险的研究，我们发现：现有研究大多关注宏观经济政策与企业产出（现金流风险）的相关关系，把经济政策对企业行为影响作为一个"黑箱"忽略掉（图 1-7）。以往关注现金流风险的研究大多集中于现金流风险判别模型（Beaver，1966；Altman，1968；Altman et al.，1977；Ohlson，1980；等等）、公司治理（Altman，1984；Stone，1977；Hortaçsu el al.，2013）等影响因素，而对于宏观经济因素对公司现金流风险影响的研究大多限于直接回归分析（Bae et al.，2002；Pesaran et al., 2006；王克敏 等, 2006；吕峻 等, 2008；肖贤辉 等, 2012；等等），对于宽松货币政策如何传递并影响具体现金流运营运行机理并无关注。

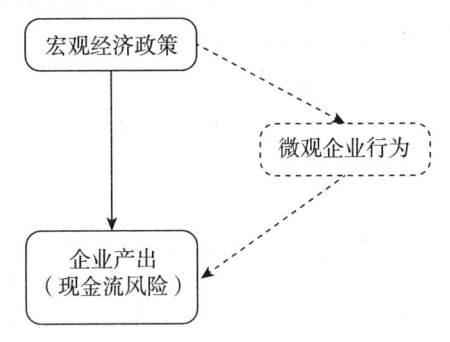

图 1-7 宏观经济政策与企业现金流风险关系的研究现状

其代价是，我们无法理解宏观经济政策影响企业现金流风险的传导机制。具体来说，"黑箱"有哪些变量参与这一过程，相互之间作用机理是什么，以及怎样才有了宏观经济政策影响企业现金流风险的结果。

与以往研究不同的是，本书关注的是宏观货币政策传导至微观企业现金流的作用机理。本书利用投资、负债两个中间变量，研究发现：宽松的货币政策降低了企业陷入财务困境的可能性，可是大规模投资、负债融资抵消了这种积极影响。更进一步，由于投资的滞后效应和不可逆性，加剧了紧缩货币政策对企业现金流状况的不良影响，从公司层面数据验证了货币政策的不对称性，即紧缩货币政策的作用强度高于宽松货币政策。

此外，在紧缩货币政策时期，国有和民营企业大量存在，市场化程度高和市场化程度低的经济二元结构，使得紧缩货币政策对于经济市场化程度高的地区、民营上市公司冲击最为明显。本书用经验数据检验并解释了所谓的"国进民退"现象。

1.5 研究内容与章节结构

关于货币政策对于企业现金流风险的影响论述，本书分为三个部分进行。

1.5.1 现金流风险研究的文献综述

在第 2 章,我们对现金流风险研究的现状与历史沿革进行总结,包括相关概念的定义、判别方法、影响因素以及经济后果等。我们通过总结过去,清晰了解现金流风险研究的历史发展脉络、整体架构以及存在的不足,也为后续研究提供方法和工具。

1.5.2 经济理论阐述与整体架构的规范性叙述

第 3 章主要关注"四万亿"经济刺激计划的制度环境分析。基于经济学理论,美国次贷危机使得我国净出口趋缓,经济增长放缓,失业率上升。为弥补净出口的下降缺口,"四万亿"经济刺激计划以增加政府购买、驱动企业投资的方式稳定经济。并且,第 3 章进一步说明了积极财政政策受相关法律限制,使得宽松的货币政策成为"四万亿"经济刺激方案的主导驱动力。最后,第 3 章还介绍了宽松货币政策的政策目标、政策工具、作用渠道等(图 1-8)。

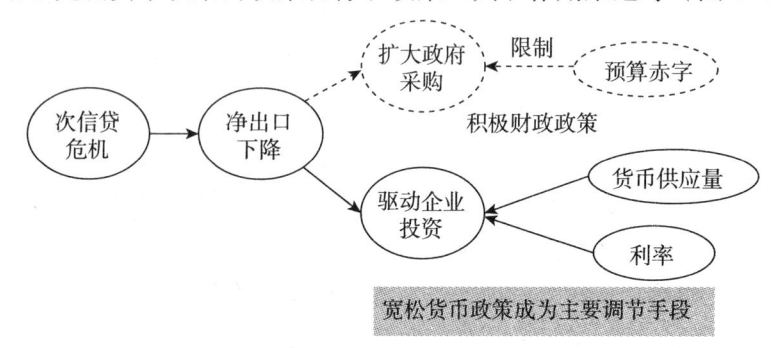

图 1-8 采用宽松货币政策的理论动因

在第 4 章,我们采用规范的叙述方式,论证了货币政策影响企业财务状况的方式。从宏观、宏观微观间以及微观三个层面,细致论述了货币政策如何影响企业的具体微观行为,为本书搭建了总体框架和分析路径(图 1-9)。

过程二宏观微观间传导

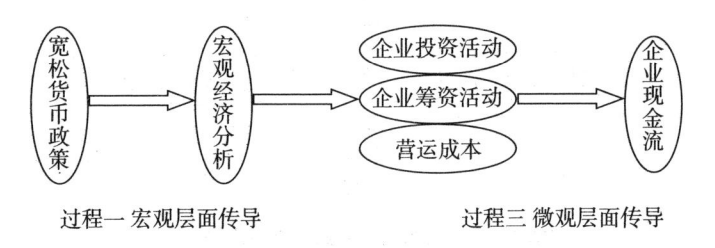

图 1-9 宽松货币政策对企业现金流的影响[①]

第 5 章则从货币政策与企业目标的一致性进行比较，分析在紧缩衰退时期企业和政府的行为以及相互影响，对此进一步说明为什么宽松货币政策有可能引起部分企业现金流状况的恶化。

1.5.3 实证检验

我们在第 6 章、第 7 章分别采用经验数据对第 4 章描述的主要变量之间的关系进行实证检验。

第 6 章首先对宽松货币政策是否降低了企业陷入财务困境的可能性这一命题进行实证研究，研究发现，2009—2010 年的宽松货币政策确实起到了预期中的作用，改善了上市公司平均现金流状况（图 1-10）。

图 1-10 货币政策与财务困境的直接关系

其次，我们检验了投资、负债在货币政策与财务状况路径两者之间的调节作用。也就是说，企业投资额、负债作为调节变量（moderator variables），当它们的值发生变化时，宽松货币政策和企业现金流两者关系也发生变化。所谓调节变量指的是这些变量的值决定了其他两个变量关系的性质，可能改变货币政策影响现金流状况的作用方向以及大小（图 1-11）。

[①] 本图借鉴了陈志斌等（2010）文章结构的图案阐释。

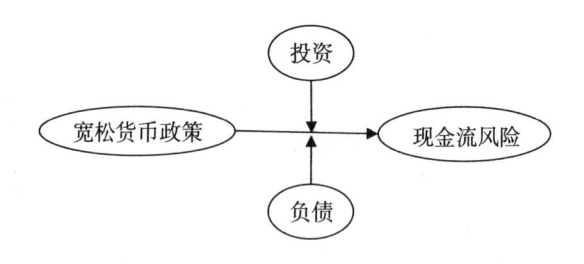

图 1-11 投资、负债的调节作用

最后，我们还进一步检验了投资在宽松货币政策与财务状况路径中的中介作用。投资作为中介变量（mediators variable）充当货币政策和企业现金流状况两者的中间角色，调整两者的关系，货币政策是原因，但是最终会影响企业陷入财务困境的可能性。所以说，投资额加大，抵消了宽松货币政策对企业现金流状况的积极影响（图 1-12）。

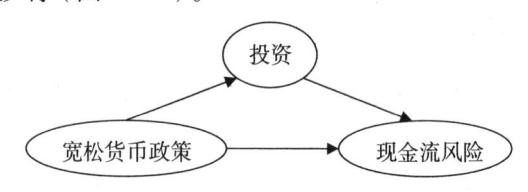

图 1-12 投资的中介作用

第 7 章则讲述为什么会出现"国进民退"现象。宽松货币政策引发通货膨胀，注定其不是一个长久性的制度安排。为控制物价上涨，央行一两年内必然转向实施紧缩货币政策。然而我国社会经济发展的不平衡、国有与非国有的二元经济体制结构，使得紧缩货币政策产生了区域效应——发达地区承受了更多的政策影响及信贷歧视——民营企业相对于国有企业较难得到银行信贷支持。我们从上市公司数据中可以证实，紧缩货币政策对发达地区、民营上市公司的现金流状况产生不良影响。

图 1-13 说明了企业现金流价值创造与风险显现的嬗变过程。

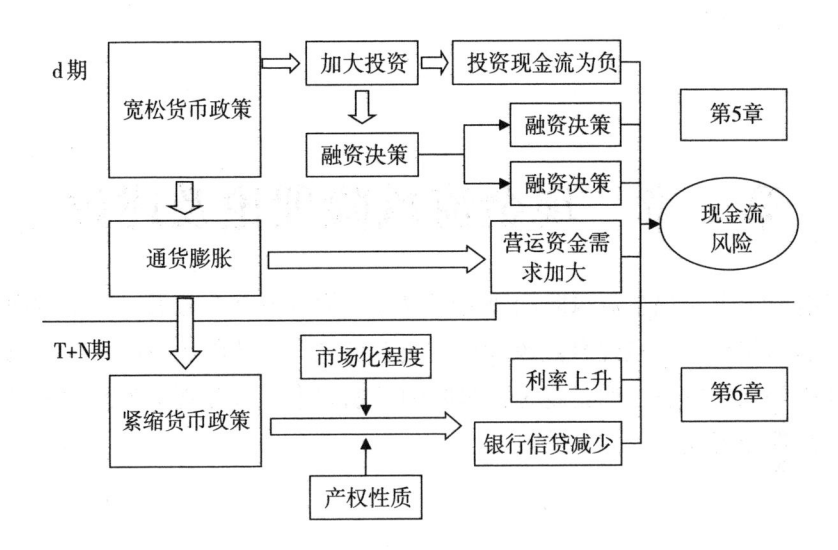

图 1-13 企业现金流价值创造与风险显现的嬗变过程

第 8 章在资本完全不流动，固定汇率制度下的开放经济情况的内部外均衡调节分析，对"四万亿"货币政策进行政策评价。以往我国学者采用西方经济学对中国政策进行评价，没有考虑到中国的独特政策背景：①中国实际汇率制度施行的是实行单一盯住美元的固定汇率制；②中国的资本流动状态属于资本完全不流动状态。致使大多数基于浮动汇率制和完全流动状态下的西方经济学政策评价无法适用于我国实际国情。研究发现，固定汇率制度下，资本完全不流动的状态下，可能不进行政策干预是一种更好的选择。这种情况下，产能并没有进行扩充，通货膨胀也较温和，也没有出现政府购买挤出私人投资的状态。

第 2 章 现金流风险理论及述评

目前关于企业现金流风险的研究可以综合为以下几个方面：一是对现金流风险概念的阐述；二是现金流风险较大或者说经营失败的企业的特征；三是现金流风险的判别方法；四是现金流风险的影响因素；五是现金流风险的经济后果；六是现金流风险的应对措施。

2.1 现金流风险的概念定义

虽然许多文献似乎将现金流风险隐含定义为"严重的长期现金流问题"，但在实证研究中通常以"破产"为标志（Ball et al., 1982），且概念上与失败（failure）无法区分。

Beaver（1966）将"失败"定义为公司无法支付到期债务。从营运角度上来说，当任何下述事件发生时，一个公司被认为已经失败：破产、债券违约、透支银行账户或拒付优先股股息。Mears（1966）对上述构成经营失败（business failure）的企业破产前后三种情况有疑虑。因为债务违约可以得到修正，银行账户透支问题也可以被妥善处理，优先股股息也可以重新计算，这些事项并不一定与经营失败相关联。

Deakin（1972）将"失败"定义为只包括正经历破产、资不抵债或其他为债权人利益而被清算。Altman（1968）认为，术语"破产"指的是这些企业在法律上破产、置于破产管理或被授予根据美国《国家破产法》（The National Bankruptcy Act）规定重组的权利。Ohlson（1980）对于"失败"的定义十分拘泥于法律条文。失败的企业是指根据《国家破产法》第十章、第十一章或在其他一些预示进入破产程序的通知指导下，已经申请破产的企业。Zmijewski（1984）将企业陷入财务困境定义为向法院提出破产申请的行为。如果一家企业在此期间递交了破产申请，则被认定为破产公司，否则为非破产公司。

上述研究指出，破产是一种法律情形而不是经济情形。然而破产并不是一个同质性概念,更确切地说,有一些公司选择自愿破产(《破产法》第十一章),而其他公司并不是(《破产法》第十章)。虽然这两种类型企业在法律处理上是相似的,但是经济条件可能完全不同。即使在这两种破产类型内部,人们对样本的同质性还有疑虑。此外,破产企业也可能给股东提供正向收益。因此,根据经济状况,将公司划分为破产与非破产可能过于简单化(Dietrich,1984)。

此外,以破产为标准的定义忽略了一点,即如果一个公司面临着长期现金流问题,它还有许多其他选择。例如,它可以通过剥离相关业务或出售企业股份,重新确定企业目标或降低业务规模,或者变卖所有资产来获得收益,还可以寻求合并伙伴(Ball et al.,1982)。

与传统的失败与非失败公司的二元分类不同,Lau(1987)使用五种财务状况来描述公司财务健康情况。这五种财务状况分别是:一、状态0:财务稳定;二、状态1:省略或减少派息;三、状态2:技术性违约和拖欠偿还贷款;四、状态3:申请破产保护;五、状态4:破产清算。状态一至状态四属于陷入财务困境的情形,其严重程度逐步增加。

根据中国上市公司的制度背景,我国学者通常把ST公司定义为财务失败的企业(陈静,1999;陈晓等,2000;张鸣等,2001;等等)。所谓ST公司(special treatment,简称ST),指的是按中国证监会〔1998〕6号文《关于上市公司状况异常期间的股票特别处理方式的通知》对"状况异常"的上市公司实行股票交易的特别处理。所谓"异常状况"通常指"连续两年亏损"或"每股净资产低于股票面值"。究其原因,事实上破产企业的结局有两种:重组和清算。不为大家所知的是,大约30%破产的上市公司重组成功(Casey et al.,1986)。而在我国,上市资格仍然是一种珍贵的"壳"资源,即使上市公司面临破产,也会有其他公司对其重组。因此上市公司被"ST"是陷入财务困境而重组的先兆,在我国制度背景下是上市公司陷入财务困境的标志。

国内还有其他学者对现金流风险(cash flow risk)给出不同定义,刘红霞(2005)将现金流风险等同为企业现金流状况的不确定性,且这种不确定性很可能使企业蒙受损失。王春峰等(2009)指出,现金流风险是由于预料之外因素的存在,引发企业现金流状况的不确定,导致企业经营风险的增加。现金流风险是由现金流入与流出时间上的不一致引发的风险(赵亦军等,2013)。企业内外因素诱使现金流运行异常,由此导致现金灭失、价值毁损、运营效率降低和现金流断流，这就是现金流风险（朱兆珍等，2013）。

因此，我们可以将现金流风险归纳为企业由于融资结构、数量、成本、资产负债比率、资金安排和运用、资金周转管理等方面的不确定因素，出现资金利用效率不高、资金链条断裂等现金流问题，进而给企业实现经营目标带来影响的可能性。

2.2 经营失败的公司的特征

经营失败的公司不仅有较低的现金流，还有较小的现金（速动资产）储备。经营失败的公司虽然偿还债务的能力较低，但是它们趋向于承担更多的债务（Beaver，1966）。

经营失败的公司破产前三至四年倾向于快速扩张。如果观察资本结构，看上去其扩张的融资渠道是债务和优先股，而不是普通股或留存收益。并且，其募集的资金投资于厂房和设备，而不是流动资产。此后，这些公司不能产生足够的营业收入和净利润来偿还这些沉重的债务，于是它们的总资产在破产前三年迅速减少（Deakin，1972）。

对于一些被错误分类的破产公司，Ohlson（1980）强调其财务报告的"预警信号"并不明显，13个被误分类的破产公司，11个有正的营业利润，剩余2个亏损额并不明显，并且财务状况良好（资产负债率分别为23%和37%），一些公司甚至在破产前一年支付股息。此外，对错误分类的破产公司，审计报告也没什么用处。审计报告并没有关注持续经营问题，或者给出无法表示意见。相反，审计师出具了11份无保留意见和2份带强调事项段的无保留意见。

2.3 现金流风险的判别方法

现金流风险的识别和判断是研究的基础性工作。目前国内外对于现金流风险的度量主要有下列方法。

2.3.1 现金流量表分析

企业现金流风险的辨识通常可以通过现金流量表分析获得。它可以初步评判企业现金流的总体状况，从而为企业现金流的风险预警打下良好的基础。众所周知，企业的现金流主要来源于三部分：经营活动产生的现金流量、投资活动产生的现金流量、筹资活动产生的现金流量。在实务中，三者构成不同，反映企业不同的经营状况，如表2-1所示。

表2-1 基于现金流量表的现金流状况分析

现金流	状况1	状况2	状况3	状况4
经营活动现金流	+	+	−	−
投资活动现金流	+	−	+	−
融资活动现金流	+	+	+	−
现金流状况	良好	注意筹集资金力度	以外部借款来维持运营	严重财务危机

（1）状况1：当经营活动现金流为"正"，投资活动现金流为"正"，融资活动现金流为"正"时，可能预示着企业主营业务现金流充裕，产品市场反响好，企业可以继续融入资金扩大投资和生产。

（2）状况2：当经营活动现金流为"正"，投资活动现金流为"负"，融资活动现金流为"正"时，可能预示着企业处于投资扩张期，需加强筹集资金力度。

（3）状况3：当经营活动现金流为"负"，投资活动现金流为"正"，融资活动现金流为"正"时，可能预示着企业依赖外部借款维持正常的生产经营，此时需关注投资活动产生的净现金流来源，倘若来源于投资收回，企业必须高度重视。

（4）状况4：当经营活动现金流为"负"，投资活动现金流为"负"，融资活动现金流为"负"时，这种情况是任何企业都不愿意看到的局面，它表明企业陷入严重的财务危机。对企业而言，当务之急是如何迅速筹集到足够的资金，改进产品经营方式，从根本上扭转企业的主营业务经营状况，让主营业务能够为企业带来丰富的现金流（刘红霞，2005）。

从上述分析可见，只有充分关注经营活动产生的现金流量、投资活动产生的现金流量、筹资活动产生的现金流量的结构变化，才能全面判断企业的现金流状况。

2.3.2 经典财务判别模型

1. 预测因子

寻求能够判别破产公司与非破产公司的预测指标，一直以来是现金流风险研究领域的重点。一般来说，预测因子包括会计指标、现金流指标、市场信息三方面的内容。

（1）会计指标。Beaver（1966）依据最低百分比误差的标准，选择现金流[①]/负债总额、净利润/总资产、负债总额/总资产、营运资本/总资产、流动资产/流动负债（流动比率）、非信用间隔（防御性资产减去流动负债后，除以经营性现金支出）六个财务比率来预测公司经营失败。Altman（1968）基于过去的研究，收集了 22 个财务比率，分为五个标准类别，包括流动性（liquidity）、盈利能力（profitability）、杠杆率（leverage）、偿付能力（solvency）和营运效率比率（activity ratios），考虑各预测变量对整体判别函数的贡献，经过迭代选择，确立的最终预测因子为营运资本/总资产、留存收益/总资产、息税前利润/总资产、股票市场价值/负债总额的账面价值、营业收入/总资产。对于财务困境的预测变量，可以确定有四个统计显著的基本因素：公司规模、资本结构指标、绩效指标、流动性指标（Ohlson, 1980）。

这一领域的研究大多是描述性的（Ohlson, 1980），对于如何在多元模型中选择自变量，目前并没有经济理论提供支持，通常采用一个经验主义的方法来选择自变量（财务比率）。

一种方法是使用在以往文献中发现的显著变量作为自变量（预测变量）；另一种方法是开始时几乎纳入所有自变量，然后采用类似因子分析或逐步判别分析的方法来缩减自变量。实证结果往往是针对样本的具体示例，并不能代表现金流风险最合适的预测指标（Ball et al., 1982）。

（2）现金流指标。越来越多的证券分析师、财经作家、会计政策制定者主

---

① 该现金流是一个粗略概念，Beaver(1966)将其定义为净利润加上折旧、摊销。因此，我们仍然认为这是一个会计比率。

张，对于公司经营业绩，对比损益表和资产负债表，现金流量表提供的信息更好，包含着最重要的信息。

对此，Casey等（1984）并不赞同，认为经营性现金流（operating cash flow，OCF）①并不是一个很好的衡量标准。他们研究了290家公司（其中60家已经宣告破产），发现五年跨度的营运现金流量数据无法区分健康企业与即将破产企业。对于破产的预测，经营性现金流的预测准确性较差，远不及六个常规性权责发生制财务指标的线性组合。②更为苛刻的是，当Casey等（1985）将经营现金流与权责发生制比率一起分析时，现金流数据未能提高预测精度。换言之，经营现金流甚至没有边际价值，原因在于经营性现金流比率的组内离散程度高。

经营性现金流（OCF）较差的预测能力，还可以归咎于大量非破产公司被错归类为破产序列，因为这些公司不会带来太多的经营性现金流。所以在对现金流状况诊断时，如果过于依赖经营性现金流（OCF），很可能导致投资者和债权人将健康的公司误认为现金流风险较大。许多公司在某些时期生成的经营性现金流较少，但是大多数不会破产。例如，成长型企业在努力利用市场机会和赢得市场份额时，在构建应收账款和存货过程中，往往不能产生正的经营现金流。然而，只要债权人和股权投资者能够看到增长潜力，这些公司并不会出现营运现金短缺的困难。即使是成熟企业遭受经营性现金流短缺困难，也不意味着有危险。周期性公司是一个典型例子，这些企业经常在营运高峰期前投入现金建立起库存，其结果是即使正常运营时经营现金流也预示企业陷入了财务困境。相反，因为一些公司报告了大量的、正的经营现金流，认为其现金流状况良好。然而，这种情况很可能是缩减业务投资，并收获了成熟企业在生命周期后期现金的结果（Casey et al.，1984）。

这并不意味着现金流比率对现金流风险预测就没有效用，Casey等（1984）

---

① 经营性现金流（operating cash flow，OCF）等于净利润加上折旧，加上其他不影响营运资金的费用（例如递延所得税），减去其他不影响营运资金的收益（例如参股收益，即子公司尚未拨交母公司的间接收入），减去增加的应收账款，减去增加的存货，加上增加的应付账款，加上增加的预计负债。

② 这六个财务指标分别为：资产净利率（净利润/总资产）、现金/总资产、流动比率（流动资产/流动负债）、销售净额/流动资产、流动资产/总资产、负债总额/所有者权益。销售净额＝营业收入－营业成本。

认为如果扩大现金流的界定范围，如将经营性现金流扩展至现金流总额，可能会改善判别准确性。例如，Emery等（1982）断定总现金流的方差是企业生存能力的一个重要决定因素。

对此，Gentry等（1985a）以Helfert（1982）开发的收付实现制现金流模型为依托，将8个现金流的组成部分[经营活动现金流（NOFF）、投资活动现金流（FCE）、净营运资本现金流（NWCFF）、分配股利的现金流（DIV）等]纳入logit回归，研究结果证实了Casey等（2005）的结论：经营现金流比率并不能改善破产与非破产公司的判别结果，但是发现分配股利的现金流（DIV）是显著的。

在此基础上，Gentry等（1985b）将净营运资本现金流（NWCFF）用存货（inventory）、应收账款（receivable）、应付账款（payable）等5项加以替换，得到12项现金流比率预测因子，然后进行Probit回归，发现投资（investment）、股利（dividend）和应收账款（receivable）现金流要素在5%水平上显著；再将这12项现金流组成部分纳入9项权责发生制的财务比率模型进行Probit回归，发现12项现金流比率提供额外的现金流风险识别信息。

Aziz等（1988）的研究与Gentry等（1985b）类似，但不使用Helfert现金流模型，而是依托Lawson（1971）开发的现金流恒等式，以财务困境对现金流恒等式的6个组成部分（经营现金流、净资本投资现金流、税收现金流、流动性变化、债权人现金流、股东现金流）进行多元判别分析和Logit回归，发现对于破产公司的判别效率，该模型（cash flow based model，简称CFB）与ZETA模型总体上差不多（破产前两年ZETA模型较好，而破产前3～5年CFB更优秀一些）。但是ZETA模型需要估计破产公司的先验概率以及破产成本，从这个角度来说，CFB模型更具操作性。

通过以上研究，我们可以发现以现金流比率，特别是经营性现金流比率为自变量的预测模型并没有展示出先进性。究其原因，Casey等（1985）总结认为，FASB（财务会计准则委员会）和其他人的这种期望——经营性现金流水平将成为一个预示企业陷入财务困境可能性的有效指标，并不是来源于任何正式理论，这仅仅是为了符合分析家的偏好：在评估企业的财务绩效时，偏向使用现金流数据（Hawkins，1977）。

（3）市场信息。这些研究强调财务比率的角色，并不意味着除了财务比率，没有其他信息来源。

Ohlson（1980）认为自己的判别模型不包含市场交易（价格）信息作为判别因子是一大缺陷，料想使用这样的数据可以增强模型的预测能力。

Beaver（1968）较早尝试利用市场信息预测破产，研究发现股票市场价格变化同样可以预测企业破产，然而预测能力不如财务比率。这并不意味着市场忽视了财务比率所蕴含的信息，或可以通过财务比率击败市场。Beaver发现投资者（股票价格变化）对破产预测比任何比率都要敏感，反映在价格变化领先于财务比率变化，财务比率与股票回报预测结果相关。这两点支持了投资者利用财务比率评估破产公司的偿债能力的论点。

Altman（1968）在研究中引入了（股票市场价值/负债总额的账面价值）指标，增加了其他研究没有考虑的市场价值维度。这一比率显示了在负债价值超过资产价值，紧接着公司破产之前，公司的资产能跌多少价值（以股权加债权的市场价值来衡量）。与类似的、更常用的比率[净资产/总债务（账面价值）]相比较，它似乎是一个更有效的破产预测指标。

Aharony等（1980）运用资本市场信息比较了破产公司与非破产公司的风险和收益特征，研究发现破产前4年至破产期间，破产公司总风险显著上升，这主要是由公司特有变量引起的（例如产品和投资活动、杠杆率和管理质量），而不是市场范围因素。也就是说，风险的上升主要是公司私有特征引起的，对于破产公司来说，系统风险（β）并不是一个有用的预测指标。因此，Aharony等（1980）采用异常收益衡量因私有特征而使企业陷入财务困境的概率，并发现这种方法是可行的。

2. 现金流风险的判别模型

构建现金流风险判别模型的动机主要有两个：一、检查财务要素与现金流风险之间的关联；二、在一定时间间隔预测哪些公司会陷入财务困境或者是现金流风险较大（破产）。破产预测模型可以使用各种不同的估算方法，每种方法的基本假设不同，计算复杂度也不同。先前的研究表明，对于应该选取何种估算方法以及各种方法之间如何权衡，学界并没有取得共识(Dietrich，1984)。

与经营失败征兆有关的正式研究出现在20世纪30年代。Smith等（1935）和后来的几项研究得出结论，与持续经营的实体对比，破产企业表现出显著不同的财务比率测量值。此外，另一项研究关注的是经历履行固定债务义务困难时，公司的财务比率特征（Hickman，1958）。Beaver（1966）的贡献在于，首次通过经验数据证实了财务比率对于决策的有效性，特别是失败预测。

（1）以 Beaver（1966）为代表的单变量分析。Beaver（1966）检验了各财务比率是否符合正态分布，发现在公司失败前每一年，以现金流与总负债比率为代表的财务比率总是显著偏斜的，即使经过简单转变（例如求对数和、求平方根），变量仍偏斜得很厉害，不符合正态分布假设。因为大多数多元判别分析依赖于正态分布假设，所以 Beaver（1966）只用单变量进行检验。

所谓的单变量分析（一元分析），就是只用一个财务比率来预测一家公司属于失败一组还是非失败一组。Beaver（1966）将这一方法命名为二元分类检验（dichotomous classification test），其步骤如下：首先，每个比率按升序进行排列。其次，在队列中挑出一个最优分界点。如果一个公司的比率低于（或高于）分界点，该公司被归为失败；如果公司的比率高于（或低于）临界值，该公司被列为非失败。该分界点的选择标准是非正确预测比率最小。最后，在判别每家公司未来状态之后，将预测状况与实际状况进行比较，计算出非正确预测比率。差错率作为预测能力的关键指标，出错数量越小，预测能力越高。确定最优分界点是一个反复试错的过程，该检验经常受到批评，因为它是事后选择分界点，也就是选择的时候都已经知道所有数据。在现实情况中，决策者并不具备这样的信息优势，必须对未来样本作出预测。在这种情况下，决策时样本最终是否会破产是未知的。

Beaver（1966）研究发现，预测失败能力最强的是现金流与总负债的比率。失败前一年，预测正确率为 87%，2~5 年分别是 21%、23%、24%、22%。Beaver 也开发了一些多元判别分析模型，但是发现结果并不理想，并认为在某种意义上，最好的单变量模型的预测能力不弱于多比率模型。

单变量分析的缺点在于：第一，只关注一个指标，容易被经理人员粉饰，以表现出良好的现金流状况（张鸣等，2011）；第二，对公司现金流状况分别使用不同的财务比率进行判定时，几个指标值的分类结果很可能会相互矛盾，导致无法作出判断。举例来说，一个公司如果其盈利能力和还贷记录较差，很可能会破产。但是，由于它的流动性高于平均水平，情况可能并没有想象的那么严重。

因此，Altman（1968）对单变量模型进行适当扩展，融合几种预测方法，生成一个更为广泛接受的预测模型——多元判别分析（multiple discriminant analysis，MDA）。虽然不如回归分析流行，但自从 20 世纪 30 年代首次应用以来，MDA 已经运用于多个学科。在早些年，MDA 主要运用于生物和行为科学，后来该方法已成功应用于金融问题,如消费信贷评估及投资分类。

(2)以 Altman(1968)为代表的多元判别分析。多元判别分析是指依据个体特征,判别一个(新的)个体属于多个先验分组中的哪一个类别。它主要用于辨别和(或)预测。其特征就是被解释变量以定性的形式出现。

我们运用 MDA 先要建立清晰类别,类别的数量既可以是两个,也可以是多个。组别建立起来之后,收集各组的个体数据。接下来,我们运用 MDA 尝试构建个体特征的线性组合,使之能够最为有效地判别新个体的组别归属。如果一个特定对象,比如一家公司,其个体特征(财务比率)可以在分析中进行量化,那么 MDA 可以确定一组判别系数。当这些系数应用于实际财务比率,我们可以判断新的观测样本应属哪一个类别。

多元判别分析(MDA)技术的优势在于,它可以考虑与企业相关的、共有的全部财务比率以及其交互作用。而单变量判别分析每次只能使用一个财务比率。多元判别分析(MDA)的另一个优点在于,减少分析的空间维度,即从自变量数目(n)减少到 $G-1$。G 等于最初先验分组的数目。现金流风险研究的多元判别分析多涉及两组,一组由破产公司组成,另一组由非破产公司组成。因此,检验转化成其最简单的形式:一维。在先验样本分为两组的情况下,线性多元判别分析(Linear Multivariate Discriminant Analysis,LMDA)生成一个线性判别函数(linear discriminant function,LDF),形式为

$$Z=V_1X_1+V_2X_2+\cdots+V_nX_n$$

其中,V_1,V_2,$\cdots$,V_n 为判别系数;X_1,X_2,$\cdots$,X_n 为自变量;Z 为判别分值。

线性判别函数上的点,代表来自两个不同组别的实体。通过这个线性判别函数,所有的 p 维空间观测值简化为一维空间观测值,并在分布上使两组在线性判别函数上的点最大限度分离。这个判别函数将样本的一组变量值转化为单个判别值(Z 值)。我们可以用 Z 值来判断样本属于哪一类别。当拥有一系列自变量的实际值 X_j 时,我们用多元判别分析(MDA)计算出辨别系数 V_j。

Altman(1968)确立的最终判别函数如下:

$$Z=0.012X_1+0.014X_2+0.033X_3+0.006X_4+0.999X_5$$

其中,X_1= 营运资本/总资产;X_2= 留存收益/总资产;X_3= 息税前利润/总资产;X_4= 股票市场价值/负债总额的账面价值;X_5= 营业收入/总资产。

Altman(1968)通过观察初始样本中被判别模型错误分类的公司,得出以下结论:①所有 Z 值大于 2.99 的公司显然不会破产;②Z 值小于 1.81 的公

司都破产了；③ 1.81 ≤ Z 值 ≤ 2.99 之间区域被定义为"未知区域"或者"灰色地带"，因为这部分公司很容易被错误分类。如果一家新公司的 Z 值在"未知区域"，将不能确定它的归属类别，因此需要为这部分公司建立正确的判别指南。

运用多元判别模型来预测企业破产表现出很多优点，但是银行家、信贷经理、高管、投资者通常无法掌握复杂的计算步骤。因此，有必要将复杂的计算机程序预测模型扩展为更简便的方法，来预测企业陷入破产的可能性，如可以选择分界点或者最适宜的 Z 值。Altman（1968）以错误分类数量最小化作为判断依据，发现辨别破产公司和非破产公司的最佳分界点：Z 值等于 2.675。

Altman（1968）对破产前五年的预测正确率分别为：第 1 年 95%，第 2 年 72%，第 3 年 48%，第四年 29%，第 5 年 36%。Altman（1968）使用判别分析的方法，根据破产前一年数据，判断准确率（公司是否会破产）达到了惊人的 95%。然而，随着间隔年份加大，模型的预测能力急剧下降。在经营失败前第 2 年至第 5 年，相对于 Beaver（1968）的二元检验只用一个现金流/负债总额比率，判别分析的差错率更高。基于此，Deakin（1972）提出了一个预测企业经营失败的优化模型：将 14 个被 Beaver（1968）使用的财务比率运用到多元判别分析程序中。

（3）贝叶斯判别。如果非破产组比破产组大得多，那么只是根据样本距离的远近来判别其归属就显得不大妥当。即使一个样本离破产组的距离稍微近一些，人们往往仍倾向于判断样本属于非破产组。因为在判别之前人们已有"先验"认识，即样本来自非破产组的先验概率远大于破产组。先验概率可以根据组的大小、历史资料及经验等加以判断。

Joy 等（1975）根据先验概率对陷入财务困境的企业进行判定。当归属于组 i 的先验概率为 p_i，将来自组 i 的个体误判属于组 j 的代价为 c_{ij}，目标是尽量减少期望误判总成本。Z 的临界值为

$$Z_c = \log \frac{p_2 c_{21}}{p_1 c_{12}}$$

Altman 等（1977）构建了适用于零售业和制造业的 ZETA 模型判定正确率，破产前一年为 96%，而在破产前第 5 年为 70%，优于其他模型。在确定临界值时，模型考虑了破产公司与非破产公司的先验概率（破产组 q_1=0.02，非破产组 q_2=0.98），还以商业银行贷款函数作为分析框架确定了第一类错误的误判成

本比率 $C_1=0.70$，以无风险资产回报率确定第二类错误的误判成本比率为0.02，根据公式，计算出临界点：

$$\text{ZETA}_c = \ln\frac{q_1 C_1}{q_2 C_2} = \ln\frac{0.02 \times 0.70}{0.98 \times 0.02} = \ln 0.714 = -0.337$$

多元判别分析的步骤（Joy et al., 1972）如下。

有两个样本 A 和 B，各自样本规模为 n_A 和 n_B。每个观察值有 p 维自变量，命名为组1或组2的名义分类状态。接下来，将样本 A 拆分为两个独立子样本 A1 和 A2，各自样本规模为 n_{A1} 和 n_{A2}。我们将 A1 称为分析样本（analysis sample），A2 称为交叉验证样本（cross validation sample），B 为跨时期验证样本（inter-temporal validation sample）。

①通过分析样本（A1）拟合出一个线性判别函数（LDF）。分析的第一步是基于样本 A1 "拟合"出一个判别函数，把判别函数的结果定名为 LDF_{A1}。Altman（1968）就直接使用函数 LDF_{A1} 对分析样本 A1 的个体进行判别，这种基于分析样本的判别结果并不能提供有意义的信息。

②通过交叉验证样本事后判别。事后判别（ex post discrimination）指的是用线性判别函数 LDF_{A1} 对交叉验证样本（A2）进行分类。在金融研究中，一个最常见的错误是将这一步与预测相混淆。预测的意思是预言未来；事后判别可能对解释过去提供一定的基础，但是对于预测未来不能提供足够证据。当然，假定总体是平稳的，不会随着时间而改变，这时事后判别相当于预测。

③如果事后判别结果良好，确定各自变量的解释力度应该将样本 A1 和样本 A2 都纳入进来。也就是说，根据子样本 A1 和 A2 重新合并后的样本 A，拟合出一个新的线性判断函数（LDF_A）。显然，LDF_A 只是将系数更新一下，并没有更换新的自变量。

④跨时期验证。预测需要跨时期验证，而解释只需要交叉检验。事前预测意思是用线性判别函数 LDF_A 判别样本 B 的观测值是属于组1还是组2。一个成功的预测性线性判别函数模型对于样本 B 的观测值的分类成功率显著高于其他判别方案。

多元判别分析也存在着一些问题：

①对于属性或者自变量的分布性质有某些特定统计要求。例如，不同组别的 p 维自变量的方差-协方差矩阵相等。此外，通常假定 p 维自变量（属性）符合多元正态分布。而有时自变量是虚拟变量，不符合该假定。

②多元判别分析通常使用样本"配对"程序,这存在一些问题。失败公司与非失败公司通常根据某种标准进行匹配,如资产规模和行业。Ohlson(1980)认为这些匹配标准的变量用作自变量更有价值。Zmijewski(1984)认为非破产公司的配对样本选择并不是一个随机抽样的过程,而是一个择基抽样(choice-based sample),即一个观测值能否被抽中依赖于特定属性(自变量)值。也就是说,研究人员首先观察某一属性特征,然后基于这种认知进行抽样。如果不使用适当的估计技术,这种抽样估计可能会产生参数以及破产概率的估计值偏差。平均而言,较低的破产公司采样频率导致新观测值的估计破产概率较低。因此,降低破产公司的采样频率,导致更低的估计常数、更低的破产公司分类正确率、更低的被分为破产公司的可能性,以及更高的非破产公司分类正确率,被认为是非破产公司的可能性更高(负相关)。当样本破产公司与非破产公司的比率接近总体时,偏差减少,而使用加权 Probit 回归模型(weighted exogenous sample maximum likelihood probit model)可以消除这种偏差。

③样本量太小导致结果不够稳健。Altman 等(1974)将 Altman(1968)开发的 Z 指数模型运用于 1970—1973 年间 28 家破产公司。Altman(1968)报告的差错率大约为 5%。同样的模型,只是样本所属年份不同,Altman 等(1974)报告的差错率为 18%。如果真如 Altman(1968)所言,Z 指数模型误判率达到了 5% 水平,那么 Altman 等(1974)的研究出现 5 个或大于 5 个错误是小概率事件,可是这种情况却遇到了,因此 Z 指数模型可能缺乏稳健性。Moyer(1977)使用 1965—1975 年数据重新检验 Altman(1968)的模型 [Altman(1968)样本期间为 1946—1965 年]。Moyer(1977)报告的 Altman(1968)Z 指数模型的差错率达到 25%。因此,Ohlson(1980)认为一个模型的预测质量能够在不同数据收集和估计程序情景下保持稳健是相当重要的。

为了克服这些局限性,多元逻辑回归(Logit)和多元概率比回归(Probit)被引入财务困境预测研究中。

(4)以 Ohlson(1980)为代表的 Logit 预测分析。Ohlson(1980)选择了 Logistic 回归的计量经济学方法,从而将问题简化为已知一个公司具有某些性质(由财务比率指标加以呈现),计算它在一段时间里陷入财务困境的条件概率有多大。如果算出的概率大于设定的分割点,则判定该公司在这段时间内会陷入财务困境(张鸣等,2001)。该方法的主要优势在于不用预先假定破产的先验概率以及自变量的分布。不同自变量的统计显著性来源于渐近(大样本)理论。

X 表示由自变量组成的向量，X_i 为第 i 个公司的预测变量，β 为自变量的未知系数向量。当给定 β 值时，$P(X_i, \beta)$ 为给定 X_i，β 时，第 i 个观测点破产的条件概率。就一个观测值 i 而言，将以 X_i 为条件的观测写成：

$$P(X_i, \beta) = p(x_i, \beta)^{y_i} \cdot [1 - p(x_i, \beta)]^{1-y_i}, y_i = 0, 1$$

观测值 i 的对数似然可以写成：

$$\ln_i(\beta) = y_i \ln[p(x_i, \beta)] + (1 - y_i) \ln[1 - p(x_i, \beta)], y_i = 0, 1$$

通过运用极大似然法来估计模型的参数，对于一组样本其对数似然函数为

$$L(\beta) = \sum_{i \in S_1} \ln[p(x_i, \beta)] + \sum_{i \in S_2} \ln[1 - p(x_i, \beta)]$$

其中，S_1 是破产公司组；S_2 是非破产公司组。对于特定的函数 p[①]，通过 $L(\beta)$ 的最大值，求得 β 系数的估计值 $\beta_1, \beta_2, \cdots, \beta_n$。对于原先的样本，根据求出的估计值 $\beta_1, \beta_2, \cdots, \beta_n$ 计算出 P 的估计值，也就是陷入财务困境的概率 P 以及非破产的概率（$1-P$），然后再寻找一个临界点（cutoff point）最小化差错率。

Ohlson（1980）使用二分类 Probit 回归和由在 1970—1976 年间破产的 105 家公司和 2058 家非破产公司组成的非配对样本，分析了样本公司在破产概率区间上的分布以及两类判别错误和分割点的关系，总体差错率最小化的概率分界点为 0.038，此时 17.4% 的非破产公司以及 12.4% 的破产公司被错误分类。

Lau（1987）使用多类别 Logit 分析来构建现金流风险预测模型，利用解释变量 X 预测每个公司的财务状况 Z_j，在这里有五种财务状况，即 $j=0, 1, 2, 3, 4, 5$。P_j 定义为一个给定的公司将最终进入状态 j 的概率。

2.3.3 多维制图技术

Chernoff（1971）开发了制图技术（graphic technique），简单说来就是用一副面部表情描述 K 维空间中的一个点。面部表情的特征是由点的位置决定的。对于感兴趣的变量，Chernoff 首先经过简单的数学变化再用其构造面部表情。例如，一个变量控制鼻子的长度，另一个变量控制鼻子的宽度。面部表情实际绘制由计算机程序控制。

---

① 对于 Logit 模型，p 的分布形式为 $P(y=1|X) = \dfrac{e^{X\beta}}{1+e^{X\beta}}$。

Moriarity（1979）运用多维制图技术描绘公司的财务状况。实验结果表明，相对于财务比率和财务报告，面部表情是一种传递财务数据信息更为有效的方式，也比 Altman（1968）的多元判别模型更为有效。

Altman（1983）认为，Moriarity（1979）运用 Altman（1968）的 Z 指数模型是不合适的。毕竟 Z 指数模型不适用折扣连锁店，而专注于制造业。Altman 等（1977）的 ZETA 模型提供了一个更好的比较基准。结果表明，ZETA 模型预测能力更强。

2.3.4 波动性指标

Cabricl 等（1980）定义现金流风险为不能满足对公司现金流优先索取权的风险，其决定因素分别是净现金流的分散、固定财务义务水平及企业流动性资源池，并使用数学公式进行表达：

$$FR = \frac{\sigma_2}{\overline{CX-I}} - \frac{\sigma_1}{\overline{CX}}$$

其中，σ_1 是无债务融资的净现金流的标准方差；σ_2 是扣除债务利息支出前的净现金流的标准差；$\overline{CX}$ 是无债务融资净现金流的期望值；I 是固定债务利息支出。

而后其他学者直接用现金流的标准差和方差描绘的波动值来定义现金流风险。Hung 等（2005）指出现金流的波动性是衡量经理人绩效的一个优异指标，现金流波动性与企业风险成正比，管理层可利用盈余管理等会计调整方法来减少这种风险。Rountree 等（2008）发现现金流波动性与投资者的企业估值负相关，间接证明了经理人稳定企业现金流状况可以增加企业价值。Jayaraman（2008）研究现金流管理和盈余报告对资本市场的参与者而言是否富含信息，考察现金流波动性、盈余波动性和内幕交易概率三者之间的联系，发现不论当盈余比现金流更加平滑时，还是当盈余比现金流更加不稳定时，买卖价差和内幕交易概率都较高。

顾乃康等（2009）认为现金流风险可以使用现金流的标准差 VAR，即样本期间 $t-2$ 年至 t 年"经营活动现金流量净额/净资产"的标准差来衡量。陈海强等（2012）采用 3 年估计期（共 6 个半年度观测值）每股营运活动现金流的标准差作为现金流波动率的定义。

2.3.5 在险值技术

近年来,学者们利用金融工程领域的在险值(VaR)概念作为度量现金流风险的工具。顾名思义,VaR 指的是"处于风险中的价值",特指在市场正常波动下,某一种金融资产或证券组合损失的最大可能值(刘宝发,2009)。

由于金融机构资产总是受制于市场定价,所以任何市场价格的变化都会立刻反映在盈余上,且依赖于现金流形式的实际资产销售。但与其相对应的是,非金融企业资产受到市场公允价值影响较小,大多数资产价格并没有纳入市场的股票交易,不能在资本市场中进行无摩擦的交易,所以处理营业利润波动的可行办法只能是关注近些年营运过程的现金流波动(Shimko,1998)。

所谓现金流在险值(cash flow at risk,CFaR)是指将公司所有的风险敞口融合为一个单一数据来度量公司面临一定置信水平下的现金流短缺最大值(Hayt 等,1995;王春峰 等,2009)。

最初学者们简单地将现金流在险值(CFaR)定义为现金流的短缺额,也就是现金流预期值与真实值之间的差额:CFaR(95% 的置信水平)= 1.65 × 现金流的波动性。J.P. Morgan 公司1996年开发出风险管理工具——风险矩阵(risk matrices),其主要特征是将在险值(VaR)的概念应用延伸至盈余及现金流量风险管理,将现金流在险值(CFaR)定义为某种特定市场风险水平下的现金流波动状况。现金流在险值(CFaR)可以直接通过观测非金融企业现金流的波动性来进行测量(Stein et al.,2000),这种波动性是一个非金融企业所有相关的风险因素综合效应的集中反映。将目标非金融企业与其他可比非金融企业放置在一起,直接观察现金流波动的概率分布,这种方法称之为外生 CFaR 模型(Alesii,2006)。Andren 等(2005)提出以风险敞口为基础(exposure-based)计算 CFaR 的方法,其特征在于可以算出公司整体 CFaR,并且是在宏观经济和市场风险条件下的 CFaR 值。

刘宝发(2009)详细分析 CFaR 的度量方法,特别是对蒙特卡罗模拟法和方差-协方差法进行了详细说明。娄静等(2009)认为 CFaR 外生化及可比公司估计是一种更为有效的方法,他们以行业合并类为基础,创新性地提出 CFaR 估计的动态面板数据模型。刘金霞等(2010)建立了广义帕累托的经营 CFaR 模型,将其运用于我国房地产上市公司现金流风险估计。刘金霞等(2011)在可比公司估计的分析框架下,使用风险现金流的超阈值分布 POT

（Peak over threshold method）模型，度量并剖析了我国非金融上市公司经营净现金流风险。谢赤等（2013）放松风险因子服从正态分布的前提假设，通过面板数据CFaR模型，探寻我国上市公司面临现金流风险的行业差异。

2.3.6 人工智能方法

自20世纪90年代以后，许多人工智能理论模型不断出现和得到应用，如人工神经网络（Odom et al.，1990）、遗传算法（Back et al.，1996）、粗糙集（Tay et al.，2002）、案例推理（Jo et al.，1997）等。

虽然这些方法具有较强的处理定性指标能力、数据挖掘能力、预测效率，但是实证研究表明其并没有比多元判别分析（MDA）、Logit回归分析方法更高的判别能力，加上其运算复杂、训练样本数量要求高、不能进行结构分析、结构不稳定、通用性差等缺点，限制了其在会计实务当中的应用。

2.3.7 有无最优的判别方法

有没有办法对上述的多元判别模型的预测能力进行高低排序？如果要这么做，首先需要确定一个选择标准，也就是说为什么模型A的预测能力比模型B好。

以往预测破产的著作在评估模型的预测能力时，通常以两个非常具体和限制性假设为基础。第一，分类矩阵被认为能够充分反映模型的判别结果。第二，两种类型的分类错误具有可加性(additive property)，错误率总和最小的那个模型是最佳模型。大多数的研究都假定预测结果的两类误差[①]所带来的成本是一样的，即认为一家公司破产与否的概率是一样的，而且将一家即将破产的公司预测为不会破产所造成的成本与将不会破产的公司预测为会破产而带来的成本是一样的。但是在进行判别分析的过程中，发生第一类错误的成本很可能远高于发生第二类错误的成本，并且得知道发生第一类错误与第二类错误的概率。

由于时间间隔（从上一财年年底到破产的日期）、预测因子（例如财务比率）、数据样本各不相同，预测结果也很容易受到估计方法的影响（例如Logit

---

① 在财务困境预测研究中，通常所有模型都会犯两类错误：第一类错误（误拒错误）和第二类错误（误受错误）。第一类错误定义为将陷入财务困境的公司误判为非陷入财务困境的公司，第二类错误通常定义为将非陷入财务困境的公司误判为陷入财务困境的公司。

模型还是多元判别模型），所以很难在模型之间进行比较。事实上，各种统计方法的很多"合理的"优化措施致使判别效果都差不太多（Ohlson，1980）。

2.4 现金流风险的影响因素

一般来说，导致企业现金流风险的影响因素包括财务特征、公司治理和宏观经济三大类。其中，财务特征主要用来当作财务预警指标研究，而公司治理和宏观经济通常当作前置因素研究。

2.4.1 公司治理因素

国外很多学者发现，公司治理、内部控制对于公司现金流风险有显著影响。

Chaganti 等（1985）调查了 21 家失败公司和非失败公司的董事会规模和组成，结果表明与失败的零售公司相比，非失败的企业往往有更大的董事会规模（还是在建议的规模内），而外部董事比例、CEO 身兼数职行为没有明显差异。Saunders 等（1990）提供的证据表明，被股东控制的银行要比被经理控制的银行风险更高。Daily 等（1994）检查了董事会组成的独立性、CEO 兼任董事会主席情况与企业申请破产的关系，发现破产公司并不能与 CEO 兼任董事会主席的治理结构联系在一起，同样破产企业独立董事席位也不是更少，或者说独立董事在董事会的比例并不低；但是拥有两种特征（CEO 兼任董事会主席并且独立董事比例较低）的公司破产的可能性增加。Mueller 等（1997）使用配对样本检验业务好转公司与持续衰退公司之间是否存在董事会的组成、董事会规模、董事长与总经理两职合一、高管团队规模和高管团队的变化显著差异。结果表明，业绩好转公司更有可能 CEO 兼任董事会主席、拥有中型董事会，以及更多外部人控制董事会。同时，业绩好转的高管团队规模显著下降。总的来说，这些发现表明，业绩好转的企业战略决策机制能够快速接受外部观点的影响。Simpson 等（1999）检查了银行业的公司治理、内部控制影响财务困境的状况，发现在 CEO 兼任董事会主席的状况下，公司现金流风险较低，而董事和管理层持股状况、CEO 持股状况、董事数量、内部董事的比例没有显著的影响。

国内学者对此也进行了相当多的研究。姜国华等（2004）发现，第一大股东持股比例显著地影响着公司被"ST"的可能性。王克敏等（2006）研究表明，股权结构、持股董事比例与现金流风险负相关；董事长与总经理二职兼任情况、控股股东资金占用、股权代理成本与现金流风险正相关；拥有国家股控股股东的公司现金流风险更大；控股股东持股比例与现金流风险呈现"U"型关系。曹德芳等（2007）认为董事会治理机制是影响公司现金流风险的一个重要方面，并将其引入财务预警模型，预测正确率得到改善。王宗军等（2007）发现管理者代理成本加大了公司现金流风险——大股东持股比例、H-10股权集中指数、股权制衡水平、国家持股比例、最终控制人类型、独立董事持股比例以及审计意见与公司现金流风险显著负相关；同时高管持股比例、董事会规模以及董事长和CEO的兼任对困境发生的可能性无影响。李万福等（2012）研究发现，存在重大内部控制缺陷的公司现金流风险越大；存在重大内部控制缺陷数量越多，现金流风险越大。

2.4.2 宏观经济因素

国外学者已经关注到宏观经济因素对公司现金流的影响，并得出了一些有益成果，有关内容详见第1章1.3.5部分。

国内学者王克敏等（2006）发现宏观经济因素对于公司现金流风险有某些影响，如果公司对工业增加值、实际利率水平等变化越敏感，越容易受到病态公司治理结构的影响而增加现金流风险。吕峻等（2008）发现宏观经济因素对于公司现金流风险有重要影响，在经济增长高峰时期，公司现金流风险最小。消费价格指数增长率、真实利率水平和滞后两年的信贷余额增长率越高，公司现金流风险越大。信贷余额增长率、滞后两年的消费物价指数增长率与公司现金流风险成反比。

2.5 现金流风险的经济后果

破产过程需要给债权人和股东以外的第三方支付报酬（例如申请费用、受托人费用、法律和会计费用和其他重组或清算成本等），这就是所谓的直接破产成本。这显然会影响到企业价值和资本成本，这些巨大的成本将会使破产企业价值低于持续经营状况期望现金流的资本化价值（Altman，1984）。

除清算成本之外，企业还有因感知到破产可能性而产生的其他损失，通常将其定义为间接破产成本。间接破产成本通常被定义增加的利息支出、信用损失、销售损失、与库存不足相关的营运低效率或过于严格的信贷政策，以及放弃机会和被迫以低价剥离相关的资产（Stone，1977）。如果产品或服务的潜在买家察觉到企业很可能会违约，企业还有其他大量的成本和由于客户谨慎、经销商问题和管理机会成本而产生的额外费用。此外，材料供应商可能不愿意继续出售材料给高风险顾客，要求采取有效限制措施（例如货到付款）或收取较高收益（Warner，1977；Altman，1984）。

直接破产成本是一个"非此即彼"的概念。如果公司拥有偿债能力则没有直接破产成本，也就是说破产才产生直接破产成本。不同于直接破产成本的是，即使公司实际上没破产，也要承担其中很多的间接破产成本。间接成本通常是连续函数，随着破产概率的增加而增加，且是一种加速度的形态（Stone，1977）。

直接破产成本的测量通常采用潜在的破产成本占据公司市场价值的比例来衡量。但是，并不能采用破产时的企业市场价值，而应该是做财务决策时的公司市场价值。因为不清楚作出决策的具体时间点，研究中通常用破产前一系列时间替代（Warner，1977）。

间接破产成本的测量建立在先前销售额和利润的基础上。具体说明估计期望利润的方法，将期望利润与实际利润（损失）进行比较，以确定破产成本金额（异常利润或损失）。计算期望理论可以采用两种方法：回归过程和证券分析师预测（Altman，1984）。

现金流风险可能会影响耐用品生产商提供附加商品和服务（如保修、配件和维护），降低消费者对核心产品的需求，导致现金流风险间接成本。Hortaçsu 等（2013）采用信用违约互换（credit default swaps）的方法衡量间接破产成本，发现信用违约互换增加明显降低汽车的批发拍卖价格，尤其是那些预期使用寿命长的汽车。

2.5.1 现金流波动对投资的影响

Geczy 等（1997）发现有着更高增长前景和更多融资约束的企业将更愿意使用衍生工具，以降低现金流波动，但会降低其投资水平。Minton 等（1999）

发现现金流波动与外部融资成本正相关，较高的现金流波动水平增加了利用外部融资的可能性，同时融资成本也相应增加，从而降低了投资水平。Cleary（2006）使用七国研究样本，发现现金流波动性较高的公司通常具有较低的投资－现金流敏感性。Booth等（2008）探索现金流波动性和扩张性财务政策对公司投资决策的作用，他们的结论与Cleary（2006）类似，即现金流波动性较高的公司具有较低的投资－现金流敏感性。

2.5.2 现金流波动对企业价值的影响

Jayaraman（2008）指出公司盈利水平会受到会计制度本身和管理层操纵的影响，因此其在公司估值的研究中并不是一个可靠的指标。Teoh等（1998）将净利润定义为经营活动现金流与应计利润的和，以分别估计现金流、应计利润的波动水平。从公司价值的角度来看，企业价值是由未来现金净流量与资本成本决定的。而现金流采用的是收付实现制，所以相对于净利润，更不容易受管理层操纵。Allayannis等（2001）发现现金流波动、盈余波动与股东财富均为负相关关系，且盈余波动对企业价值的影响要强于现金流波动。此后，Rountree等（2008）和Jayaraman（2008）都认为较高的现金流波动率会增大企业经营风险，从而使得投资者要求更高的必要收益率，进而降低公司价值。此外，由于较高水平的现金流波动导致难以对公司未来资金净流入进行准确的估计，降低了内部融资能力，增加了企业外部融资的可能性，招致更多的监督和约束，最终会进一步降低企业价值。陈海强（2012）也发现现金流波动水平与企业价值显著负相关。赵亦军等（2013）证实现金流风险与企业价值显著负相关，并且非国有企业的现金流风险负向作用强于国有企业。

2.5.3 现金流波动对现金持有和债务影响研究

Han等（2007）研究了现金流波动对现金持有影响的敏感性问题，确认了受到融资约束的企业，当预期现金流波动增大的时候，以提高现金持有来应对风险。

2.6 现金流风险的应对措施

刘志兵（2006）阐述了房地产企业项目分期开发的步骤、进度安排，认为分期开发比整体开发需求的现金峰值明显要小很多，并且资金回笼时间较快，项目财务成本相对较低，现金流风险大大降低。

钟艳（2007）提出中小企业防范现金流风险，应注意健全财务制度；构建完善的现金流风险预警和排警机制；谨慎扩张销售，防止过度交易造成经营现金流的不足等措施。

亓燕（2011）认为改善集团企业的现金流，首先还是要有稳定的收入，这是基础。其次，从资金管理的角度提出建立财务公司、结算中心、现金池，建立资金风险指标监控机制，建立现金流风险指标体系和预警机制，加强融资前的可行性研究，建立预算差别化管理的内部政策，强化预算管理在资金平衡和管理上的作用，强化资金成本意识，严格控制贷款规模等管理策略。

陈志斌等（2010）提到，应对现金流断流的措施主要有以下几个方面：转变经营业务，开辟新的现金流增长来源；发行新股和债券融资；出售资产；被其他企业收购。

Froot 等（1993）与 Geczy 等（1997）关注衍生工具的套期保值在熨平现金流波动方面的作用，而 Alesii（2005）更为强调实物期权的作用。

2.7 现金流风险研究述评

本书通过国内外相关文献的梳理和总结归纳，得出以下结论：财务困境、现金流风险、财务风险、破产、经营失败等概念在研究中通常可以互相替换，或者说其内涵是一致的，其主要原因在于以下几点。

2.7.1 概念标志物是一致的

在实证研究中，这些概念通常以"破产"或者"ST"上市公司作为标志物，来标记陷入财务困境、财务风险或现金流风险大的企业。例如，刘红霞（2005）将因"财务状况异常"而被特别处理（简称"ST"）的A股上市公司作为现金流风险的界定标准。

2.7.2 内涵是一致的

企业破产或者被"ST"的原因，都是不能支付到期债务，都是现金流问题引发的。财务危机（破产或重组）是由众多因素交织在一起相互作用而导致的，事实上不论在何种情况下财务危机都有共性的因素在发挥作用——这就是现金流。企业生产经营能否持续的基本条件是获得足够的现金流量，现金流不足是企业发生财务危机的最重要的信号（刘红霞，2005）。现金流是一个企业的血液，一旦出现问题，就会引起"供血不足"，最终导致企业破产（何丹，2005）。

2.7.3 度量方法通用性

由于以上两点原因，早期的研究者根据其理论和实践经验以不同的财务指标构建了通用的现金流风险度量方法来预测财务危机。

第3章 基于宽松货币政策动因的制度环境分析

本章主要关注的是 2008 年美国次贷危机传递至我国的路径、表现形式及对我国国民经济的影响；并从理论上论述了我们可以采用哪些方式应对，以及采取"四万亿"经济刺激方案和货币政策比重较大的原因；最后解释了宽松货币政策的目标、政策工具、作用路径等一系列涉及经济学的理论问题。

3.1 美国次贷危机对我国经济的影响

2008 年美国次贷危机引发其国内消费停滞、进口趋缓。危机进一步传递至欧洲，希腊、西班牙、葡萄牙、意大利等国先后触发主权债务危机，导致其国内公共服务停滞，国内消费趋缓。而根据 2007 年中国海关进出口数据统计，美国、欧盟分别是我国的第一和第二大贸易顺差地区（表 3-1）。美国和欧盟的经济危机减少了内需，对于我国出口产生了不良影响。

表 3-1 2007 年中国净出口总额及国别（地区）

项目	净出口/千美元	占总量的百分比/%	地位
美国	163,285,942	62.4	第一大出口市场
欧盟	134,243,384	51.3	第二大出口市场
净出口总额	261,825,495	100	—

注：①欧盟包括比利时、丹麦、英国、德国、法国、爱尔兰、意大利、卢森堡、荷兰、希腊、葡萄牙、西班牙、奥地利、芬兰、瑞典、塞浦路斯、匈牙利、马耳他、波兰、爱沙尼亚、拉脱维亚、立陶宛、斯洛文尼亚、捷克、保加利亚、罗马尼亚；②因为有些进出口国别（地区）的净出口为负数，所以导致出口至美国和欧盟的总和大于净出口总额的情况；③数据来源于《中国海关统计年鉴2007》。

3.2 出口是我国 GDP 的重要组成部分

根据经济理论，一个国家的国内生产总值（gross domestic product，GDP）是在某一既定时期一个国家内生产的所有最终物品与劳务的市场价值。GDP（用 Y 表示）被分为四个组成部分：消费（C）、投资（I）、政府购买（G）和净出口（NX），可用下式表示：

$$Y=C+I+G+NX$$

从 2007 年我国 GDP 组成来看（表 3-2），投资 I 是现阶段驱动经济发展的主要引擎。虽然从构成比例上看，净出口比重不大，在 10% 左右，但是 GDP 各组成部分是内在联系的，净出口的收益支撑居民消费、企业投资以及政府税收。向美国、欧盟的出口下降，使得国内工厂开工率不足、员工失业，进一步引起国内投资、消费的连锁反应，短期内国内恐慌情绪蔓延，进一步抑制总需求和投资。

表 3-2　2007 年中国 GDP 及其组成部分

项目	总量/亿元	占总量的百分比/%
消费（C）	96,332.5	36.1
投资（I）	110,943.3	41.6
政府购买（G）	35,900.4	13.5
净出口（NX）	23,423.1	8.8
国内生产总值（Y）	266,599.2	100

注：①由于计算过程中的四舍五入，各部分之和可能与总量不等；②资料来源于国家统计局。

3.3 短期内净出口下降部分只能通过投资、政府支出弥补

凯恩斯（及其很多追随者）认为，总需求的波动主要是因为非理性的悲观主义与乐观主义情绪。他用动物本能这个词来指代这些态度的任意变动。当悲观主义盛行时，家庭减少消费支出，企业减少投资支出。结果是总需求减少，生产减少，失业增加（曼昆，2009）。

从原则上说，政府可以采用宽松货币政策刺激投资，采用积极财政政策稳定和扩大政府购买 G，从而弥补净出口 NX 的下降，并对这些悲观主义情绪作出反应，从而稳定经济（图 3-1）。之所以没有将扩大内需的方式作为一个主要方式，是因为我国居民储蓄习惯较强，对于一个发展中国家，这有益于长远经济发展。另外，扩大内需是一个长期过程，政府也缺乏直接撬动内需增加的手段。利用节能补助、家电下乡补助等方式短期扩大内需的行为，也需要耗费大量的财政资金。

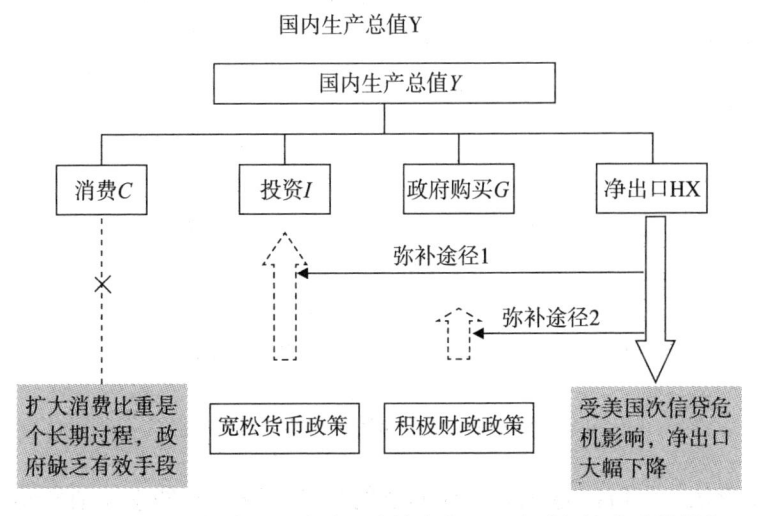

图 3-1　以增加投资和政府购买弥补净出口下降对经济造成的损失

3.3.1 积极的财政政策

财政政策（fiscal policy）是指政府对政府购买和税收水平的选择，影响短期内物品与劳务的总需求。政府增加购买物品或劳务，会直接使总需求曲线移动。政府需求增加直接增加相关公司的就业和利润。当工人收入增加、企业所有者利润增加时，他们对这种收入增加的反应是增加对消费品的支出，结果还会增加对其他企业的产品需求。

3.3.2 宽松的货币政策

政府不仅可以用财政政策影响经济行为，还可以用货币政策影响经济产出。货币政策通常聚焦于货币与物价水平、产出和就业之间的长短期关系。

20世纪30年代，凯恩斯发表的《就业、利息和货币通论》深入揭示了货币对实体经济的影响。凯恩斯认为国民收入由消费和投资两个部分组成。然而，什么因素又决定消费和投资这两个组成部分的数值的高低？按照凯恩斯的意见，消费的数值取决于消费倾向；投资的数值则取决于资本边际效率和利息率。在这里，资本边际效率又取决于预期收益和资本资产的供给价格（或重置成本），而利息率则由货币数量和流动性偏好所决定。上述凯恩斯的理论框架可以用图3-2（高鸿业，2002）表示。

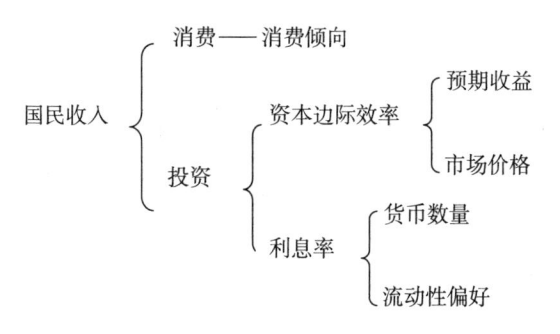

图3-2 货币如何影响实体经济

凯恩斯认为，解决危机和失业问题的对策或政策不外乎使消费倾向、预期收益、供给价格和流动性偏好处于能维持充分就业的状态。而在五个变量中，消费倾向、预期收益、供给价格和流动性偏好由人们的自发的市场行为所决定，因此国家政策难以进行调控，只有货币数量能由国家的货币政策加以控制。

3.4 积极财政政策的额度受到限制

政府实行扩大政府支出，首先必须筹集必要的资金。理论上，政府的资金来源有三个：税收收入、财政部直接印发货币支付、负债筹集。在现实运行当中，前两个渠道不可行，只有负债渠道可以加以利用，但是幅度有限。

3.4.1 税收筹集受到的限制

首先是法律上限制。税收有一个很重要的原则——税收法定原则，限制了政府临时增加税赋征税增加财政收入的本能；其次，在经济衰退时期，企业经营、居民消费都陷入停滞或下降，税源本身就难以保证，利用增税来为大规模经济刺激政策筹集资金基本没有操作空间。

3.4.2 财政部直接印钞受相关法律的限制

理论上政府可以把货币创造作为支付其政府支出的一种方法。当想要修公路、建桥梁等基础设施时，在正常情况下，政府可以通过征收所得税和商品税来筹资，但是也可以简单地开动印钞机来支付。

但是，《中华人民共和国中国人民银行法》剥夺了财政部印发通货的权力。其第四条规定中国人民银行履行发行人民币的职责。第十八条规定人民币由中国人民银行统一印制、发行。

另外，该法第二十九条规定中国人民银行不得对政府财政透支，不得直接认购、包销国债和其他政府债券。所以，政府无法通过中国人民银行单纯印发货币来解决自身的资金短缺。

3.4.3 负债筹集的幅度有限

即使中央政府可以通过发行国债来筹集实施积极财政政策时的资金缺口，但是其筹集渠道、筹集规模、资金用途还是受到相关法律的限制，且对经济发展还有负面影响。

1. 法律限制

1995年正式实施的《中华人民共和国预算法》相关条款剥夺了地方政府使用积极财政政策的权限，对中央政府运用积极财政政策所能动用的资金来源、用途、规模设置了一系列限制条件。而2015年正式实施的修订后的《中华人民共和国预算法》对政府运用财政赤字这一工具进行进一步限制，具体情况见表3-3。

表3-3 预算法对积极财政政策的限制

1995年《中华人民共和国预算法》	2015年《中华人民共和国预算法》
第三条：各级预算应当做到收支平衡	将第三条改为第十二条：各级政府应当建立跨年度预算平衡机制
第二十七条：中央政府公共预算不列赤字。中央预算中必需的建设投资的部分资金，可以通过举借国内和国外债务等方式筹措，但是借债应当有合理的规模和结构	第二十七条改为第三十四条，并增加了对中央一般公共预算中举借的债务实行余额管理，余额的规模不得超过全国人民代表大会批准的限额
第二十八条：地方各级预算按照量入为出、收支平衡的原则编制，不列赤字。除法律和国务院另有规定外，地方政府不得发行地方政府债券	第二十八条改为第三十五条：举借的债务应当有偿还计划和稳定的偿还资金来源，只能用于公益性资本支出，不得用于经常性支出
	并且增加一条，作为第十条：国有资本经营预算应当按照收支平衡的原则编制，不列赤字，并安排资金调入一般公共预算
	还有增加的第十一条：社会保险基金预算应当按照统筹层次和社会保险项目分别编制，做到收支平衡

2. 政府赤字的挤出 (crowding out) 效应

积极财政政策导致政府支出大于税收收入，产生预算赤字（budget deficit），公共储蓄（$T-G$）[1]是负数。这时减少了国民储蓄（S）[2]数量，而国民储蓄（S）——可贷资金供给来源由私人储蓄（$Y-T-C$）[3]和公共储蓄（$T-G$）组成。政府预算赤字使得可贷资金供给减少（图3-3）。此时，预算赤字使

---

[1] 公共储蓄（public saving）是政府在支付其支出后剩下的税收收入量。
[2] $S=(Y-T-C)+(T-G)$，其中T为政府税收，Y为国内生产总值，C为消费，G为政府采购。
[3] 私人储蓄（private saving）是家庭在支付了税收T和消费之后剩下的收入量。

可贷资金供给曲线从 S_1 向左移到 S_2。在新均衡处，利率从 i_1 上升到 i_2。这时高利率改变家庭和企业的行为，可贷资金需求者受到高利率的抑制，买房子和建立新工厂、购买设备减少。这种由政府借款而引起的投资减少称为挤出（crowding out），由图中可贷资金从 Q_1 减少至 Q_2 来代表。也就是说，政府借款为积极财政政策引发的预测赤字补窟窿时，挤出了那些想为投资筹资的私人投资者（曼昆，2009）。

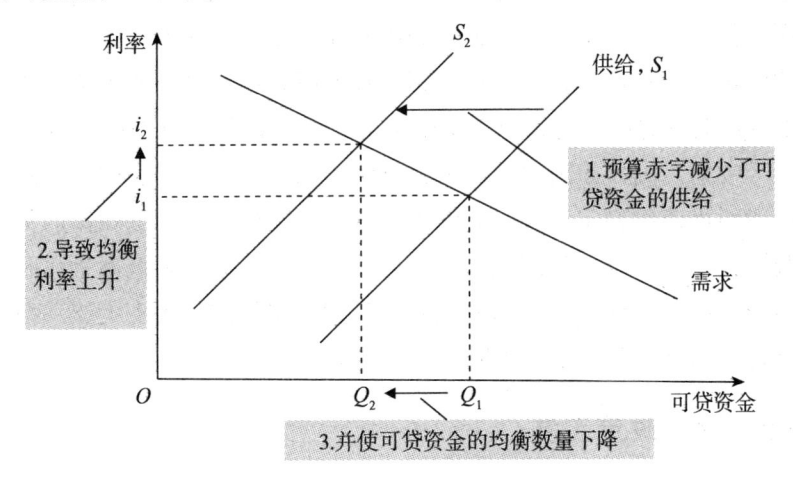

图 3-3 政府预算赤字的影响

3.5 货币政策被赋予更重要地位

3.5.1 货币政策目标

二战后至 20 世纪 70 年代中期，世界各国央行通常将价格稳定、充分就业、经济增长、汇率稳定和国际收支平衡作为货币政策的目标。事实上，在不完美的现实世界里，这四个目标无法通过一种货币政策工具同时实现。一旦出现经济增长停滞、失业率上升等情况，中央银行会马上下调利率，而有损价格稳定目标的实现。

20 世纪 70 年代，在许多发达国家发生的滞胀使越来越多的政府认识到总需求管理政策的局限性。到了 20 世纪 90 年代，实现低通货膨胀则普遍被视为政策的首要目标。为此，这些发达国家特别强调中央银行独立于政府。如果中央银行的反通胀政策被其他相冲突的政策目标所限制，那么将中央银行从政治干预中解放出来就没有什么意义了。因此，当谈及一个真正具有独立性的中央银行时，我们通常会发现它要最大化的目标只有一个，那就是价格稳定。

然而，保持物价水平作为货币政策的首要目标并不是绝对的。失业率的上升可能会挫伤人们的信心，降低投资进而影响经济发展，可能降低工人生产技能，进而降低生产率水平。如果失业的成本相对于低通胀的成本更高，而且经济从未达到过长期均衡点，失业率在相当长的时期内都处于非加速通货膨胀失业率之上，此时通过扩大总需求来降低失业率，或许仍是可以接受的。

虽然《中华人民共和国中国人民银行法》第三条界定了我国货币政策的目标是保持货币币值的稳定，并以此促进经济增长，但是事实上中国的货币政策作为宏观调控的一部分，是围绕多个目标来设定的，第一是低通货膨胀，第二是经济增长，第三是保持较高的就业率，第四是保持国际收支大体平衡，且这几个目标各有侧重，并不重叠（周小川，2009）。

3.5.2 货币政策工具

货币政策工具主要有三种：法定准备金率、公开市场业务、利率政策。

1. 法定准备金率

商业银行在中央银行的存款构成准备金（R），准备金的规模取决于客户存款（D_p）的数量和类型。准备金率通常以准备金除以客户存款，也就是 R/D_p 来表示。

建立存款准备金制度的最初目的是为应对银行大规模挤兑而带来的流行性风险。可是商业银行贷款业务，事实上也以同样金额确立了客户存款，事实上具有创造货币的功能。① 如果银行不按照一定的存款比例缴存准备金，放贷行为无止境，贷款数额就没有约束，银行创造的货币就能无穷大。美联储1931年发布的《会员银行准备金——联邦储备系统的银行准备金委员会的报告》指出："法定准备金最重要的作用是控制信贷，其作用在于让银行在发放贷款的同时，必须提留额外的准备金，就此抑制信贷的过度膨胀。"法定准备金率的调整，能够管理银行的贷款规模，控制货币创造规模。准备金率越低，银行可贷

---

① 货币主要由流通于银行体系外的纸币、硬币以及各类银行存款构成。

资金越多，相应创造的银行存款越多，货币总量也就越多。

调整法定存款准备金率是目前央行调整货币政策的主要手段，原因主要在于：一是我国金融市场存在着金融工具供给的结构性缺陷，市场运行机制也不完善，央行通过公开市场操作进行货币政策调控缺乏有效的载体，同时体量也很小，无法撬动整个经济的货币量。二是我国利率市场化还未完成，货币政策的利率传导机制也不完善，广义货币M_2目前仍是我国货币政策的中间目标（盛松成等，2014）。

2. 公开市场业务

由于中国金融市场利率市场化进程滞后，现有公开市场业务操作目标主要是调控金融机构的流动性水平。中国人民银行公开市场业务内容主要有回购交易、现券交易和发行中央银行票据（货币政策司，2013）。

回购交易可分为正回购和逆回购，正回购为中国人民银行向一级交易商卖出有价证券，并约定在未来特定时间回购。正回购的主要作用在于，向市场收回流动性，经过一定时间后再放回。逆回购为中国人民银行向一级交易商购买有价证券，并约定在未来特定时间返还。逆回购的主要目的是向市场上投放流动性，经过一段时间再收回。

现券交易与回购交易不同，其主要在二级市场操作，可分为现券买断和现券卖断。现券买断是指央行直接从二级市场买入债券，一次性地投放基础货币。而现券卖断业务，是指央行在二级市场直接卖出债券，一次性地回笼基础货币。

中央银行票据即中国人民银行发行的短期债券，央行通过发行央行票据可以回笼基础货币，央行票据到期则体现为投放基础货币。就中国现实来看，财政部发行国债的期限绝大多数是3年以上，短期国债存量极少。在财政部无法形成滚动发行短期国债制度前提下，中国人民银行发行中央银行票据，解决公开市场操作工具不足，其特点为短期性（从已发行的央行票据期限来看，最短的3个月，最长的也只有3年），目的是减少商业银行可贷资金量。

公开市场业务作为央行与其他市场主体之间自愿交易行为，如果商业银行没有交易意愿，业务就很难达成，其调节商业银行超额准备金和货币市场利率水平的目标就不能实现。

3. 利率政策

虽然目前我国的货币市场、债券市场利率和境内外币存贷款利率已实现市场化，但是对金融机构人民币存贷款而言，中国人民银行仍然金融机构人民币存贷款基准利率来进行调节。

即便我国的货币市场利率已经完全放开，但由于中国商业银行的存、贷款利率市场化进程的滞后，因此货币政策传导的利率渠道并不畅通。《中华人民共和国商业银行法》第三十一条规定，商业银行应当按照中国人民银行规定的存款利率的上下限确定存款利率，并予以公告。中国人民银行目前可以通过基准利率进行调控，但利率变动对金融机构存、贷款利率并不能形成实质的影响，利率传导货币政策操作的功能遭遇中间梗阻（戴根有，2003）。

3.5.3 货币政策传导机制

下面我们研究货币政策的工具变化如何传导至最终政策目标，即货币政策传导机制（transmission mechanism of monetary policy）。货币政策影响投资的传导渠道是指央行运用货币政策工具调节手段变量后，完成货币政策调节投资的实现过程。货币政策会通过多种渠道对投资活动产生影响，作用的渠道包括货币渠道（money channel）（包括利率途径和资产价格途径等）和信贷渠道（credit channel）等（Bernanke et al., 1992; Bernanke et al., 1995）。

米什金（2009）认为货币政策影响投资的传导途径有下面三种：传统的利率传导途径、其他资产价格途径和信贷途径观点。

1. 传统的利率传导途径

在凯恩斯的 IS–LM 模型中，扩张性货币政策（$M\uparrow$）导致实际利率的下降（$r\downarrow$），降低了资本成本，进而导致投资上升（$I\uparrow$），使总需求上升和产出提高。凯恩斯当时认为这一过程是通过公司的投资决定变动来实现的，后来研究表明居民在耐用消费品上的开支也是一种投资决定。我们可以用下面的传导途径反映扩张性货币政策的影响：

$$M\uparrow \to r\downarrow \to I\uparrow$$

因为投资取决于实际利率而不是名义利率，所以在经济紧缩时期，即使名义利率水平接近于零，货币政策仍旧会通过特定的途径刺激经济复苏。当名义利率水平接近于零的时候，央行释放信息：承诺未来实施宽松的货币政策，使得公众提高未来物价水平预期（$p^e\uparrow$）和通货膨胀率预期（$\pi^e\uparrow$），因而会降低实际利率水平 [$r=(r^{名义}-\pi^e)\downarrow$]。这样即使当名义利率水平接近零时，货币政策同样可以由下列的利率传导途径刺激投资：

$$M\uparrow \to p^e\uparrow \to \pi^e\uparrow \to r\downarrow \to I\uparrow$$

但是 Bernanke 等（1995）认为传统的货币政策利率传导机制并没有通过实证检验，没有足够的证据证明其路径有效，因而他们探寻了货币政策影响企业投资的其他传导机制。米什金（2009）将其他传导途径分为两类：一类是通过利率水平以外的其他资产价格起作用，另一类则是通过影响金融市场的信息不对称状况发挥作用。

2. 其他资产价格途径

货币主义学派对凯恩斯主义追随者的攻击集中于凯恩斯学派仅仅关注利率这一种资产价格，提出其他资产的相对价格水平也可以将货币政策的作用传递到投资。

Tobin（1969）将 q 定义为企业的市场价值与资本重置成本之比，即托宾 q 理论。如果市场价值 < 重置成本（即 $q<1$），同样的产能，企业收购现有工厂比自己重新建设来得划算。企业就不会购买新的资本品，而是收购其他企业、获取旧的资本品来达到这一目的。因此，投资支出即对新的资本品的购买就会下降。相反，如果市场价值 > 重置成本（即 $q>1$），那么企业就会选择新建厂房、采购设备方式进入目的行业，也就是选择重置成本方式。因为自己设立新的厂房和采购设备，要比收购其他企业、获取旧的资本品来说更为便宜。

那宽松的货币政策又是如何影响托宾 q 值，从而推动投资支出的增加的呢？央行采用宽松的货币政策的时候，公众发现自己手中持有的货币量超过了期望持有量，因而会将剩余部分进行支出。股票市场是其中一个重要的蓄水池。在剩余货币不断涌入的情况下，股票需求得到提振，进而拉高股价。而高股价（$P_s\uparrow$）会导致 q 值升高，并进而导致企业投资支出的增加（$I\uparrow$）。托宾 q 理论的传导机制可以表示为

$$M\uparrow \to P_s\uparrow \to q\uparrow \to I\uparrow$$

3. 信贷途径

由于不满意用传统的利率传导途径来解释货币政策对投资支出影响的观点，Bernanke（1993）、Bernanke 等（1995）、Cecchetti（1995）、Hubbard（1995）利用资本市场存在的信息不对称现象来解释货币政策的传导机制，这类解释被称为"信用途径观点"。

信用途径观点认为，金融资产可以分为货币、债券和银行贷款三种形式。

银行贷款比较特殊，债券并不能够替代它，而货币政策是通过银行信用影响局部投资水平，进而影响产出的。其中有两种影响途径：一类是通过影响银行的放贷行为发挥作用，另一类则是通过影响企业的资产负债表发挥作用。

（1）可贷资金传导。央行通过公开市场操作放松货币政策，商业银行可用于贷款的资金增加，企业贷款需求得到满足，投资支出（$I\uparrow$）增加。

$$M\uparrow \to 银行存款\uparrow \to 银行贷款\uparrow \to I\uparrow$$

（2）资产负债表途径。商业银行在向净值低的企业发放贷款的过程中，更容易发生逆向选择和道德风险问题。净值低意味着借款人可供抵押的资产少，因此加大了由逆向选择问题引致的潜在损失。净值的降低还会引起更为严重的逆向选择，从而减少投资支出所获融资的规模。企业净值低还意味着企业破产引起所有者的损失少，所有者就有更大的动力从事风险投资项目。由于投资项目的高风险加大了贷款人无法得到偿付的可能性，因此，企业净值的降低会减少贷款和投资支出。然而，宽松的货币政策会导致股票价格的升高（$P_s\uparrow$），进而增加企业净值（企业净值↑），而企业净值的增加会减少逆向选择和道德风险问题（逆向选择和道德风险↓），致使商业银行愿意投放的贷款量增加（$L_a\uparrow$），最后刺激企业投资支出的增加（$I\uparrow$）。

$$M\uparrow \to P_s\uparrow \to 企业净值\uparrow \to 逆向选择或道德风险\downarrow \to L_a\uparrow \to I\uparrow$$

①现金流途径。还有一种资产负债表途径是通过影响现金流发挥作用的，所谓现金流是指现金收入与支出的差额。宽松的货币政策会降低名义利率水平（$r\downarrow$），现金流会因此增加，从而改善企业的资产负债表。资产负债表之所以可以得到改善，是因为现金流的改善提高了企业的流动性，贷款人可以更加容易了解企业能否履行偿债义务，从而缓解逆向选择和道德风险问题，导致贷款总量增加（$L_a\uparrow$），并刺激投资（$I\uparrow$）。

$$M\uparrow \to r\downarrow \to 企业的现金流\uparrow \to 逆向选择或道德风险\downarrow \to L_a\uparrow \to I\uparrow$$

②意料之外的物价水平途径。第三种资产负债表途径是通过货币政策影响一般物价水平发挥作用的。因为债务一般总是以固定的名义利率计算的，而意料之外的物价水平上升会降低企业的实际负债（减轻债务负担），但是不降低企业的实际净值，缓解了逆向选择和道德风险问题，这又会导致商业银行放贷量增加（$L_a\uparrow$），最后致使企业增大投资规模（$I\uparrow$）。

$$M\uparrow \to 意料之外的 P\uparrow \to 逆向选择和道德风险\downarrow \to L_a\uparrow \to I\uparrow$$

货币政策和投资之间的联系如图3-4所示。

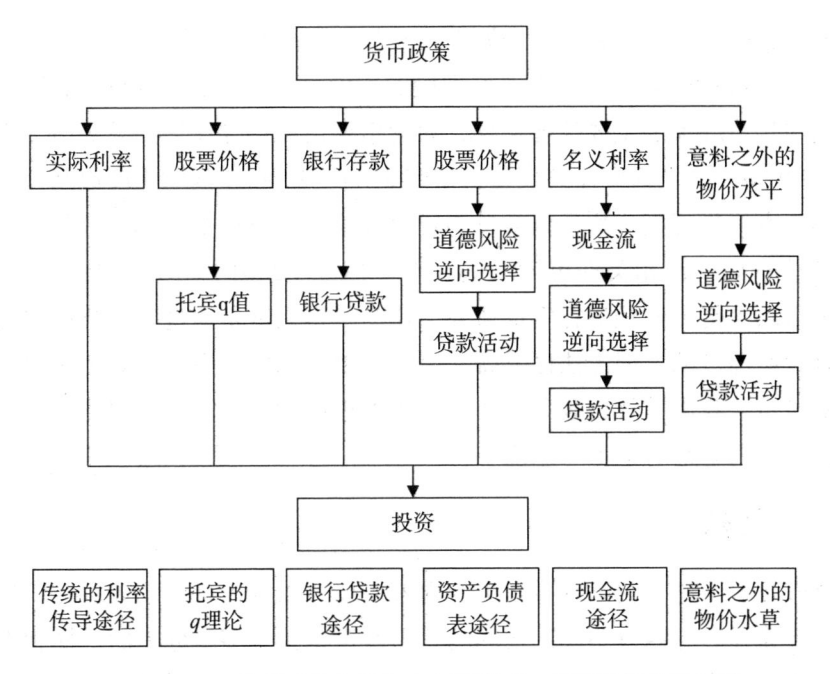

第3章 基于宽松货币政策动因的制度环境分析

图 3-4 货币政策和投资之间的联系：货币政策传导机制

西方学者也从实证方面通过经验数据验证上述理论，并得到不同的结果。Bernanke（1986）利用结构向量自回归方法，确认美国银行信贷冲击对总需求的效果。Bernanke 等（1992）发现，当美联储提升基准利率后6至9个月，银行存款规模会显著下降。Oliner 等（1996）验证紧缩货币政策之后，企业投资行为愈加依赖其内部资金，投资规模将减少。而 Ariccia 等（1998）认为央行并不能调控银行信贷规模，虽然未完全否认信贷途径，但是认为数量效应可以忽略不计。

需要注意的是，大部分国外文献关注的是紧缩货币政策条件下，信贷途径存在性以及数量效应，而认为信贷途径在宽松货币政策（easing monetary policy）时期作用较小。更进一步地，Oliner 等（1996）比较了信贷途径在紧缩与扩张货币政策时期的不同表现，结果表明信贷途径在紧缩货币政策时效用更为明显。综合以上观点可以看出，货币政策传导途径是多样的，各有不同的条件和效应，并且"信贷路径"和"利率路径"并不是相互排斥的，只是强调对贷款和债券替代程度的认识不同。

我国学者也对我国货币政策传导机制及其效应进行跟进研究，并获得一批研究成果。王振山等（2000）使用协整、格兰杰因果检验方法，分别对1981年至1998年、1993年至1998年两个区间段的季度数据进行实证分析，表明信用渠道是我国货币政策的主要传导途径，而货币渠道的传导作用则不明显。李斌（2001）利用多元反馈时间序列模型，使用1991—2000年间的季度数据进行检验，结果证实信贷规模、货币供应量与货币政策最终目标变量都有很强的相关系数，且信贷规模的相关性更大一些。王雪标等（2001）对我国1984—1995年间的货币政策传导途径进行实证研究，认为货币政策是通过货币和信用两个渠道同时影响经济的，但无法区分哪一个更重要。同样，周英章等（2002）的研究结果显示，我国的货币政策是通过信用渠道和货币渠道的共同传导发挥作用的，其中信用渠道居于主导地位。

3.5.4 小结

综合前几节所述，我国货币政策的内容主要可以分为货币政策目标、政策工具、传导途径。与西方不同，我国的货币政策调控是多目标制的，受制于利率市场化改革进程的滞后，金融市场发育不完善，主要是通过调整货币供应量来进行。并且，由于同样的原因，货币政策工具也有特殊性，中国人民银行发行了央行票据，弥补了短期公开市场业务工具的缺失。货币政策内容的大致轮廓见图3-5（崔建军，2004）。

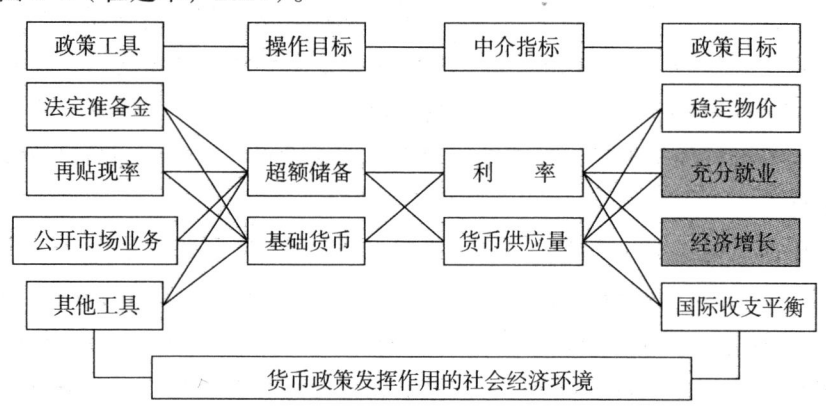

图3-5　货币政策的内容

第4章　货币政策影响企业现金流的作用机理

前文提到2008年美国次贷危机传导至我国，致使实体经济衰退，经济增速快速回落，出口负增长，失业率增高，面临"硬着陆"的风险。为应对危局，2008年11月国务院推出"四万亿"的经济刺激方案。受《中华人民共和国中国人民银行法》限制，财政部被剥夺了发放货币的权限，只能以国债形式筹资。再加上政府赤字比率的约束，使得"四万亿"大部分资金来源是靠银行信贷解决的。因此，本书将货币政策作为"四万亿"的替代变量。

宽松货币政策的后果是市场流动性充足，2009年M_2增速高达27.7%，2010年M_2增速也达到19.7%。与此对应的是，截至2011年9月份，浙江省消亡企业2.5万家，然而2008年全年也不过2.2万家（李娟，2011）。很多人断言，2011年是比2008年更为严峻的金融危机。因此，疑惑产生了，为什么拯救经济的"四万亿"反而导致了更大规模的地方性经济危机？在解答这一问题的过程中，学术界产生了很多争论。经济学家将这一现象归咎于优胜劣汰（李娟，2011）、扩张中的问题（李娟，2011）、高利贷（刘胜军，2011）、经营风险意识薄弱（王敏，2011）等。经济学家还采用传统方法，直接研究宽松货币政策对就业、经济增长、物价水平的作用，忽略了货币政策波动影响企业行为的微观机制（姜国华等，2011）。直到现在，学术界仍然没有对"四万亿"经济刺激方案对企业的影响进行全方位的系统总结和反思。

本章借鉴宏观经济政策研究成果，在微观层面上分析"四万亿"与浙江民营企业破产的发展过程，从而更好地理解宽松货币政策与就业、经济增长、通货膨胀等经济指标的作用过程。

4.1 总体思路

基于上述理论背景及意义阐述，本书将围绕"货币政策对公司金融的传导机制"这一核心问题展开研究。具体而言，本书将货币政策对公司金融的传导分为宏观层面、宏观微观间和微观层面三大过程。

（1）在宏观层面，我们采用经济学的分析框架，说明"四万亿"计划如何短期内实现保就业、促进经济增长的目标。我们也将展示短期政策带来的负面作用：企业产能短期内过度膨胀。当随着经济的自我矫正机制，总体产出收缩到正常水平时，往往意味着部分企业的停工或者破产。

（2）在宏观微观间环节，我们关注作为经济的微观主体，企业的融资、投资、营运活动如何受到宏观经济形势和总体产出变化的巨大影响，也就是货币政策如何在宏观微观间传导。在这部分我们主要关注以下三方面问题：①宽松货币政策下，企业是否会扩大投资规模；②宽松货币政策下，企业的资本结构如何发生变化；③宽松货币政策怎样影响企业日常营运成本。

（3）在微观层面，我们分析企业应对宽松货币政策的融资、投资、营运成本的变化如何影响现金流。就传统投资融资理论来看，貌似合理、最优的单个投资、融资、营运决策，拼凑起来却是一个不断积累企业财务风险的过程。

最后，我们分析宽松货币政策调控目标与公司金融管理的不一致性，也就是国家层面的保增长、保就业与单个企业的生存、赢利之间的冲突。并认为为保就业的宽松货币政策，从某种程度上来讲是以微观企业主体的外部环境的不确定性增加为代价的。具体思路参见第1章的图1-9。

4.2 战略投资、政策激励与民企破产潮因由的经济学分析

宏观经济理论认为，经济体的长期总供给曲线（LRAS）取决于经济体中资本的数量、充分就业水平下能够供给的劳动力数量以及可用的技术水平。这

个充分就业水平下的失业率即为自然失业率。与自然失业率对应的总产出的水平被称为自然失业率水平（Y_n），这是长期内在任一物价水平下经济体能够稳定下来的位置。因此，长期总供给曲线（LRAS）是图4-1中穿过总产出的自然失业率水平（Y_0）的垂直线（米什金，2011）。

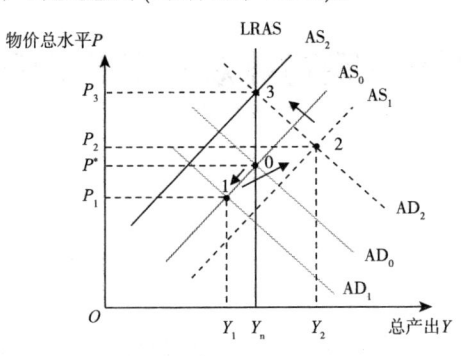

图4-1 宽松货币政策刺激下企业破产潮产生原因的经济学分析

危机前，我国短期总需求曲线 AD_0 与短期总供给曲线 AS_0 相较于0点，均衡总产出水平为 Y_0，均衡的物价水平为 P^*（图4-1）。由于美国次贷危机和欧洲债务危机的负面冲击，我国净出口减少，进而总需求减少，体现为总需求曲线 AD_0 向左位移至 AD_1，短期经济均衡点就会移动到点1，产出减少至 Y_1。然而中央政府迫于短期失业率急剧上升的政治压力，出台了"四万亿"的经济刺激方案。积极的财政政策使得政府支出增加，抵消净出口减少的影响，使得总需求曲线位移至 AD_2；同时宽松的货币政策驱使总供给曲线 AS_0 向右移动至 AS_1；经济将从点1移动到点2，短期的均衡物价水平上升至 P_2，短期均衡产出为 Y_2。在点2，总产出水平高于自然率水平，劳动力市场紧张（$Y_2>Y_0$），劳动力需求超出了供给，雇主会提高工资水平，以吸引所需要的工人，生产成本随之上升，生产成本上升意味着任一物价水平上单位产出利润减少，短期总供给曲线 AS_1 就会向左移动，直到经济到达穿过总产出的自然率水平 Y_0 的长期供给曲线为止，此时短期总供给曲线刚好为 AS_2，在点3达到均衡。

中央政府为实现充分就业的 Y_n 产出而实施的宽松货币政策，导致社会总产出的急剧变化（$0\rightarrow1\rightarrow2\rightarrow3$）。也可以理解为，在这一过程中企业外部不确定性大为增加，具体表现为物价水平（$P^*\rightarrow P_1\rightarrow P_2\rightarrow P_3$）、产出水平（$Y_n\rightarrow Y_1\rightarrow Y_2\rightarrow Y_3$）。因此，中央政府为实现充分就业，部分是以增加企业外部不缺性为代价的。在微观上，市场经济自我纠错机制代价表现为，经济产出

从 Y_2 调整收缩到 Y_n，$(Y_2 - Y_n)$ 这部分产能得到闲置或摧毁，意味着部分企业或部门的关停破产。因此，为实现充分就业的宽松货币政策，是以增加企业外部性为代价的，在本书中表现为企业陷入财务困境的可能性增加。

4.3 宏观经济政策对微观企业作用路径传导机制解析

本书将宽松货币政策对微观企业的作用路径分为投资、融资和营运成本三方面。

4.3.1 宽松货币政策鼓励企业加大投资

在国家经济刺激下，企业是否会按照中央政府预期加大投资尚存疑问，毕竟企业目标与国家目标并不完全一致，前者注重利润和基业长青；后者则更关注就业目标和经济增长。然而在下列因素驱动下，企业会加大投资，行为走向与政府期望相一致。

（1）舆论劝导企业加大投资。首先，相对于部分先进国家成熟的企业主，我国企业主大多文化程度较低，不具备基本的宏观经济、金融、外汇、财务等系统性知识，对宏观经济政策后果缺乏理性预期。其次，作为党和政府宣传工具的媒体，一般总是配合宣传政府的政策，提醒企业注意外需不足情况下的投资风险，具体见表4-1。我们使用百度作为工具，以"弯道超车""腾笼换鸟"两个关键词搜索发生在2007年至2011年的相关新闻报道的篇数。我们发现，宣传导向与"四万亿"经济刺激方案实施年份十分吻合。

表4-1 相关年份特定关键词的新闻报道数量

单位：篇

年 份	弯道超车	腾笼换鸟
2007 年	39	12
2008 年	217	30
2009 年	13 800	275

续表

年　份	弯道超车	腾笼换鸟
2010 年	161 000	54
2011 年	73 600	234

（2）在预期通货膨胀率上升的情况下，相对于持有现金，企业加大固定资产等长期资产投资是较优选择。依照资产需求理论，假定其他因素不变，资产需求数量与其相对于其他替代性资产的预期回报率正向相关。如表4-2所示，我们可以看出，企业持有现金资产并不是一个好的选择。

表4-2　企业持有现金收益的分析

单位：%

年　份	一年期现金存款利率	通货膨胀率	实际存款利率
2008 年	2.52	5.9	-3.38
2009 年	2.25	-0.7[①]	2.95
2010 年	2.5	3.3	-0.8
2011 年	3.25	5.4	-2.15

（3）宽松货币政策下，名义利率降低（$r\downarrow$）融资的成本降低，使得一些收益率不达标的项目开工变为可行。传统的利率渠道在凯恩斯的 IS-LM 模型中，扩张性货币政策导致实际利率的下降，降低了资本成本，进而导致投资上升。而货币主义学派提出其他资产的相对价格水平也可以将货币政策的作用传递到投资。

4.3.2　宽松货币政策诱发企业提高负债率、加大举债规模

上一节讲到，在宽松货币政策下，企业最优选择是扩大投资。那企业是对外举债还是利用内部自有资金筹集投资所需的资金呢？

首先，宽松货币政策提高企业获得银行贷款的便利性，降低融资成本，让

---

① 中国 CPI 指数并没有包含房屋价格，如果参照美国 CPI 算法，2009 年中国经济通货膨胀率至少为 15.4%。

企业更倾向于使用债务融资。2008年9月开始，中国人民银行持续不断地下调人民币贷款基准利率、短期借款利率，减轻企业债务融资成本。此外，中国人民银行还下调银行存款准备金率，明确取消对金融机构信贷规划的硬约束等货币政策工具，增加短期货币市场流动性，放大商业银行可用于贷款的资金。

其次，未来较高的通胀预期导致债务合同中债权人权益向债务人转移。持续较高的货币供给增长速度，引发公众对未来通货膨胀产生较高预期，而企业一般是按照固定名义利率付息，企业偿还金额的实际价值降低。所以，企业更倾向于扩大负债规模，提高资本结构中的负债比率。

最后，我们可以用图4-2来验证宽松的货币政策会加大企业的债务融资。图4-2演示了2005年至2011年国内生产总值（GDP）、流通中的现金（M_0）、狭义货币（M_1）和广义货币（M_2）余额增长率与人民币银行贷款余额增长率之间的关系。可以发现，银行贷款余额增长率随着M_1和M_2货币余额增长率起伏而波动。特别是广义货币（M_2）增长率与银行贷款增长情况高度契合，并且在2008年至2010年形成一个波峰。而与此相对应的是，2005年至2011年间国内生产总值（GDP）增长一直很平稳，基本上为一条直线。因此，我们可以认定2008年至2010年间人民币放贷量的突然放大基本上是"宽松的货币政策"引起的，而非经济增长所致。

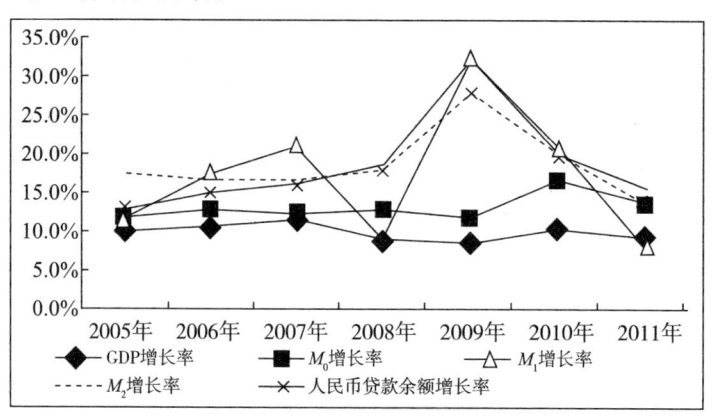

图4-2 国内生产总值、货币余额增长率与银行贷款增长情况比较

4.3.3 宽松的货币政策将会导致企业营运成本大幅增加

诺贝尔经济学奖获得者弗里德曼曾断言：一个国家的高通胀率是由持续过

高的货币供应量增长率引发的。[①]2009年、2010年持续过高的货币供应量致使物价水平不断升高,从而人工成本和上游原材料价格也大幅升高,最后导致企业营运成本压力越来越重。

宽松的货币政策导致高通货膨胀。一方面,中国人民银行配合国务院"四万亿"积极财政政策,2009年、2010年连续两个年度实施宽松的货币政策,使得狭义货币 M_1、广义货币 M_2 增长率远超GDP增长率(图4-3)。另一方面,大概经过6个月的作用滞后期后,银行的资金进入实体经济。物价水平指标全国居民消费价格总水平(CPI)、全国工业生产者出厂价格(PPI)同比增幅开始迅速攀升并维持高位。最后,图4-3具有两个特征:① 2009—2010年前后,货币供给指标(M_1、M_2 增长率)与通货膨胀指标(CPI、PPI 增幅)高度相关;②高通货膨胀率出现在货币供应量高速增长之后。因此,我们可以认为是货币供应量的高速增长导致了通货膨胀率的升高。

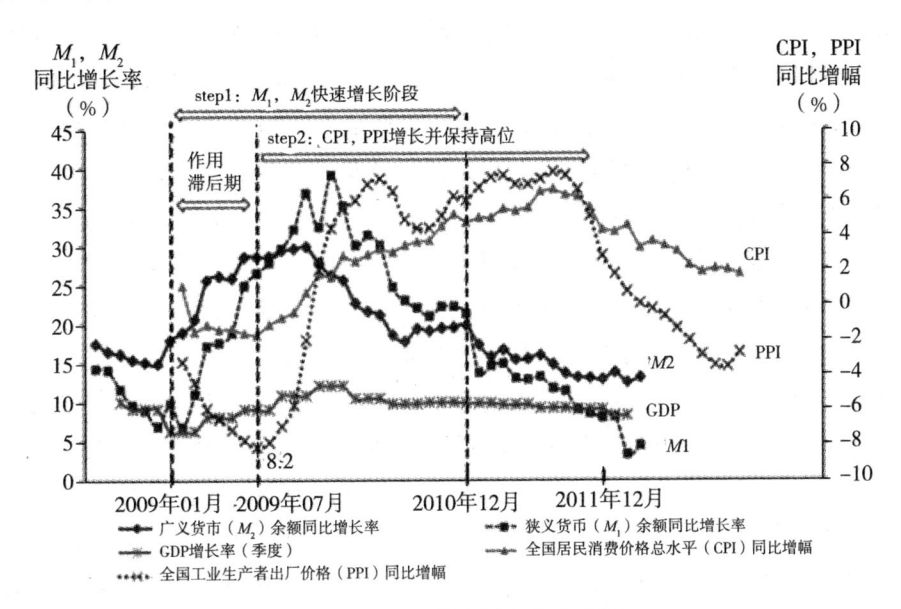

图4-3 货币供应量与物价水平

高通胀的环境致使民营企业的营运成本大幅攀升,主要有两个原因:①劳动力成本上升。2009年的政府动用4万亿政府支出和10万亿贷款拉动投资,

---

① FRIEDMAN M. Inflation: Causes and Consequences [M]. New York: Asia Publishing House, 1963.

弥补出口下降对经济的不利影响。短期内劳动力短缺，工人议价能力上升，在通胀预期加大的情况下，企业无法拒绝工人增加工资的要求。②原材料成本的上升。我国电力、通信、石油、乙烯等企业上游生产资料提供商大多是国有垄断企业，掌握着定价权。在物价水平持续升高的背景下，上游垄断企业借助其议价能力能够轻易提高生产资料的出厂价，将成本转嫁给下游的民营企业。

4.4 微观企业宏观政策路径依赖——因果效应凸显

4.4.1 新项目投资周期长，投资现金流长期为负

在行政审批体制改革之前，新项目的落地主要体现在受政府管制的行政审批事项多、周期长。2012年，杭州市纪委的专题调研发现，一个普通投资项目从工商注册登记、项目立项到开工建设，需要办理40多道手续，涉及30多个部门（王屹峰，2013）。而且这些手续基本都是串联的，必须先办这项才能去办下一项，将所有项目的时限加起来，就已经要200多个工作日，加上一些程序的返工和补充材料，一年以上的审批时间十分普遍（陈霜等，2013）。例如，建设项目施工图审核就需要历经规划、消防、环保、气象、建设等单位，用时约30多个工作日（浙江卫视，2013）。而环评审批是环保部门对建设项目是否影响环境进行评估审查的重要环节，没有通过审批项目就不能动工，一次审批起码需要两到三个月的时间。厂房建好了，还有竣工验收环节，走完住建、规划、环保、质监等部门审核程序，需要约60个工作日（龚献明，2013）。设施都完备了，还要有生产许可审批。以食品生产准入为例，一个食品企业除了厂房、设备筹备需要大量时间外，还至少要花大约三四个月时间去申领食品生产许可证，不仅如此，如果同一设备生产另一类产品又要新一轮申领程序(张遥等，2013)。

所以说，企业新上投资项目的周期长，与之相关的投资现金流持续为负，记为"-"。

4.4.2 融资成本不断增加，企业还款压力剧增

货币金融理论通常认为增加货币供给会降低利率。中央政府据此来提升货

币供给的增长速度，企业依此来加大投资。然而诺贝尔经济学奖得主弗里德曼认为，增加货币供应会降低利率的结论（流动性效应）并不能反映全部事实，因为在此过程中无法保证"其他所有条件不变"的假设。[①]

首先，货币供应增加扩大了国民收入与财富的规模，对经济会产生扩张性的影响，致使利率上升（收入效应）。其次，货币供应的增加还会引起经济社会总体物价水平的上升，这也将导致利率的上升（价格效应）。最后，货币供应增加使得人们对未来物价水平有一个较高的预期，而提高了预期通货膨胀率，也将提高利率（通货膨胀预期效应）。

图 4-4 展示了 2008 年第 4 季度至 2011 年第 4 季度金融机构对非金融企业及其他部门贷款加权平均利率的变化情况。可以发现，2009 年第 1 季度贷款加权平均利率降到最低点 4.76%。此后，到 2011 年第 3 季度贷款加权平均利率连续上升。我们可以采用弗里德曼的理论对此给出解释（图 4-5）（米什金，2011）。最初，流动性效应推低利率，之后收入效应、价格效应和通货膨胀预期效应开始发挥作用并提高利率。由于这些效应占据了主导地位，最终使利率上升并超过最初的水平，达到 i_2。在短期内，货币供应增长速度的提高的确降低了利率，但最终利率攀升超过了最初的水平。然而，企业家通常是依据开始时低利率来作出投资决策的。短期内利率水平不断上升，且投资项目落地投产周期长，系统性地增加了还贷资金压力。因此，短期内融资现金净流为负，我们以"-"符号表示。

---

① FRIEDMAN, MILTON. The Role of Monetary Policy[J]. American Economic Review 1968, 58(1): 1-17.

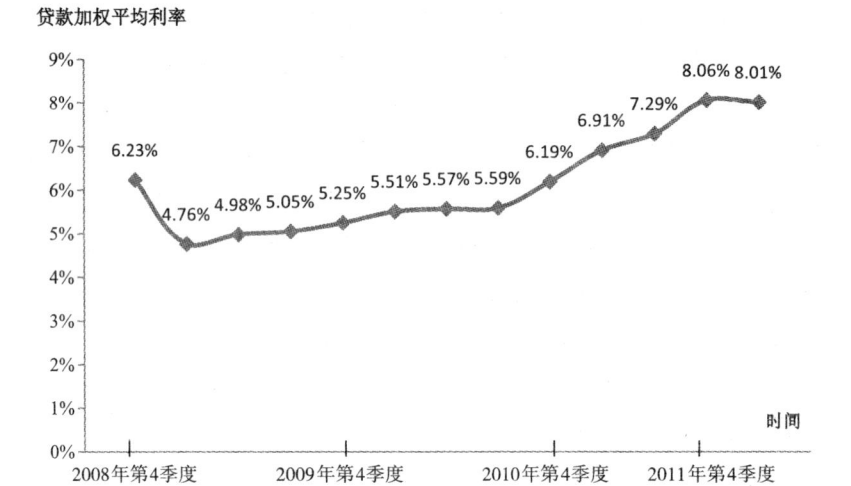

图 4-4 金融机构对非金融企业及其他部门贷款加权平均利率

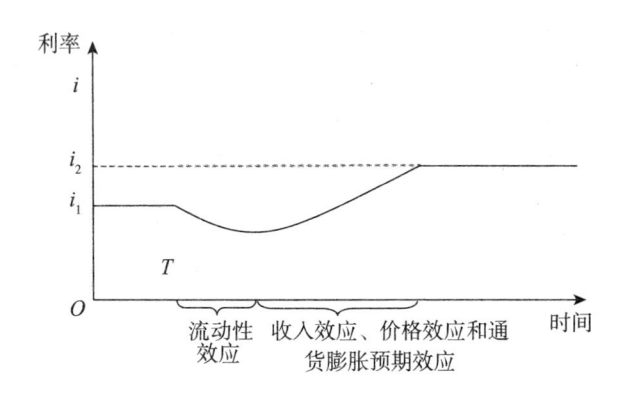

图 4-5 流动性效应小于其他效应，预期通货膨胀率的调整较为缓慢

4.4.3 旧产品需求不振，营运成本升高

民进中央经济委员会副主任、中国中小企业协会副会长、温州中小企业发展促进会会长周德文透露，中小实体企业利润率不过 3%～5%（徐杰，2011）。而新投资项目建设周期长，回笼资金缓慢。因此，短期内企业营运资金得不到改善，反而由于宽松的货币政策影响，人工费用、原材料等成本不断上升，企业经营现金流进一步恶化。与宽松货币政策实施初期相比，后来的经营现金净流恶化，计为"-"。

4.4.4 营运、融资、投资三方面压力下,企业现金流风险逐渐积聚

这里我们借用通常财务管理现金流分析框架,综合分析经营现金流、投资现金流和融资现金流的综合影响。依据前面三点分析,与宽松货币政策实施初期相比,此后较长一段时期内经营现金净流恶化,计为"-",投资现金净流为"-",融资现金净流为"-",企业现金流状况变得糟糕,现金流风险积聚。

4.4.5 2011年宽松货币政策转向紧缩时,浙江民营企业先倒下的原因

事实上,持续的量化宽松货币政策必然会导致物价水平的不断上升,从而使通胀压力加大。因此,在2009年"四万亿"刺激政策两年后,由于通货膨胀的压力,量化宽松的货币政策和积极的财政政策无以为继。从2011年第1季度开始,连续4次提高存款准备金率共2.0个百分点,2次上调存贷款基准利率共0.5个百分点,标志着货币政策由宽松转为稳健。

紧缩性货币政策会改变企业外部融资结构,总体导致外部贷款融资总量下降(Kashyap et al., 1993)。此外,货币政策紧缩时,经济发达地区的企业信贷融资额减少得更多(黄新建 等,2010),并且信贷资金会进一步向国有企业倾斜(叶康涛等,2009),民营企业将受到"信贷歧视"(陆正飞等,2009)。因此,浙江省民营企业的两个特性——处在经济发达地区和民营性质,使得在货币政策调整时所受影响最为显著。

4.5 结论和启示

本书在一定程度上展示了宽松货币政策下政府目标与企业目标的不一致。具体体现在前者以经济增长和充分就业为目标,后者以基业长青和利润为目标。为达到自身目标,政府采用"四万亿"经济刺激方案,对于企业来说,预示着宏观环境的外部不确定性加大。

首先,在宽松货币政策的宏观背景下,如果我们利用平常貌似合理的经济与财务理论指导单一领域内的实践,最终在整体上会导致企业现金流风险的加大,因此我们应该充分关注传统财务理论的应用局限性。

其次，企业应该如何应对政府的宽松货币政策，也是本书思考的一个问题。就本书研究的结论而言，企业应该充分认识到自身目标与国家目标的不一致性，将自身利益与政府的货币政策完善地结合在一起。

最后，本书也给政府提出一个问题：居民就业与企业的健康发展两者目标如何平衡。笔者认为，企业作为经济主体，是提供就业岗位的载体，其权益必须得到充分尊重。而宽松的货币政策加剧了企业外部环境的不确定性，政策得失还需进一步研究。

第 5 章 宽松货币政策内在逻辑与经济后果

上一章讲到了货币政策可能诱发企业现金流状况陷入不好的境地,没有对造成这种状况的背后原因进行详细阐述。本章就从国家和企业各自目标差异的角度出发,解释企业在经济衰退期的应对措施以及政府的反应措施,来阐述货币政策对于企业来说并不总能带来令人欣喜的结果,也可能存在着一定的负面效应。

5.1 货币政策目标与企业目标的各自表述

从发达国家的实践来看,货币政策的目标主要是保持价格稳定。而中国作为一个发展中国家,货币政策目标是根据不同时期经济发展的主要矛盾,实现币值稳定、经济增长、充分就业、国际收支平衡四大目标间的平衡,促进经济社会又好又快发展(闫立良,2010)。

不同的学者对企业目标有不同的描述,一般来说企业目标可以认为是股东价值最大化、利润最大化,而最基本的是能够持续经营。

5.2 经济衰退情况下预期企业行为

在经济衰退时期,出口下滑,收入预期减少,居民消费增长停滞,工业投资额减少。按照 Beaver(1966)提出的现金流(速动资产流)模型,公司被看作一个速动资产蓄水池,现金流入作为进水,现金流出作为排出,蓄水池作为现金流变动的缓冲区或减震器。在描绘现金流(速动资产流)模型时,四个概念十分重要。第一是蓄水池本身的规模;第二是来源于营运活动的速动资产净额，它既可以补充蓄水池，也可以使其流失；第三是公司持有的债务，它用来度量蓄水池的潜在流失；第四是营运期间的现金支出，指的是从蓄水池流出作为营运费用的速动资产金额。

在经济衰退时期，企业预期营业收入减少，现金流入也随之减少。而在蓄水池（速动资产）本身规模不变的情况下，这时现金流出速率不变，水池被耗尽的可能性增加，也就是公司将无法偿付债务（严重时会破产）。所以在破产危险的胁迫下，企业的理性行为将是减少现金流出，譬如压缩行政开支、减少营销费用、停止在建项目、裁员等（图5-1）。

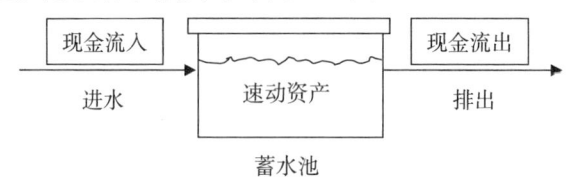

图 5-1　现金流（速动资产流）模型

5.3　经济衰退时期政府实行宽松的货币政策以刺激投资

单个企业裁员、缩减投资额的行为，累加起来将会对宏观经济产出（GDP）产生负面影响，最终影响就业。凯恩斯主义认为，经济总是处在非均衡状态。这种经济低于自然失业率的经济总产出，可以通过增加政府开支（积极财政政策）和降低市场利率（宽松的货币政策）来实现。

积极的财政政策受制于政府预算赤字的硬杠，其总体规模有限。并且由于政府投资分配的公平性难以掌握，对于民间投资有挤出效应，投资效率也时常受到批评。所以，总体上货币政策扮演了更重要的角色。

而宽松的货币政策可以通过利率途径和信贷途径，降低企业融资成本，从而增加投资。

5.4 宽松货币政策下企业应对策略

企业评价投资项目通常用净现值（NPV）来进行描述：

$$\mathrm{NPV} = \sum \frac{\mathrm{cashflow}_n}{(1+i)^n}, \quad n=1,2,\cdots$$

资金成本 i 受到宽松货币政策影响而降低，所以在未来现金流入（cash flow）不变的情况下，原本净现值为负的项目，可能会出现正值，变得可行。

而在自由现金流的理论框架下，即使企业没有净现值为正的项目，宽松货币政策也会增加企业投资。宽松货币政策可以让企业获得超过维护资产以及预期新投资项目所需的现金，也就是自由现金流。监督困难提供给管理层将内部产生的现金流投资于某些项目的机会。这些项目从管理层角度是有益的，但从股东的角度代价高昂（Jensen，1986; Stulz，1990）。

此外，企业增加投资也有竞争压力。假设市场中只有两个厂家 A 和 B，在宽松货币政策之前，市场处于均衡状况——在市场上各自生产成本相等，都是 1，产品价格 $p=1$。在宽松货币政策下，厂家 A 和 B 都面临两个选择：投资和不投资。在投资的情况下，企业可以增加产出，达到规模经济，期望生产成本降低为 0.5（图 5-2）。

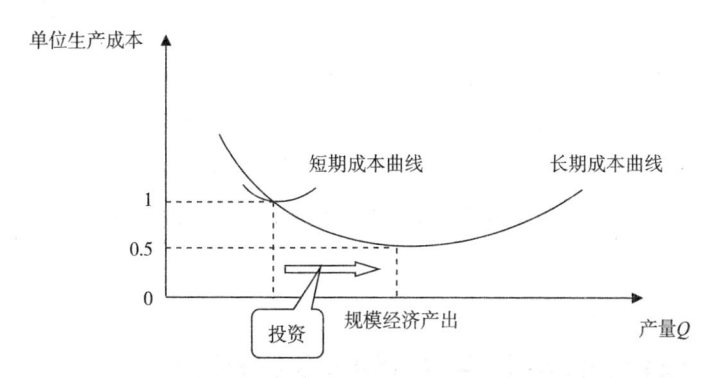

图 5-2　规模经济产出、单位平均成本与投资的关系

假定厂家 A 和 B 都是不合作的，那么厂家 A 和 B 的最优策略是加大投资额，达到规模经济产出（图 5-3）。

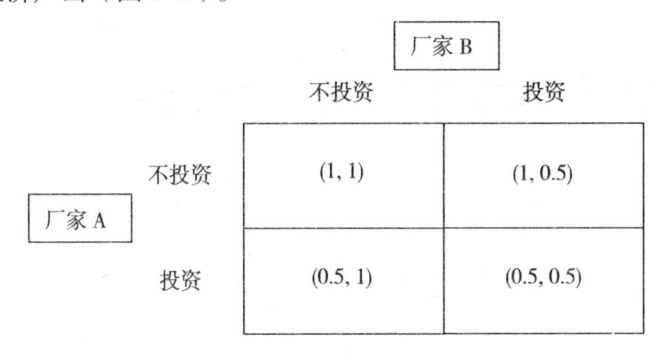

	厂家 B 不投资	厂家 B 投资
厂家 A 不投资	(1, 1)	(1, 0.5)
厂家 A 投资	(0.5, 1)	(0.5, 0.5)

图 5-3 厂家 A 和 B 的投资策略选择

假定总体需求数量依然为 Q，且大于单个厂家的规模经济产出，即 $Q>q_{规模}$。而如果市场消费满足两厂家规模经济产出，即 $Q<q_{规模}+q_{规模}$。此时，厂家 A 和厂家 B 的产量决策又面临两个选择：$q<q_{规模}$ 或者 $q=q_{规模}$。当厂家 A 选择 $q<q_{规模}$，而竞争对手选择 $q=q_{规模}$ 时，厂家 A 单位产品生产成本假定为 0.7，高于竞争对手 0.5，如果竞争对手按照 $p=0.5$ 进行销售，那么厂家 A 将面临亏损，最终会消亡。因此，此时纳什均衡状况是厂家 A 和厂家 B 都是规模经济产出，即 $q=q_{规模}$（图 5-4）。

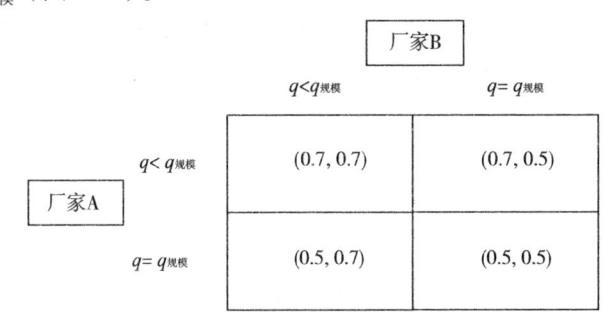

	厂家 B $q<q_{规模}$	厂家 B $q=q_{规模}$
厂家 A $q<q_{规模}$	(0.7, 0.7)	(0.7, 0.5)
厂家 A $q=q_{规模}$	(0.5, 0.7)	(0.5, 0.5)

图 5-4 厂家 A 和厂家 B 的不同投资规模下单位成本差异

5.5 后危机时代产业就业格局巨变

我们知道往往整体市场需求 D 无法消化厂家 A 和 B 的规模经济产出时，即 $Q<q_{规模}+q_{规模}$，市场均衡价格可能会出现 $p<0.5$。此时厂家 A 和 B 都会面临

亏损，而只要 p>C（C 为单位变动成本），厂家 A 和 B 还是会一直坚持下去。而最终消亡的那家是融资来源充分的厂家。假定厂家 A 为大企业或者国有企业，资金实力更为雄厚，在这场竞争中胜出，那么就会出现"国进民退"的现象。

而在各界加大投资的过程中，劳动力市场价格上升，引起单位变动成本上升（CV= 人力 + 材料）。企业为了降低成本，理性选择是加大设备投资额，也就是所谓"机器换人"。因此在总体市场需求不变的情况下，劳动力需求将会降低。

综上所述，宽松货币政策事实上是一种影响市场竞争格局的外部力量。在政府干预的剧烈环境变化中，小企业无法生存下来。而在失业率上升→利率降低→投资→失业率下降、劳动力成本上升→产能过剩→机器换人→失业率上升过程中，劳动力就业只能是短期行为，就长期来看，行业内企业规模膨胀，而相对雇佣人员数量下降，对就业会有不利影响。

5.6 启示

（1）实行积极的财政政策、稳健的货币政策。通过本章分析，宽松货币政策会引起一大部分民营企业的经营失败，而这并不是市场竞争的自然结果，而是由政府干预引起的。虽然传统的货币经济学认为，货币政策对于微观企业运行干预较少，可是我国社会主义初期阶段的国情不同于英美等经济高度私有化国家的国情，宽松货币政策会导致国有企业利用其信贷优势从市场份额挤出民营企业。宽松货币政策往往不长久，短期外部环境剧烈变化，几乎不能给民营企业适应的时间、缓冲空间。而财政政策通过国家财政支出投资于港口、高速公路、铁路、宽带、有线电视、能源等基础设施建设，既可以短期内拉动 GDP 的增长，又可以提高长期经济效率，对民营企业影响较小。

（2）限制国有企业运营范围。在竞争性行业应该限制国企运营，将国有企业运营范围限定于战略性、自然垄断行业，这样可以减少国有企业对民营经济的冲击。

（3）利用好融资平台。当财政政策受预算赤字等限制时，我国可以利用政府融资平台按照市场化方式向银行借贷。

第6章　宽松货币政策、企业投融资与现金流风险变化

第4章规范阐述了为什么宽松货币政策有可能反而加大了企业陷入财务困境的可能性。接下来，本书开始实证检验相关问题：①宽松货币政策是否起到预期的政策效果；②投资、负债在货币政策与企业现金流风险之间是否起到中介作用。

我们采用中国人民银行发布的2006年—2012年《中国货币政策执行报告》衡量货币政策宽松程度，研究了货币政策与企业现金流风险之间的关系。实证结果证实了央行实行宽松货币政策有利于降低企业现金流风险，而紧缩货币政策加剧了企业陷入财务困境的可能。我们还发现，两者关系受到企业投融资行为的调节，也就是大规模的企业投资、外部融资将会抵消宽松货币政策对企业财务状况的正面影响，而在采取紧缩货币政策时将会加大货币政策对企业现金流风险的负面冲击。

进行实证检验的研究意义在于：首先，证实了"四万亿"也就是宽松的货币政策本身确实对于降低企业现金流风险有好处。2011年企业破产风波直接原因是投融资决策失当，而不是货币政策本身。其次，如果中央政府制定货币政策宽松程度超过合理边界，诱发了企业加大投资、扩大债务融资规模，则该政策有着间接过错。最后，本书说明央行制定宽松货币政策的目标可以分为两个层次，一是单纯地让企业脱困；二是在此基础上还要诱使企业加大投资，以保持经济增长。如果是后者，银行以巨量信贷诱使企业加大投资，企业额外承担了现金流状况长期恶化的政策成本。而企业是微观经济主体，是提供就业岗位的载体，央行在制定货币政策时不考虑企业利益，这是值得商榷的。

本章结构安排如下：第一部分是理论分析与研究假设，第二部分是研究设计，第三部分是实证结果与分析，第四部分是进一步检验——投资的中介效应，第五部分是本章小结。

6.1 理论分析与研究假设

6.1.1 货币政策与现金流风险

现金流风险具体表现为企业无法及时支付日常经营事项，无法还清欠款、支付到期债务，流动性不足，资本不足以抵债等，也就是说企业履行义务时受阻（吴世农等，2001）。换句话说，现金流风险的最终表现就是微观环境中企业内部缺乏货币资金。而货币政策是指中国人民银行通过存款准备金率、银行基准利率等货币工具影响总体货币供给量和筹集成本。当货币政策趋于紧缩时，货币供应量减少，企业债务融资成本将提高，企业现金流风险上升；反之，当货币政策趋于宽松时，外部流动性充足，融资成本降低，企业现金流风险下降。

国内外学者对货币政策与企业现金流风险的关系进行了研究。Altman（1983）发现，经济衰退时期公司陷入现金流困境可能性更大，缩减货币供应量对公司陷入财务困境可能性具有显著负面影响。Bae 等（2003）以亚洲金融危机为背景，发现对主办银行的负面冲击，最终会恶化客户公司的现金流状况。Pesaran 等（2006）从个体因素中分离出宏观经济指标变动与企业还款违约概率之间的传导效应，研究发现利率、汇率对企业财务状况有显著负面效应。Nguyen（2007）阐述了日本企业现金流风险变化情况与宏观经济环境变动有明显的关联；尤其是银行贷款利率指标，利率上升使得各行业的现金流风险都随之上升，而资本密集型产业所受之冲击更为明显。

国内有关货币政策对企业财务危机的影响研究十分少见，机理阐释较为简略。王克敏等（2006）的研究表明，企业对实际利率变化越敏感，越易受到外部事件冲击，陷入财务困境。吕峻等（2008）证明真实利率水平与公司陷入财务危机概率成正比，信贷增长率与公司陷入财务危机的概率成反比。肖贤辉等（2012）运用多种实证检验方法证明，上市公司现金流风险与广义货币供应量（M_2）负相关，与实际利率水平正相关。李秉成等（2013）研究发现，中央银行货币政策通过影响商业银行信贷量，进而作用于企业现金流风险，企业现金流风险与货币供应量负相关。基于前述分析，本书提出假设 1：宽松的货币政策降低企业现金流风险；紧缩的货币政策提高企业现金流风险。

6.1.2 公司理财行为在货币政策与企业现金流风险之间的中介作用

货币政策一个重要的经济后果就是企业会随之调整自己的投资规模、杠杆比率。现有的研究表明：货币政策宽松程度与企业投资、外部负债融资正相关。Kashyap 等（1993）指出，紧缩的货币政策会减少贷款供给，进而影响企业投资。Hu（1999）指出，货币政策会通过影响债务融资成本进而影响投资成本。Gaiotti 等（2001）以 1984—1999 年的意大利企业为研究对象，发现货币政策主要通过影响企业资本成本影响企业的投资。Mojon 等（2002）以欧盟中的德国、法国、意大利和西班牙为研究对象，发现利率会通过影响资本成本影响企业的投资。在我国，紧缩货币政策对公司理财行为的影响主要体现在提高融资成本和限制融资规模，并最终调控公司的投资行为 (祝继高等，2009)。彭方平等（2007）从企业微观层面检验了 2000 年至 2004 年我国利率政策的有效性，发现货币政策通过改变政策利率和影响国债到期收益率影响资本成本，进而影响公司的投资行为。陈艳（2012）以中国 A 股市场制造业上市公司2007—2011 年 5 年的数据为样本，实证发现货币政策对企业的投资机会和投资支出具有正向调控作用，宽松的货币政策能够有效降低企业的融资约束，提高企业的新增投资支出。宣扬（2012）研究表明，公司在货币宽松期的持续债务保守策略显著提高了货币紧缩期间获得贷款的能力与投资水平，并且这一效应是较为稳健的。

另外，在其他条件不变的情况下，受宽松货币政策驱使，投资规模加大，企业现金流风险也将随之累积。因为处于宽松货币政策之下，获得外部资金容易，企业很可能不考虑自身及市场的实际情况而进行盲目投资，企业很容易超过合理投资的边界，发生过度投资行为，从而给自身带来损失。Higgins 等（1975）研究发现，投资扩张加大了企业破产的可能性。Mueller（1977）更是进一步指出，并购后企业贝塔值升高，也就是说在扩张后企业更具波动性，现金流风险更高。此外，在货币紧缩时期企业受债务规模和杠杆比率影响更为明显。Bae 等（2002）就证实，银行危机期间受信贷紧缩的冲击，高杠杆（银行贷款）和低流动性的公司会受到更大影响，股权价值出现较大回落。吕峻等

（2008）认为，虽然在信贷扩张时期公司盈利和现金流增加，但是由于负债增加积累了较高的现金流风险。

最后，从银行角度看，《新巴塞尔资本协议》提及大多数信用风险是在宏观经济上行、银行信贷标准要求放松时积累的，只是在经济突然下滑时才出现而已。Kent 等（2001）、Pederzoli 等（2005）、Jiménez 等（2006）指出，经济衰退时期企业较高拖欠率是在经济繁荣时期逐渐积累的。

综上所述，我们可以得出结论：在货币政策影响企业现金流的过程中，企业投资和债务融资起到了重要的调节作用。本书提出假设 2：宽松的货币政策将降低企业陷入现金流困境的可能性；紧缩的货币政策将增加企业陷入现金流困境的可能性。然而两者关系受到企业投融资行为（调节变量）的影响，也就是大规模的企业投资、债务融资将会抵消宽松货币政策对企业现金流状况的正面影响；而在紧缩货币政策时会加剧对企业现金流状况的负面冲击。

6.2 研究设计

6.2.1 主要指标界定

1. 货币政策的确认和计量

目前国内对货币政策确认和计量的研究主要有：祝继高等（2009）、叶康涛等（2009）采用中国人民银行和国家统计局共同合作完成的《全国银行家问卷调查报告》中的货币政策感受指数。而陆正飞等（2009）采用 M_1 或 M_2 货币余额增长率与 GDP 增长率的差额，来衡量货币政策宽松程度，将差额较大的年份定义为宽松。相类似地，本书采用中国人民银行发布的 2006 年—2012 年《中国货币政策执行报告》中货币政策执行的直接描述数据，生成年度货币政策哑变量 MP1。当年货币政策为"宽松"或"适度宽松"时，MP1=1；而货币政策为"稳健""紧缩"或"适度紧缩"时，MP1 取值为 0。此外在稳健性检验时，我们借鉴李志军等（2011）的衡量方法，将货币政策宽松程度定义为连续变量 MP2，其值等于 M_2 货币余额增长率与 GDP 增长率差额，具体情况见表 6-1。

表6-1 货币政策的确认和计量

依 据	2006年	2007年	2008年	2009年	2010年	2011年	2012年
《全国银行家问卷调查报告》	稳健	稳健 适度偏紧 适度紧缩 紧缩	紧缩 紧缩 适度宽松 适度宽松	宽松 宽松 宽松 适度宽松	适度宽松	适度偏紧 适度偏紧 稳健 适度偏紧	适度
《中国货币政策执行报告》	稳健	稳健 稳中适度 从紧 适度从紧 从紧	从紧 稳健 适度宽松 适度宽松	适度宽松	适度宽松	稳健	稳健
宽松货币政策哑变量（MP1）	0	0	0	1	1	0	0
M_2与GDP增长率差额（MP2）	6.2%	5.3%	8.8%	19.0%	9.4%	4.4%	6.0%

注：①在采用哑变量计量方法时，不论是本书研究，还前人的研究，对于哑变量MP1取值都是一致的。② 2008年是紧缩转为宽松的过渡时期，本书将该年度MP1赋值为0。

2.投资额度

借鉴 Richardson（2006）的方法，本书将企业投资定义为

INV=(支付的构建固定资产、无形资产等现金 – 出售固定资产、无形资产等收回的净现金 – 当年折旧额)/年末资产总额。

也有研究在确认计量企业投资时不减去固定资产折旧、油气资产折耗、生产性生物资产折旧。本书也进行了类似尝试，发现是否扣除折旧额并不影响研究结论。

3.公司债务融资

对于企业债务融资（DLEV），我们引用陆正飞等（2009）的做法，将其定义为

DLEV=（期末短期借款＋期末一年内到期长期负债＋期末长期借款－期初短期借款－期初一年内到期长期借款－期初长期借款）/期初资产总额。

4.现金流风险的定义

本书借用目前理论界和实务中较为通用的度量企业现金流风险的方法——

Altman（1968）的 Z 指数。Z 值越低，企业现金流风险越高。Z 指数的具体计算公式为

$$Z=1.2X_1+1.4X_2+3.3X_3+0.6X_4+0.999X_5 \qquad (6-1)$$

其中，X_1 为营运资本/资产总额；X_2 为留存收益/资产总额；X_3 为息税前收益/资产总额；X_4 为股票市场价值/债务账面价值；X_5 为营业收入/资产总额。考虑到我国资本市场的特殊性，本书借鉴向德伟（2002），李焰等（2008）的计算方式，将变量 X_4 的计算方式调整为（每股市价 × 流通股股数 + 每股净资产 × 非流通股股数）/总负债。

如果 $Z > 2.99$ 表示企业现金流状况优良；当 $1.81 \leqslant Z \leqslant 2.675$ 时，企业落入了"灰色地带"，企业现金流状况不稳定；如果 $Z < 1.81$，一般认为企业陷入现金流困境。所以本书在计量现金流风险的手段上，还借鉴姜付秀等（2009）的做法，以 1.81 为临界值来判断企业现金流状况，并设置计量现金流困境哑变量 ZDUM；如果 Z 指数小于 1.81，ZDUM 取值 1；否则取值 0。

6.2.2　回归模型及相关变量定义

为验证假设 1，我们用于考察宽松货币政策对企业现金流风险影响的回归模型分别以现金流风险的连续变量（Z 值）和现金流困境哑变量（ZDUM）为被解释变量，主要解释变量为货币政策哑变量（MP1），在同时控制其他相关影响因素的基础上，构建回归模型如下：

$$Z = \alpha + \beta_1 \mathrm{MP1} + \beta_i \sum \mathrm{controls}_i + \beta_j \sum \mathrm{IND}_i + \varepsilon \qquad (6-2)$$

$$\mathrm{ZDUM} = \alpha + \beta_1 \mathrm{MP1} + \beta_i \sum \mathrm{controls}_i + \beta_j \sum \mathrm{IND}_i + \varepsilon \qquad (6-3)$$

而检验假设 2，企业投资、外部融资如何调节宽松货币政策与企业现金流风险之间的关系，我们设计了以下模型，主要解释变量包括货币政策哑变量（MP1）或者连续变量（MP2）、当年企业总投资（INV）、外部融资数量（DLEV），以及货币政策与企业投资的交叉项（MP1 × INV）、货币政策与外部融资的交叉项（MP1 × DLEV）。

$$Z = \alpha + \beta_1 \mathrm{MP1} + \beta_2 \mathrm{MP1}*\mathrm{INV} + \beta_3 \mathrm{INV} + \beta_4 \mathrm{MP1}*\mathrm{DLEV} + \beta_5 \mathrm{DLEV} \\ + \beta_i \sum \mathrm{controls}_i + \beta_j \sum \mathrm{IND}_j + \varepsilon \qquad (6-4)$$

$$ZDUM = \alpha + \beta_1 MP1 + \beta_2 MP1 \times INV + \beta_3 INV + \beta_4 MP1 \times DLEV + \beta_5 DLEV + \beta_i \sum controls_i + \beta_j \sum IND_j + \varepsilon \qquad (6-5)$$

根据相关理论及文献，我们在上述模型中设置了一些控制变量（Σcontrols）：OWN 是反映企业所有权性质的哑变量；SIZE 代表公司规模；INTA 代表资产属性；CF 是现金流；HOLD 是指高管持股比例；DDS 代表独立董事规模。此外，我们还控制了行业效应（ΣIND）设置为控制变量，ΣIND 用来控制所属行业的固定效应。

主要变量定义如表 6-2 所示。

表 6-2 主要变量定义

变量类型	变量名	变量符号	变量说明
被解释变量	现金流风险	Z 指数	Z=1.2 营运资本/总资产+1.4 留存收益/总资产+3.3 息税前收益/资产总额+0.6 股票市场价值/债务账面价值+0.999 营业收入/资产总额
	现金流困境哑变量	ZDUM	如果 Z 指数小于 1.81，ZDUM 取值为 1；否则取值为 0
解释变量	货币政策哑变量	MP1	如果该年份总体上采用宽松货币政策 MP1=1；如果是稳健或紧缩货币政策 MP1=0
	货币政策连续变量	MP2	MP2=M_2 货币余额增长率 — GDP 增长率
	投资额	INV	INV=（支付的构建固定资产、无形资产等的现金—出售固定资产、无形资产等收回的净现金—当年折旧额）/年末资产总额
	债务融资	DLEV	DLEV=(期末短期借款+期末一年内到期长期负债+期末长期借款—期初短期借款—期初一年内到期长期借款—期初长期借款)/期初资产额

续 表

变量类型	变量名	变量符号	变量说明
控制变量	企业所有权性质	OWN	反映企业所有权性质的哑变量,上市公司第一大股东的最后控股股东属性为民营,则取值为1,否则取值为0
	公司规模	SIZE	年末总资产的自然对数
	资产属性	INTA	INTA=无形资产年初余额/资产年初总额
	现金流	CF	CF=上期净现金流量/年初总资产
	高管持股比例	HOLD	年末公司全部高级管理人员中,除董事、监事以外的其他高级管理人员所持有的股票总数占总股本的比例
	独立董事规模	DDS	DDS=独立董事人数/董事会总人数
	行业效应	ΣIND	行业虚拟变量,按中国证监会行业一级代码分类,剔除金融、保险业后共12个行业;并以农林牧渔业为基准,生成11个行业控制哑变量

6.2.3 样本选择与分布

首先,本书选取2007—2012年间我国沪、深两市A股上市公司作为初选样本。将2007年作为研究区间的起始年度主要基于以下考虑:第一,2006年底刚好结束我国加入世界贸易组织的5年保护期;第二,2007年1月1日起,上市公司正式执行与国际财务报告准则趋同的新会计准则。

其次,根据以往文献,我们对样本公司进行了如下删除:第一,剔除了银行、保险等金融类企业;第二,删除非正常交易状态的公司,也就是标记为ST、PT、退市的上市公司;第三,删除相关数据缺失的公司。

最终,我们得到1810家公司、7343个年度观测值的样本,并采用winsorization的方法对异常值进行处理。对所有小于1%分位数(大于99%分位数)的变量,令其值分别等于1%分位数(99%分位数)。本书所需的数据来源于CSMAR和CCER数据库,采用的数据处理软件主要为Stata12.0和Excel2007。

6.3 实证结果与分析

6.3.1 描述性统计分析

被解释变量现金流困境（ZDUM）、中介变量扩张效应（INVEST）的均值、标准差描述性统计特征如表 6-3 所示。我们发现，2008 年作为经济最困难的一年，企业陷入现金流困境（ZDUM）的可能性均值最高达到 0.232，随着 2009 年、2010 年连续两年采取宽松货币政策，企业财务状况连续两年好转，陷入现金流困境的可能性逐年下降，2009 年为 0.101，2010 年为 0.089，达到最低点。此外，现金流困境的标准差也有类似的趋势，2008 年标准差最大，宽松的货币政策出台后，后续两年逐年变小。

表 6-3 关键变量的描述性统计

指标		2007年	2008年	2009年	2010年	2011年	2012年	Total	ANOVA
现金流困境	均值	0.070	0.232	0.101	0.089	0.151	0.182	0.135	0.000
	标准差	0.255	0.422	0.301	0.286	0.358	0.386	0.342	
企业投资	均值	0.028	0.030	0.024	0.030	0.035	0.031	0.030	0.000
	标准差	0.046	0.048	0.044	0.045	0.047	0.043	0.046	
货币政策		—	0	0	1	1	0	—	—

因为企业投资从决策、办手续到最终落地有较长的滞后期，所以 2008 年是最困难的一年，滞后表现在 2009 年企业投资额（INVEST）均值最小，为 0.024。在 2009 年、2010 年宽松的货币政策刺激下，2010 年、2011 年投资额大幅上升，2011 年达到最高点 0.035。之后，随着宽松货币政策的结束，企业投资额也随之下降。更进一步地，随着 2010 年、2011 年投资额的急剧飙升，企业陷入现金流困境的可能性也由 2010 年的最低点 0.089，逐步提高到 2011 年的 0.151（图 6-1）。

第6章 宽松货币政策、企业投融资与现金流风险变化

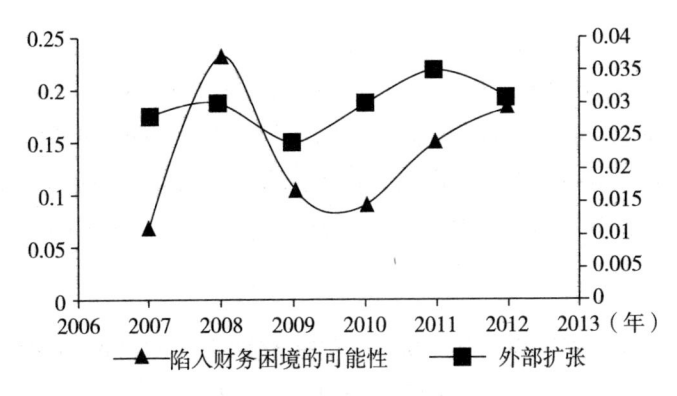

图6-1 2007—2012年外部扩张、现金流困境平均值变化

此外，对于财务状况，我们按照货币政策类型分类进行方差分析，结果如表6-4所示。从中我们可以发现，在宽松货币政策年份的上市公司财务状况（Z指数）明显优于在非宽松货币政策年份。也就是说，在宽松货币政策下，上市公司陷入现金流困境的可能性（ZDUM）较低。我们随后对Z指数、ZDUM两项指标之间的均值 t 检验和中位数Wilcoxon检验结果显示，两项指标的组间差异性异常显著。两项指标之间的均值差异及其显著性表明，实行宽松货币政策年份的上市公司财务状况大为改善，其陷入现金流困境的可能性也随之大幅降低。

表6-4 按货币政策（MP1）分组的描述性统计分析

变量名称	全样本	按货币政策宽松与否分类							均值检验	中值检验
		MP1=0			MP1=1				t 值	Z 值
	观测值	平均值	中值	观测值	平均值	中值	观测值	平均值	中值	
Z	7343	4.616	3.294	4794	4.318	3.116	2549	5.176	3.712	−8.001***	−10.682***
ZDUM	7343	0.133	0	4794	0.154	0	2549	0.093	0	7.428***	7.401***

注：*$p<0.05$；**$p<0.01$；***$p<0.001$。

接着我们将上市公司当年投资额（INV）与同行业上市公司当年投资额的中

值（INV_median）进行比较，生成哑变量 INVGROUP，如果 INV ≥ INV_median，INVGROUP=1；如果 INV < INV_median，INVGROUP=0。接下来，我们便可以在按照 MP1 取值不同初次分组基础上，再次按照 INVGROUP 取值差异进一步细分，具体过程见表 6-5。表 6-5 说明，在实行宽松货币政策的年份，外部投资额较大的上市公司，其现金流风险（Z 值）较高，陷入现金流困境的可能性(ZDUM)较大。

表 6-5　按照货币政策（MP1）和投资额高低（INVGROUP）二次分组的描述性统计分析

变量名称	INVGROUP	按货币政策宽松与否分类									
		MP1=0					MP1=1				
		观测值	平均值	中值	t 值	Z 值	观测值	平均值	中值	t 值	Z 值
Z	0	2411	4.253	3.092	−1.110	−1.115	1282	5.370	3.796	2.055*	2.642**
	1	2383	4.385	3.149			1267	4.980	3.639		
ZDUM	0	2411	0.158	0	0.747	0.747	1282	0.074	0	−3.244**	−3.238**
	1	2383	0.150	0			1267	0.111	0		

注：*p<0.05；**p<0.01；***p<0.001。

最后，本书同样取上市公司当年新增外部融资（DLEV）与同行业上市公司当年新增外部融资额的中值（DLEV_median）进行比较，设定哑变量 DLEVGROUP。如果 DLEV ≥ DLEV_median，DLEVGROUP=1；否则为 0。同样，我们用货币政策（MP1）、外部融资高低状况（DLEVGROUP）对样本进行分组描述性统计分析（表 6-6）。表 6-6 显示，不论是宽松货币政策，还是非宽松的货币政策，外部融资额较大的分组（DLEVGROUP=1），上市公司的现金流健康状况（Z 值）较低。也就是说，外部融资额较高的分组，上市公司陷入现金流困境的可能性（ZDUM）也比较大。

表6-6 按照货币政策（MP1）和外部融资额高低（DLEVGROUP）二次分组的描述性统计分析

变量名称	DLEVGROUP	按货币政策宽松与否分类									
		MP1=0					MP1=1				
		观测值	平均值	中值	t值	Z值	观测值	平均值	中值	t值	Z值
Z	0	2329	5.339	3.69	17.171***	16.780***	1227	6.438	4.374	13.220***	13.404***
	1	2465	3.354	2.773			1322	4.005	3.164		
ZDUM	0	2329	0.118	0	−6.835***	−6.803***	1227	0.055	0	−6.282***	−6.236***
	1	2465	0.189	0			1322	0.127	0		

注：*$p<0.05$；**$p<0.01$；***$p<0.001$。

通过以上分析，我们可以得出结论，在分析货币政策与企业现金流风险的过程中，加入企业投资额（INV）和外部融资（DLEV）这两个调节变量是有必要的，能帮助我们进一步阐释作用过程和机理。

6.3.2 主要回归结果

为进一步确认在控制其他相关因素的情况下，货币政策对企业现金流风险的影响，我们以Z指数、ZDUM哑变量为被解释变量分别做了4次回归，回归过程中我们对行业因素的固定效应进行了控制。以Z指数为被解释变量的回归采用一般最小二乘估计法（OLS）；而以ZDUM为被解释变量的回归采用Logit回归，结果如表6-7所示。

对于假设1要求验证宽松货币政策与企业现金流风险的关系，从表6-7中可看出，宽松的货币政策有利于提升企业现金流状况。在Panel1的模型1中，在对变量进行单独检验的情况下，MP1系数在0.001水平上高度显著为正，说明宽松的货币政策有利于提升企业现金流健康状况；而在Panel2的模型1中，MP1系数显著为负，就是说宽松的货币政策降低了企业陷入现金流困境的可能性（ZDUM）。而在两个Panel的模型4中，在纳入企业投资额（INV）和外部融资变量（DLEV）的情况下，货币政策MP1系数仍都在0.001水平显著。所以假设1得到证实，货币政策能够调节企业现金流健康状况，货币政策越宽松，企业陷入现金流困境的可能性越小。

表6-7的两个Panel中的模型2为企业投资额（INV）影响的检验结果。在各个Panel中，MP1×INV的系数分别在0.05和0.01水平上高度显著为负，意味着INV越高，即企业当年投资额越大，企业陷入现金流困境的可能性越高。

表6-7的两个Panel中的模型3为外部融资（DLEV）影响的检验结果。从Panel1中可看出，MP1×DLEV在0.01水平上显著为负，意味着外部融资有损于企业现金流健康状况。Panel2模型3中MP1×DLEV在0.01水平上显著为正，也就是说加大外部融资额度使得企业陷入现金流困境的可能性大为增加。

在模型4中，2个企业理财行为变量同时纳入后，发现Panel1的模型4中MP1×INV变得不显著，同时，系数大小也有所下降。这可能是因为企业投资行为很大程度上受外部融资行为的影响，外部融资能够取得充足的资金是企业外部投资的关键。而在Panel2的模型4中MP1×INV系数依旧显著，可能是因为投资的不可逆性（Abel et al., 1994）在企业陷入现金流困境过程中起到了决定性影响。

表6-7 货币政策对企业现金流风险的影响（以MP1作为货币政策计量变量）

变量名	面板1：以Z指数为被解释变量				面板2：以ZDUM为被解释变量			
	模型1	模型2	模型3	模型4	模型1	模型2	模型3	模型4
常量	29.1*** (0.000)	29*** (0.000)	28.1*** (0.000)	28.4*** (0.000)	−12.4*** (0.000)	−12.3*** (0.000)	−12.2*** (0.000)	−12.2*** (0.000)
MP1	0.888*** (0.000)	1.02*** (0.000)	0.965*** (0.000)	1.04*** (0.000)	−0.665*** (0.000)	−0.832*** (0.000)	−0.775*** (0.000)	−0.874*** (0.000)
MP1×INV		−4* (0.027)		−2.26 (0.237)		4.57** (0.001)		3.37* (0.000)
INV		1.5 (0.161)		3.69*** (0.001)		−0.207 (0.801)		−0.943 (0.272)
MP1×DLEV			−0.823** (0.008)	−0.717* (0.029)			0.705** (0.001)	0.541* (0.020)
DLEV			−1.08*** (0.000)	−1.27*** (0.000)			.32** (0.009)	.364** (0.004)

续表

变量名	面板1：以 Z 指数为被解释变量				面板2：以 ZDUM 为被解释变量			
	模型1	模型2	模型3	模型4	模型1	模型2	模型3	模型4
OWN	0.453***	0.449***	0.507***	0.484***	−0.299**	−0.304**	−0.326***	−0.322**
SIZE	−1.1***	−1.1***	−1.05***	−1.07***	0.476***	0.471***	0.463***	0.464***
INTA	−4.62***	−4.61***	−4.86***	−4.88***	1.47*	1.47*	1.61*	1.61*
CF	3.18***	3.16***	3.09***	2.93***	−1.59**	−1.62**	−1.55**	−1.53**
HOLD	0.0398***	0.0393***	0.0423***	0.0395***	−0.0362**	−0.037**	−0.0377**	−0.0372**
DDS	0.204	0.199	0.159	0.155	−0.407	−0.395	−0.384	−0.378
ΣIND	控制	控制	控制	控制	控制	控制	控制	控制
N	7343	7343	7343	7343	7343	7343	7343	7343
F	81	73.2	78.3	71.8				
Adj.R-sq	0.164	0.164	0.174	0.175				
RMS error	4.01	4.01	3.99	3.99				

注：①Z 衡量企业现金流状况健康程度，Z 值越大，说明现金流状况越好，越不容易陷入现金流困境；ZDUM 描述上市公司陷入现金流困境的可能性。②主要回归变量 p 值都是默认的双侧检验。③ * $p<0.05$；** $p<0.01$；*** $p<0.001$。

6.3.3 稳健性检验

为考察研究结果的敏感性，在前文用被解释变量 Z 指数和 ZDUM 哑变量两种方法计量的基础上，我们转而放宽主要被解释变量货币政策（MP）确认和计量边界。在回归计量模型中，采用理论上的连续变量 MP2（M_2 货币余额增长率与 GDP 增长率的差额）替代货币政策哑变量 MP1，使得检验结果更具一般性，检验结果见表6-8。

表 6-8　货币政策对企业现金流风险的影响（以 MP2 作为货币政策计量变量）

变量名	面板1：以 Z 指数为被解释变量				面板2：以 ZDUM 为被解释变量			
	模型1	模型2	模型3	模型4	模型1	模型2	模型3	模型4
Constant	29.3*** (0.000)	29.2*** (0.000)	28.4*** (0.000)	28.6*** (0.000)	−12.3*** (0.000)	−12.1*** (0.000)	−12*** (0.000)	−11.9*** (0.000)
MP2	0.015 (0.107)	0.021* (0.060)	0.017* (0.089)	0.020* (0.065)	−0.0246** (0.002)	−0.0335*** (0.000)	−0.032*** (0.000)	−0.0365*** (0.001)
MP2×INV		−0.17 (0.326)		−0.077 (0.674)		0.252* (0.059)		0.154 (0.273)
INV		1.36 (0.440)		3.28* (0.077)		−0.966 (0.481)		−1.19 (0.409)
MP2×DLEV			−0.0225 (0.430)	−0.0201 (0.509)			0.0504* (0.011)	0.0431* (0.039)
DLEV			−1.16*** (0.000)	−1.32*** (0.000)			0.0817 (0.690)	0.137 (0.525)
OWN	0.445***	0.444***	0.498***	0.478***	−0.298**	−0.305**	−0.322***	−0.32**
SIZE	−1.1***	−1.1***	−1.05***	−1.07***	0.469***	0.462***	0.458***	0.457***
INTA	−4.18***	−4.19***	−4.42***	−4.44***	1.23	1.26	1.41	1.41
CF	3.32***	3.32***	3.21***	3.08***	−1.74***	−1.81***	−1.72***	−1.73***
HOLD	0.0384***	0.0383***	0.0409***	0.0385***	−0.0357**	−0.037**	−0.0374**	−0.0375**
DDS	0.233	0.228	0.188	0.184	−0.43	−0.421	−0.409	−0.406
ΣIND	控制	控制	控制	控制	控制	控制	控制	控制
N	7343	7343	7343	7343	7343	7343	7343	7343
F	75.8	68.3	73.3	67				
Adj.R-sq	0.155	0.155	0.164	0.165				
RMS error	4.03	4.03	4.01	4.01				

① * $p<0.05$；** $p<0.01$；*** $p<0.001$。②表格中主要回归变量 p 值都是 Stata 默认的双侧检验。

对于假设1，我们要验证货币政策与企业现金流风险之间的关系。Panel1 模型1中MP2的系数为正，代表货币政策越宽松，企业现金流健康状况越好。

虽然 t 检验 p 值为 0.107，看上去不显著，但是这个为 stata 软件默认的双侧检验，对于假设 1 更为准确的单侧检验而言，p 值为其一半，大约为 0.054。此外 Panel2 的模型 1 中，MP2 的系数在 0.001 水平上显著。综上所述，该结论是稳健的，货币政策越宽松，企业陷入现金流困境的可能性越低。

而对于企业投资（INV）假设 2，我们要验证调节作用。Panel2 的模型 2 中，MP2 × INV 系数双侧检验 p 值为 0.059，单侧检验在 0.05 水平上显著。而外部融资（DLEV）的作用在 Panel2 的模型 3 与模型 4 中一直很稳健。之所以采用 MP2 这种连续方式时 INV、MP2 × INV 在回归模型检验中变得不显著，首先是因为在这种情况下，没有分割在紧缩或者稳健货币政策下正常投资行为与宽松货币政策驱使的过度投资行为；其次在现金流状况较好的情况下，Z 指数细小的浮动并不会对企业经营有实质性影响，相反用 ZDUM 来描述现金流困境更加符合实际决策过程。

6.4 进一步检验——投资的中介效应

6.4.1 模型的设定

目前学术界最流行的检验中介作用的方法是由 Baron 等（1986）提出的，根据这一方法，本书需要拟合三个回归方程：

$$\text{INVEST}_t = \beta_1 + a\text{MP}_{t-1} + \sum \beta_i \text{controls}_i + \varepsilon_1 \quad (6-6)$$

$$\text{ZDUM}_t = \beta_2 + c\text{MP}_{t-1} + \sum \beta_i \text{controls}_i + \varepsilon_2 \quad (6-7)$$

$$\text{ZDUM}_t = \beta_3 + c'\text{MP}_{t-1} + b\,\text{INVEST} + \sum \beta_i \text{controls}_i + \varepsilon_3 \quad (6-8)$$

其中，β 表示截距（一般忽略不计）；ε 表示模型的误差项（一般也忽略）；a, b, c, c' 表示回归系数，反映了宽松货币政策（MP）、企业扩张（INVEST）与财务状况（ZDUM）三者之间的关系。如果满足下列条件，则认为中介作用有可能存在。

（1）方程（6-6）中的回归系数 a 显著，也就是说，有证据表明自变量（宽松货币政策，MP）与中介变量（企业扩张，INVEST）之间存在线性关系。

（2）方程（6-7）中的回归系数 c 显著，也就是说自变量（宽松货币政策，MP）与因变量（现金流困境，ZDUM）之间存在线性关系。

（3）方程（6-8）中的回归系数 b 显著，意味着中介变量（企业扩张，INVEST）有助于预测因变量（现金流困境，ZDUM），并且显示自变量（宽松货币政策，MP）对因变量（现金流困境，ZDUM）的直接作用的 c' 与方程 6-7 中的 c 相比，数值显著变小。

（4）方程（6-7）中 c（直接作用）与方程（6-8）中的 c'（控制了间接作用之后的直接作用）的数值大小是通过 z 检验来判定的（Sobel，1982）。可以证明，检验 c 与 c' 的差异与检验中介作用路径（$a \times b$）的强度是否大于 0 是等价的：

$$z = \frac{a \times b}{\sqrt{b^2 S_a^2 + a^2 S_b^2}} \qquad (6-9)$$

6.4.2 回归分析与假设检验

1. 宽松货币政策与企业投资

通过表 6-9 中方程（6-6）统计结果可知，MP_{t-1} 系数 a 等于 0.0213，且在 5% 水平上显著为正，说明中央政府采取宽松的货币政策短期内将引导企业加大投资，假设 1 得到验证。

2. 宽松货币政策与企业陷入现金流困境的可能性

表 6-9 中方程（6-7）结果显示，MP_{t-1} 的系数 c 显著为负（$c=-0.418$，$p<0.001$），说明宽松的货币政策与企业陷入现金流困境的可能性呈负向关系，即在宽松的货币政策条件下，短期内企业陷入现金流困境或者破产的可能性减少，假设 2 得到验证。此外，由于因变量（现金流困境，ZDUM）对自变量（宽松货币政策，MP_{t-1}）的回归系数 c 显著，也为考虑其他中介变量开了绿灯。

表 6-9 模型回归结果

变量名		方程（6-6）被解释变量 INVEST		方程（6-7）被解释变量 ZDUM		方程（6-8）被解释变量 ZDUM
Constant		−0.140*** （0.0166）		−13*** （1.09）		−12.7*** （1.09）
MP_{t-1}	a	0.00213* （0.0012）	c	−0.418*** （0.0866）	c'	−0.421*** （0.0866）

第6章 宽松货币政策、企业投融资与现金流风险变化

续 表

变量名	方程（6-6） 被解释变量 INVEST	方程（6-7） 被解释变量 ZDUM	方程（6-8） 被解释变量 ZDUM
INVEST			b　　2.86** （0.923）
OWN	0.0 044** （0.001 6）	−0.28* （0.112）	−0.29** （0.112）
SIZE	0.0 064*** （0.000 6）	0.491*** （0.034 4）	0.479*** （0.034 6）
INTA	0.0 243* （0.013 8）	−0.695 （1.15）	−0.74 （1.15）
CF	0.0 704*** （0.009 1）	−2.35*** （0.693）	−2.58*** （0.694）
HOLD	0.0 008*** （0.000 1）	−0.053 1* （0.026）	−.0576* （.0261）
DDS	−0.002 （0.004 2）	−0.298 （0.303）	−0.295 （0.303）
ΣIND	控制	控制	控制

注：① ZDUM 描述上市公司陷入现金困境的可能性；② * p<0.05；** p<0.01；*** p<0.001。

3. 企业投资作为中介效应检验

通过表 6-9 中方程（6-8）检验结果可知，中介变量（企业投资，INVEST）系数 b 显著为正（b=2.86），标准差 S_b 为 0.923。同样地，方程 6-6 的系数 a 显著（a=0.00213）。这意味着货币政策（MP）对企业现金流困境（ZDUM）的影响至少有一部分是通过中介变量（企业投资，INVEST）实现的。也就是说，货币政策（MP）通过企业投资（INVEST）对现金流困境（ZDUM）的间接效应为 $a \times b$=0.006，见图 6-2。

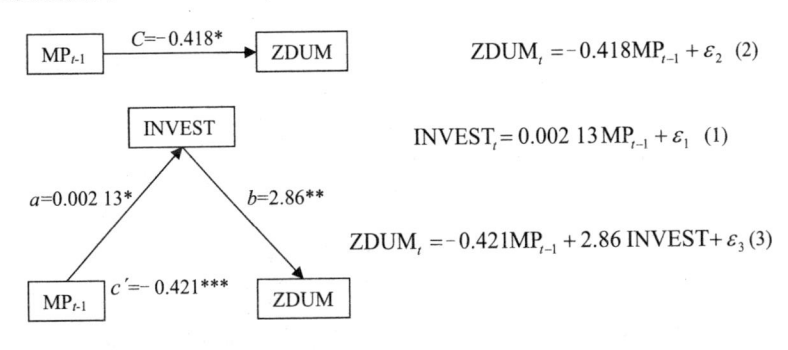

$$ZDUM_t = -0.418 MP_{t-1} + \varepsilon_2 \quad (2)$$

$$INVEST_t = 0.002\ 13 MP_{t-1} + \varepsilon_1 \quad (1)$$

$$ZDUM_t = -0.421 MP_{t-1} + 2.86\ INVEST + \varepsilon_3 \quad (3)$$

图 6-2 企业扩张（INVEST）的中介作用示意图

接下来我们通过 sobel 检验来验证间接效应是否显著异于零。首先我们将系数 a 的值 0.002 13，标准差 S_a=0.001 2 及系数 b 的值 2.86、标准差 S_b=0.923 代入方程（6-9），得到 z 统计量值为

$$z = \frac{a \times b}{\sqrt{b^2 S_a^2 + a^2 S_b^2}} = \frac{0.002\,13 \times 2.86}{\sqrt{2.86^2 \times 0.001\,2^2 + 0.002\,13^2 \times 0.923^2}} = 1.540$$

可得拒绝虚拟假设（$a \times b = 0$）[①] 的最小显著性水平为 0.062（p=0.062），也就是企业投资（INVEST）的间接效应（$a \times b$=0.006）在显著性为 0.062 的水平上显著异于零。

更进一步地，由于方程（6-8）的分母涉及参数的乘积分布，即使总体的自变量、中介变量和因变量都是正态分布，即使是大样木，z 统计量还是可能与标准正态分布有较大的出入（温忠麟等，2004）。MacKinnon 等（1995）用该统计量但使用不同的临界值进行检验。在他们的临界值表中，显著性水平 0.05 对应的临界值是 0.97（而不是通常的 1.96）。因此，本书将企业投资（INVEST）作为货币政策（MP_{t-1}）和现金流困境（ZDUM）中介变量的作用是稳健的。

此外，在方程（6-8）中，自变量（货币政策，MP_{t-1}）的系数 c' 显著为负（c'=-0.421，p=0.000），说明货币政策（MP_{t-1}）对现金流困境（ZDUM）的影响只有一部分是通过中介变量企业投资（INVEST）实现的。

6.5 本章小结

本书利用中国人民银行发布的《中国货币政策执行报告》，从货币政策的角度解释了企业现金流风险的变化。我们发现，企业的现金流风险会随着货币政策紧缩程度的变化而变化，当货币政策趋于从紧时，企业陷入现金流困境的可能性增加；当货币政策趋于宽松时，企业现金流健康状况趋于好转。我们还发现，企业投资和外部融资在货币政策和企业现金流风险中扮演了重要的调节变量角色。在宽松的货币政策之下，企业加大投资额度、扩大外部融资规模显著抵消了宽松货币政策对企业现金流风险的积极作用；而在货币政策转向紧缩

[①] 备择假设 H1：$a \times b > 0$。

第6章　宽松货币政策、企业投融资与现金流风险变化

时，企业投资和外部融资更是加大了紧缩货币政策的负面冲击。

我们的结论支持了宏观货币政策非对称性效应，为其提供了企业微观层面的证据。另外，我们也发现，当试图采用宽松货币政策增加银行信贷规模，诱使企业加大投资时，某种程度上增加了企业陷入现金流困境的可能性。而在宽松货币政策结束实行紧缩货币政策时，投资的滞后性和不可逆性更是加剧了紧缩货币政策的负面冲击。

本书研究对企业的启示：首先，当央行实施宽松货币政策时，银行信贷规模增加，外部融资约束程度减缓与下降，企业可融资额度上升，使得企业实现对外扩张战略成为可能。其次，对于公司治理层和管理层来说，在宽松货币政策环境下，加大投资的决策一定要谨慎，企业应合理利用宏观宽松货币政策的积极效应，同时正视其蕴含的不良影响，因为宽松的货币政策并不是可持续的外部因素，而当进入紧缩货币政策时，投资的滞后性和不可逆性可能对企业现金流运行产生较强的负面冲击，由此可能迅速加大企业现金流风险，使得企业陷入现金流困境。因此，企业在抓住宽松货币政策带来的机会窗口时，也必须提防如影随行的大规模扩张以及政策突然转向的风险。

通过对本书研究脉络、理论基础及结果的分析，我们也可以描绘出现有宏观货币政策的制定逻辑及其后果。

（1）依据自身的现金情况，企业的理财行为有两个层次：第一个层次是当受到外部冲击，自身流动性陷入困境时，企业会选择裁员、减支节流、收缩投资、减少生产等措施渡过难关；第二个层次是如果自身自由现金流充足，基于竞争压力或者抱负驱动，企业往往会上马新项目，加大对外扩张力度。

（2）针对微观企业自由现金流理论，经济危机时制定的宽松货币政策也可以有两个层次：第一个层次仅仅是为了让企业能够正常运转下去，银行信贷只是企业裁员、收缩投资、减支节流等前提下的补充；第二个层次是银根宽松，供应给企业充足的银行信贷，使其拥有足量自由现金流进行外部扩张、上马新项目。

（3）按照现有经济理论，经济不景气时期，货币政策目标往往把经济增长、保持较高的就业率作为第一要务。也就是说，央行往往会选择上述第二个层次的货币政策——供应足量的银行信贷，诱使企业加大投资。因为在面临经济危机时企业的裁员、减支节流、收缩投资、减少生产等措施会使经济下滑，失业率上升，消费下滑，政府难以承受。

（4）每个厂家产能扩张意味着在原有总需求条件下所能供养的企业数量减少。在这里第二层次的货币政策形成这样一个反应链：增加就业动机→货币政策越宽松→企业自由现金流越充足→单个企业产能扩张越厉害→企业数量消亡得越多（假定总需求不变）→就业减少。事实上，第二层次的货币政策有着严重的经济后果——伴随着一部分企业的壮大，大量中小企业将消亡。而大部分就业岗位又是中小企业提供的，它们的长期健康发展也至关重要，第二层次的货币政策形成了一个悖论：为了就业的宽松货币政策最终减少了就业。

（5）因此我们建议政府制定货币政策的目标时，除了通常的宏观经济指标，如低通货膨胀率、高经济增长率、较高的就业率、国际收支大体平衡外，更应该关注是否有利于中小企业的生存发展。这也就意味着货币政策制定者应该以第一层次的货币政策为指引，为了企业健康持续发展，有时需要"忍受"较低的经济增长率、较低的就业率等一系列不那么令人愉快的指标，这些是为了经济长期健康发展必须承受的短期成本。当宏观经济发展与微观企业生存、短期居民就业与企业基业长青发生冲突时，它们之间如何进行平衡，也考验着政策制定者的智慧。

第7章 银根紧缩、制度特征与企业现金流风险

前文提到，2011年实行紧缩货币政策时，浙江、江苏等经济发达地区出现了大量民营企业破产、倒闭的浪潮，甚至引发了所谓"国进民退"的社会讨论。为什么地域分布特征会如此明显？有人将这一现象归咎于企业主不专注实业而乐于炒房、炒地皮等贪婪行为。然而，我们分析浙江玻璃、温州信泰、绍兴飞泰光电等一些典型案例发现，这些企业大多专注于实业，且新投资的项目主体的前景和经营状况事实上也都不错。

此外，在第6章我们发现投资和负债融资在宽松货币政策与现金流风险的关系中起着调节作用。此外，投资还具有中介作用的效果（图7-1）。问题是理论上探讨宽松货币政策作用于企业现金流风险的关系时，负债融资也应该有中介作用，为什么实证检验时没有发现。

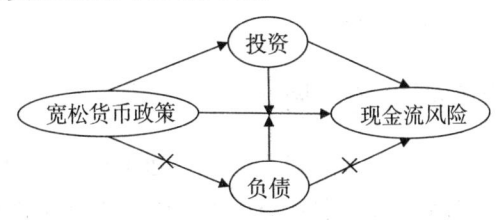

图7-1 第6章的检验结果

带着这一问题，本章研究在紧缩货币政策下，企业现金流风险的变化情况。本章内容与以往研究相比，有以下不同之处：①拓展经济理论层次。我们突破以往研究货币政策不对称性时围绕着货币供应量 M_2、地区总产值 GDP 这些宏观指标的限制，关注其对上市公司融资行为的个体影响，使得研究成果对政策制定来说更具借鉴意义。②计量方法简单直观、易于理解。对于类似议题，本书利用多元线性回归加以解释，替代以往向量自回归模型、脉冲响应函数等复杂方法。③剖析了2011年民营企业破产浪潮、"国进民退"现象的背后

原因。相对于经济学家从宏观视角分析，会计学者对于微观企业行为的解释视角更详细，描绘得更细腻饱满。

7.1 制度背景

7.1.1 银行的主导作用

相对发达经济而言，转型经济中银行体系起主导配置作用（卢峰等，2004）。Allen 等（2005）比较了各国股票市场和银行信贷的规模大小。中国股票市场尽管自 1990 年以来发展迅速，但相比之下，中国的银行体系更为重要。从规模上来说，中国银行信贷总额及其占 GDP 的比重巨大，甚至比德语系国家都要高。同时，四大国有银行在银行业中一直占据垄断地位。我们以 2013 年的社会融资规模[①]来说明银行在我国金融体系中的主导作用。2013 年全年社会融资规模达到 17.32 万亿，其中来自于银行贷款 9.48 万亿，占总额的 54.7%；如果加上委托贷款、信用贷款、未贴现银行承兑汇票三种来源于银行的融资方式，达到 14.64 万亿，占总额的 84.5%；而企业债券、股票融资合计不到 2.1 万亿，约占总额的 11.7%。

7.1.2 产权性质的二元结构

改革开发以来，我国大力发展民营经济，2013 年，我国民营经济贡献的 GDP 总量超过 60%。然而作为一个社会主义国家，这并不意味着放弃发展国有经济。不管是党的十一届三中全会后，邓小平同志提出的"以公有制为主体，发展多种经济成分"的思想，还是党的十四届三中全会提出"必须坚持以公有制为主体、多种经济成分共同发展的方针"，直至十八届三中全会提出的"公有制为主体、多种所有制经济共同发展的基本经济制度"，都没有放弃公有制经济发展。

截至 2012 年，沪深两市国有控股上市公司 1001 家，占所有上市公司的 41.21%；民营控股 1341 家，占比 55.21%。

---

① 社会融资规模是指一定时期内实体经济从金融体系获得的资金总额，是增量概念。

7.1.3 金融市场化进程的二元结构

1978年开始,中国开始了由计划经济向市场经济逐步转型的过程。迄今为止,中国经济市场化进程取得了举世瞩目的成就。但是,这个进程却很不平衡,这在行政区域层面上表现得非常明显(孙铮等,2005)。樊纲等(2004)指出由于资源禀赋、地理位置和国家政策的差异,各地区的市场化程度存在很大不同。在一些省份,特别是东南沿海省份,市场化已经取得了关键性进展;而其他省份,非市场因素在经济中还占据非常重要的地位。

《2012年中国区域金融运行报告》显示,东部地区的银行业金融机构数量、从业人员和资产总额分别占全国的39.5%、44.3%、55.9%。尤其是广东、北京、江苏、上海、浙江和山东六省(直辖市)银行业资产总额合计占全国的比重为49.4%,并且外资银行82.5%的机构网点和93.5%的资产集中在东部。西部地区金融对社会资源优化配置也未能发挥应有的作用,金融组织结构不合理,四大国有商业银行处于垄断地位,占据市场份额的60%以上;所有制结构单一,地方法人类金融机构数量少,缺乏市场化金融组织,市场竞争不充分(孙天琦,2004)。

7.1.4 全国统一政策

值得注意的是,尽管我国各地的市场化程度存在较大差异,但各个地区在总体上仍具有一些基本相同的制度环境(孙铮等,2005)。譬如,中国作为长期中央集权国家,在不同地区实行全国统一的法律体系和司法制度,企业和银行的公有产权制度也大致相同。中国人民银行也实行统一的货币政策,具体表现为:①统一的准备金制度;②统一的再贷款制度;③统一的再贴现制度;④统一的信贷政策;⑤统一的利率政策等(孙天琦,2004)。

7.2 文献回顾与研究假设

7.2.1 产权性质与信贷歧视

民营企业从银行获得信贷困难的最主要原因是国有银行对民营企业天生

没好感（Arrow，1998）。即便"歧视"的代价包括自愿放弃利润、薪金或收入，银行也不愿意放弃这种"偏见"。银行"歧视"某一群体有历史或文化的原因。中国银行几乎全是国有的，所以相对于私有企业，更偏好国有企业可能是一个纯粹的意识形态选择。相对于民营企业，给国有企业放贷，银行可能获得特殊待遇。总体上讲，银行可能愿意牺牲利润，以寻求实现政治、意识形态或管理层私人的目标。中国银行体系缺乏竞争的局面，更是有助于维持这种行为。更进一步地，从银行盈利角度，Brandt 等（2003）总结出其他三个原因：①在贷款实践中出现差异的原因可能是因为银行拥有对某一组贷款申请人的更好的信息（Arrow，1998; Fafchamps，2000）。验证申请人是否有资格接受贷款，获取相关信息成本高昂时，银行可能基于群体特征作出决策，而统计上这恰恰又是歧视根源。如果某一个群体的信用记录不好，该组中的所有成员将面临歧视行为。在中国，银行大部分时间与国有企业发生业务往来，因此它们已经开发出获取这些企业信用信息的渠道。新成立的民营企业可能会发现自己在这方面处于劣势。②在其他市场的歧视会影响银行贷款决定。如果民营企业在要素或者产品市场受到歧视，当然其违约的可能性也就越高。了解关于这种歧视，银行可能会决定不借钱给这部分民营企业。③基于风险原因银行歧视民营企业。国有企业发生违约时，政府可以使用财政资源或其他国有企业资金来偿还贷款。

此外，除了政治原因和风险原因，卢峰等（2004）认为金融监管部门出台的商业银行贷款政策和纪律加重了信贷歧视，从而加重了银行的"惜贷"现象。孙铮等（2005）将这种"歧视现象"归结于国有企业的政治联系。方军雄（2007）认为国有企业之所以更受银行青睐，是因为其具有信息成本优势、违约风险的优势以及政府干预的缘故。陈鹄飞（2010）却认为这种现象源自市场化改革的不彻底。国有企业延续于计划经济，缺乏市场化契约协商治理制度的自发过程，虽经过十几年的现代企业制度改革，但政府烙印仍深深留在国有控股公司中，政府官员为国家股东的实际代表、国有银行为公司的主要债权人、地方政府和企业的边界不明晰是其主要原因的契约特征（朱茶芬等，2008）。曾海舰等（2010）认为给民营企业贷款，银行除了承担信用风险之外，还承担了一定的政治风险。还有的学者从其他角度解释了该现象。例如，国有企业存在预算软约束（林毅夫等，2004；孙铮等，2005）、长期银企合作关系（张西征等，2011）等。

并且，已有很多学者对于货币政策与信贷歧视之间的关系给出了经验证据。Frydman 等（2000）基于捷克、波兰和匈牙利的研究表明，银行对拥有政府背景的企业往往存在金融软约束，而这种软约束不仅体现在事前签约方面，还体现在事中监督和控制以及事后的契约执行方面。Brandt 等（2003）利用浙江和江苏两省的调查数据发现，民营企业和从集体转制为民营的企业会遭到"信贷歧视"，这些企业贷款金额比国有企业少，贷款成本比国有企业高。Allen 等（2005）发现在国有上市公司固定资产投资中，银行贷款占所有资金来源的比例大约在 20%～30%，而民营企业为 10%～20%。同时国有企业固定资产投资平均增长率为 8.2%，而民营企业为 11.5%。这说明民营企业进行固定资产投资时，大部分资金来源于企业内部融资或其他途径。李增泉等（2005）提供了我国地方政府或大股东通过兼并重组补助上市公司的经验证据。江伟等（2006）指出相对于民营上市公司，国有上市公司可以获得更多的长期债务融资。方军雄（2007）发现，相对于"三资"企业，国有企业获得更多的银行贷款、更长的贷款期限。陆正飞等（2009）研究表明，在银根紧缩的情况下，民营上市公司的负债增长率明显放缓，长期借款增长率的下降尤为明显，而同期国有上市公司的长期借款依然保持较快增长。陈鹄飞（2010）发现，国有控股上市公司的融资行为支持关系信贷观，一定程度上弱化了货币政策调控效率。

基于以上分析，我们提出假设 1：当实施紧缩的货币政策时，民营上市公司所受冲击更为强烈，贷款的增长率放缓，显著低于国有上市公司。

7.2.2 金融发展与信贷冲击

初始货币理论暗含着这样一个前提：每个国家内部都是同质的，不存在任何差异。Mundell（1961）指出对于内部经济不完全同质的国家，尤其是在大国中，由于自然环境和历史背景的差异，实行单一的货币政策必然存在区域差异效应。而在一个地区经济发展有差距，尤其是在地区差距比较大的国家中实行单一货币政策，货币政策效果就很容易产生差异，甚至会对部分地区造成较大的负面影响，进而损害整体宏观经济目标的实现。

近年来，国外出现了研究货币政策区域效应的热潮。Carlino 等（1999）对美国 48 个州的数据进行了分析，结果表明美联储的货币政策会产生区域效应，而利率渠道是导致货币政策区域效应的原因。Owyang 等（2004）对美国八大经济区的研究表明利率渠道和信贷渠道都对美国货币政策区域效应有一定的解释力。Taylor（1995）、Dornbusch 等（1998）等对欧元区内货币政策的区域效应进行了研究。

还有一些文献分析了我国货币政策的区域效应。柯冬梅（2001）对我国货币政策区域效应进行了初步定性研究。定量研究方面，宋旺等（2006）从生产要素自由流动程度、产品多样化、经济开放度、通货膨胀率四个角度分析，认为我国尚不满足最优货币区标准，单一货币政策的效果将在我国各地区产生差异；并且进一步把全国划分为东部、中部、西部三个地区，采用向量自回归模型和脉冲响应函数证实我国确实存在显著的货币政策区域效应，证明金融市场东部比西部更发达，而货币政策对东部冲击强于中西部。侯新颜（2012）发现，当货币政策紧缩时，上市公司的银行借款和信贷融资额都将减少，而且地区金融市场越发达、政府干预水平越高，上市公司的银行借款融资额减少得越多。焦瑾璞等（2006）则认为地区的差异会影响货币政策的执行效果。他们建议要加强欠发达地区的金融生态环境建设，以改善货币政策传导机制，提高货币政策的有效性。叶康涛等（2009）发现，在信贷紧缩阶段，信贷资金向国有企业和劳动密集型企业倾斜。黄新建等（2010）研究发现，货币政策宽松时，企业所属地区经济越发达或政治地位越高，企业获得信贷融资额也越多；相反，货币政策紧缩时，经济发达地区或政治地位高的地区的企业信贷融资额减少得更多。

基于以上分析，我们提出假设 2：当实行紧缩的货币政策时，上市公司所在地区金融市场化程度越高，受信贷紧缩的负面影响越强烈，该地区的上市公司贷款增长率下降得越多。

7.2.3　紧缩货币政策的"逆向选择"

由前文得知，我国各地区之间市场化进程的不一致，造成地区银行贷款对紧缩货币政策的反应系数差异。具体说来，对于同等程度的紧缩政策，市场化进程较高的东部地区反应最为激烈，而其他地区相对较小。因此，控制同样的货币增速，在市场化程度高的地区采用货币政策工具紧缩程度（T）较低（也就是说 $T_{发达地区} < T_{其他地区}$）。

同样，相对于国有企业，对于同样程度的紧缩政策，民营企业银行贷款对货币政策的反应系数较大，银行贷款增速减少得更多。因此，控制同样的货币增速，对民营企业采用货币政策紧缩程度（T）较低（即 $T_{民营} < T_{国有}$）。

在现有制度背景下，为达到广义货币（M_2）增速目标，中国人民银行实行全国统一货币政策工具的紧缩程度是 $T_{发达地区}$ 与 $T_{其他地区}$、$T_{民营企业}$ 与 $T_{国有企业}$ 的平均值 T_{mean}。类似经济学中柠檬市场，发达地区企业或者民营企业承受更多的紧缩货币政策后果，其银行贷款增速的下降超过了预期值；而对欠发达地区或国有企业来说，现有紧缩货币政策工具的紧缩程度 T_{mean} 小于其预期，其银行贷款的增速下降达不到预期值。

基于以上分析，我们提出假设3：当实行紧缩货币政策时，所处地区市场化程度高的民营企业，所受冲击最为明显，银行贷款增速下降得最大；而欠发达地区的国有企业，银行贷款增速下降得最小。

7.3 研究设计

7.3.1 数据来源

考虑到中国人民银行从2004年第1季度开始发布《中国货币政策执行报告》，所以本书样本选自2004年第1季度至2012年第4季度所有沪深两市的A股上市公司，并按下述标准进行筛选：①剔除金融、保险类上市公司；②剔除总资产小于或等于0的公司；③剔除所选期间变量值缺失的公司；③删除市盈率为负的公司，因为市盈率为负说明这家公司的净资产是负数，作为控制变量失真。

本书对连续变量采用winsorization的方法进行异常值处理，所有小于1%分位数的值等于1%分位数，大于99%分位数的值等于99%分位数。财务报表类数据来源于国泰安（CSMAR）数据库，而最终股东类型、市净率等控制变量来源于经济研究中心（CCER）数据库，并用Excel2007和Stata 12.0软件进行数据处理。

7.3.2 变量选取

1. 被解释变量

其中，LOAN作为结果变量，指的是企业在 t 季度从银行取得的贷款，除以期初总资产予以标准化。计算公式为LOAN=(期末短期借款+期末一年内到期长期负债+期末长期借款－期初短期借款－期初一年内到期长期借款－期初长期借款)/期初总资产。

2. 主要解释变量

MP_{t-1}为$t-1$季度的货币政策哑变量。我们将货币政策分为两类：紧缩的货币政策、稳健或宽松的货币政策，并设置一个虚拟变量表示。假设第一个虚拟变量为MP，紧缩的货币政策为1，其他稳健或宽松的货币政策为0。本书之所以要将货币政策滞后一季度，是因为货币政策会影响参与者对未来市场的预期，预期催生需求，需求产生后开始资信调查（时滞主要来自这块，大概需要2到3个月），然后准备符合银监会要求的放款材料。基本过程包括：向银行申请融资，一般需要一个星期谈好融资方案，两到三个星期尽职调查完成报告，上报银行风险审批，需要两到三个星期批下来，然后一到两个星期准备放款材料，放款。货币政策的基础数据来源于中国人民银行的《中国货币政策执行报告》，并利用《全国银行家问卷调查报告》对其进行修正。之所以货币政策计量不直接采用《中国货币政策执行报告》或者《全国银行家问卷调查报告》的数据，是因为前者是央行自身评价，往往与市场观点有矛盾。而后者的本意是对当前货币政策作出评价，分为过松、偏松、适度、偏紧、过紧、看不准几个选项。"适度"意味着认可当前货币政策取向，例如2010年第4季度，处于"四万亿"的信贷宽松政策下，66.4%认为当前货币政策适度，并不能说是"稳健"的货币政策。所以本书认为应该将两者结合起来，前者为基调，后者进行微调，这样才能得出准确确认和计量货币政策的面貌（具体修正过程见附录1）。

MINYING为企业性质哑变量，我们按照截止有效交易日上市公司第一大股东的最后控股股东的类别进行分类，股东类别为民营控股时，取值为1；国有控股取值为0。为维护概念清晰，对于不能识别、外资控股、集体控股、社会团体控股、职工持股会控股这5类处于中间地带的公司则排除在样本选择范围以外。另外，国有控股、民营控股两者累计已占据所有样本数的96.39%，其余5类不到4%（表7-1）。所以我们认为只取国有控股和民营控股不会引发结构性问题。

表7-1 最终控制人性质类别以及占样本数比例

最终控制人	频 数（个）	比 率（%）	累计比率（%）
0 国有控股	31 024	58.39	58.39
1 民营控股	20 192	38	96.39
2 外资控股	906	1.71	98.1
3 集体控股	652	1.23	99.33
4 社会团体控股	34	0.06	99.39
5 职工持股会控股	322	0.61	99.99
6 不能识别	3	0.01	100
合计	53 133	100	

FMD表示金融业的市场化程度，数据来源于樊纲等（2011）的《中国市场化指数——各地区市场化相对进程2011年度报告》。该指标用金融业的竞争和信贷资金分配的市场化两项指标，采用算术平均法计算所得衡量各地金融市场的竞争程度。前者以非国有金融机构吸收存款占全部金融机构吸收存款的比例这一指标来反映；后者通过金融机构贷款中非国有企业贷款所占比重来衡量。因为该报告数据覆盖各省、直辖市、自治区年份期间为1997—2009年，缺少2010—2012年三年数据，所以本书将2009年的各地值延展至后续年份使用。且因金融业市场化程度（FMD）为连续变量，在模型初步设计中，我们发现FMD与交互项MP_FMD有着严重的多重共线性，即使对FMD进行对中[①]处理，FMD和交互项MP_FMD的方差膨胀因子仍然超过25。对此我们采用分组的方式加以解决，首先，按照FMD的大小升序排列，分成4组；其次，生成金融业市场化程度哑变量（FMDHIGH），FMD在值最高的那一组，赋值为1，否则为0。

交互项MP_MINYING主要反映货币政策调控对不同产权性质公司融资行为差异的影响。根据关系信贷理论，我们认为国有控股的上市公司有着更为良好的银企关系。国有企业具有隐性的国家担保性质，坏账风险较小。即使不能按时还款，相对于民营企业，银行对相关人员的处理也较轻。综上所述，预期回归系数为负。

---

① 一个变量减去自身均值已形成新尺度的方法被称为"对中"。

交互项 MP_FMDHIGH 反映货币政策对金融市场化程度不同地区上市公司融资行为的影响。由于 1998 年以后，中国人民银行宣布放弃对信贷规模的直接控制，而采用更为市场化的控制存贷款基准利率来影响贷款价格，通过法定存款准备金率来影响商业银行的放贷规模。因此，我们认为金融市场化程度越高的地区，上市公司受紧缩货币政策的冲击越直接、明显，预期回归系数为负。

3. 控制变量

在回归模型里我们设计了一下控制变量。

期初银行借贷率（BLEV），等于本期的银行借贷率（LEV）滞后一期。而本期的银行借贷率（LEV）等于（期末短期借款 + 期末一年内到期长期负债 + 期末长期借款 + 期初短期借款 + 期初一年内到期长期负债 + 期初长期借款）/（期末总资产 + 期初总资产）。上期银行借贷率越高，从银行取得借款越不容易，我们预期符号为负。

固定资产比重（AM），为固定资产与总资产之比。固定资产比重（AM）=（期末固定资产 + 期初固定资产）/（期末总资产 + 期初总资产）。固定资产比重越高，意味着较少的不对称信息问题和较多的贷款抵押资产。固定资产作为一种"硬资产"，能够给企业提供更高信贷保证，预期影响系数为正。

企业规模（SIZE），为期初资产总额的自然对数。相对于小公司，大公司拥有较多的总资产，可供担保的资产也较多，加上所受社会关注较多，银企之间信息不对称水平较低，因此企业规模越大，向银行贷款的举债能力越强，预期影响系数为正。

资产净利率（ROA），为季度净利润占季度初资产总额的比例。传统的优序融资理论认为，公司首先利用营业利润满足融资需求，其次转向外部融资。而中国公司实际偏好外部融资，且银行认为资产净利率高的企业，债务偿付能力强，坏账风险小，更愿意给这种企业贷款。因此，预期此项系数为正。

销售收入增长率（GROWTH）和市净率（MB），这两项指标都是用来衡量公司成长性的。销售收入增长率 =（中期营业收入 – 去年同比中期营业收入）/ 去年同比中期营业收入；市净率是指公司股票市价与每股净资产之间的比值（市净率 = 股票市价 / 每股净资产）。公司前景越好，成长性越高，获得银行借款可能性越高，预期系数为正。

除上述公司个体特征之外，我们还控制了国内生产总值的季度增长率

（GDPGROWTH）和公司所处的行业特征（CSRC）。我们按照中国证监会的行业分类标准（CSRC），按照其行业代码分为21个行业（其中金融、保险业I样本被排除，制造业C按照代码前两位分类，可分为C0—C9，其他按照首字母分类）。在设计时，我们设定20个行业哑变量，综合类M作为参照组。

7.3.3 描述性统计

从表7-2来看，上市公司每个季度获得银行贷款的额度为期初总资产的0.8%，即全年获得总资产的3.2%。而平均期初银行借贷率（BLEV）为22.2%，这说明银行依旧是中国上市公司的重要贷款来源。固定资产比重平均值为26.6%，最高值为75.8%，最低值为0.3%，差异较大。上市公司平均每个季度资产净利率（ROA）为1%，一年为4%。上市公司同比销售收入增长率（GROWTH）为25.1%，不同公司之间差异较大。市净率（MB）最高为34.27，最低为0.7，平均值约为4.35。

表7-2 描述性统计

变量	均值	中位数	标准差	最小值	最大值
银行贷款（LOAN）	0.008	0.000	0.044	−0.119	0.194
期初银行借贷率（BLEV）	0.222	0.214	0.162	0.000	0.634
固定资产比重（AM）	0.266	0.234	0.179	0.003	0.758
企业规模（SIZE）	21.622	21.475	1.188	19.248	25.357
资产净利率（ROA）	0.010	0.008	0.020	−0.073	0.081
销售收入增长率（GROWTH）	0.251	0.140	0.708	−0.745	5.203
市净率（MB）	4.354	2.833	4.891	0.704	34.273

7.4 回归结果

7.4.1 不同产权性质企业下信贷资源分配的不均衡

本书建立以下方程对实行紧缩货币政策时期，民营上市公司的信贷可得性进行研究。

$$\text{LOAN}_t = a_0 + b_1 \text{MP}_{t-1} + b_2 \text{MINYING} + b_4 \text{MP}_{t-1} \times \text{MINYING} + \sum c_i \text{controls}_i + \varepsilon \quad (7\text{-}1)$$

表 7-3 是 2004—2012 年分季度混合回归结果。在模型 1 中，MINYING 显著为正，说明当银根宽松的时候，民营上市公司获得了更多的信贷融资，这可能与民营上市公司较高的资产运营能力有关。在实行宽松或稳健货币政策时期，民营上市公司的资产净利率显著高于国有上市公司，说明在银根宽松的情况下，与国有上市公司相比，民营上市公司并不存在融资难问题（表 7-4）。

表 7-3　2004—2012 年季度混合回归结果

变量名	系数	模型 1	模型 2	模型 3
Constant	a	−0.025 2*** (0.000)	−0.021 4*** (0.000)	−0.025 9*** (0.000)
MP_{t-1}	b_1	0.001 1* (0.043)	0.001 0 (0.058)	0.001 9** (0.002)
MINYING	b_2	0.002 4*** (0.000)		0.002 4*** (0.001)
FMDHIGH	b_3		0.000 3 (0.644)	−0.000 1 (0.891)
$\text{MP}_{t-1} \times$ MINYING	b_4	−0.002 8** (0.002)		−0.002 9** (0.007)
$\text{MP}_{t-1} \times$ FMDHIGH	b_5		−0.003 0** (0.002)	−0.003 3* (0.012)
MINYING × FMDHIGH	b_6			0.000 02 (0.988)
$\text{MP}_{t-1} \times$ MINYING × FMDHIGH	b_7			0.001 5 (0.428)
BELV	c_1	−0.001 3 (0.407)	−0.001 3 (0.423)	−0.001 4 (0.361)
AM	c_2	−0.011 2*** (0.000)	−0.011 9*** (0.000)	−0.011 4*** (0.000)
SIZE	c_3	0.001 5*** (0.000)	0.001 4*** (0.000)	0.001 6*** (0.000)
ROA	c_4	0.026 2* (0.026)	0.028 6* (0.015)	0.026 5* (0.024)

续 表

变量名	系数	模型1	模型2	模型3
GROWTH	c_5	0.005 0*** (0.000)	0.005 0*** (0.000)	0.005 0*** (0.000)
MB	c_6	−0.000 1** (0.005)	−0.000 1** (0.002)	−0.000 1** (0.003)
GDPGROWTH	c_7	−0.013 6*** (0.000)	−0.013 3*** (0.000)	−0.013 4*** (0.000)
Industry	c_i	Controlled	Controlled	Controlled
Observations	—	41 502	41 502	41 502
Adjusted R-squared	—	0.018 8	0.018 8	0.019 1

注：$*p<0.05$；$**p<0.01$；$***p<0.001$；括号内为 p 值。

表7-4　宽松或稳健货币政策民营与国有上市公司营运效率比较

指　标	民营上市公司	国有上市公司	方差分析（Prob>F）
资产净利率（ROA）	0.010 7	0.008 3	0.000***
销售收入增长率（GROWTH）	0.223 0	0.217 3	0.500

而 $MP_{t-1}\times MINYING$ 在0.01水平上显著为负，说明当货币政策趋于紧张，民营上市公司获得银行信贷资金显著减少，而国有上市公司并未面临严重的融资难问题，即当银根紧缩时，不同产权性质的上市公司面临的信贷资源分配不均衡，民营上市公司面临"信贷歧视"。这种"歧视行为"是否为有效率的市场配置行为？我们对货币紧缩时期国有和民营上市公司的销售收入增长率（GROWTH）、资产净利率（ROA）进行方差分析（表7-5）。由此，我们可以发现，即使在实行紧缩货币政策时期，在反映营运效率的资产净利率和销售增长率方面，民营上市公司还是显著高于国有上市公司的，因此我们不能认为在货币紧缩时期，银行信贷对于民营上市公司的歧视是一种有效率的市场行为。表7-3中模型1的结果支持了假设1。

表 7-5　紧缩货币政策下民营与国有上市公司营运效率比较

指　标	民营上市公司	国有上市公司	方差分析 （Prob > F）
资产净利率 （ROA）	0.349 7	0.271 4	0.000***
销售收入增长率 （GROWTH）	0.012 3	0.010 3	0.000***

7.4.2　不同地区之间信贷资源分配的不均衡

地区金融市场化程度差异对于货币政策和银行信贷行为之间关系的影响，我们采用以下方程进行检验，方程中加入了 $MP_{t-1} \times FMDHIGH$ 这个交互项。

$$LOAN_t = \alpha_0 + b_1 MP_{t-1} + b_3 FMDHIGH + b_5 MP_{t-1} \times FMDHIGH + \sum c_i controls_i + \varepsilon \tag{7-2}$$

其中，FMDHIGH 的系数 b_3 表示在宽松或者稳健货币政策下，金融市场化程度较高地区上市公司与市场化程度较低地区企业之间获得银行贷款的差异。从表 7-3 中模型 2 得知 b_3 值为正，但不显著。虽然不能说所处金融市场化程度较高地区的上市公司获得银行贷款较多，至少也表明在宽松货币政策之下，地区之间信贷资源分配不存在差异。而交互项 $MP_{t-1} \times FMDHIGH$ 变量的系数 b_5 显著为负，表明在实行紧缩货币政策时期，上市公司所在地区市场化程度越高，该地区企业受到紧缩货币政策冲击越严重，企业信贷融资减少更为严重，因而假设 2 得到支持。

7.4.3　紧缩货币政策的倍减效应

为了检验金融市场化程度高的民营企业是否因所属地区和企业性质的叠加属性，加倍地受到银根紧缩冲击，我们采用以下方程三向交互作用模型进行检验。三向交互作用模型除了 MP_{t-1} 是关键自变量，作为一个虚拟变量（上一季是紧缩货币政策时赋值为 1，否则为 0）外，还包括 MINYING 和 FMDHIGH 两个调节自变量，且都是哑变量，如果企业性质为民营，MINYING 赋值为 1，否则为零；如果上市公司注册地为市场化程度高的区域，赋值为 1，否则为 0；此外还加入了所有三个解释变量成对的项（$MP_{t-1} \times MINYING$，$MP_{t-1} \times FMDHIGH$ 和 $MINYING \times FMDHIGH$）以及三个解释变量共同的乘积项

第7章 银根紧缩、制度特征与企业现金流风险

$MP_{t-1} \times MINYING \times FMDHIGH$。

$$LOAN_t = a_0 + b_1 MP_{t-1} + b_2 INYING + b_3 FMDHIGH + b_4 MP_{t-1} \times INYING + b_5 MP_{t-1} \times FMDHIGH + b_6 INYING \times FMDHIGH + b_7 MP_{t-1} \times MINYING \times FMDHIGH + \sum c_i controls_i + \varepsilon \quad (7-3)$$

三向交互作用的显著性就是 b_7 的显著性。低阶系数的理解总是条件性地取决于高阶乘积项，而条件化是指其他变量在高阶交互项上等于 0。b_6 代表当 $MP_{t-1}=0$，也就是前一季是宽松或者稳健货币政策时，经济发达地区和民营性质对银行贷款的双向交互作用。方程（7-3）回归输出结果见表 7-3 中模型 3。三向交互项的系数统计不显著（$p=0.428$），表明不存在三向交互作用。而 MINYING×FMDHIGH 系数 b_6 不显著（$p=0.988$），$MP_{t-1} \times MINYING$ 系数 b_4 是 −0.002 9，且统计显著（$p=0.007$），$MP_{t-1} \times FMDHIGH$ 系数 b_5 等于 −0.003 3，也统计显著（$p=0.012$）。

我们以前一季度货币政策是稳健或宽松时（$MP_{t-1}=0$），金融市场化程度较低地区国有上市公司（MINYING=0，FMDHIGH=0）的平均贷款增长率为基组，假定其均值为 D，则金融市场化程度高的地区国有上市公司（MINYING=0，FMDHIGH=1）的贷款融资额为 D，金融市场化程度高的地区民营上市公司（MINYING=1，FMDHIGH=1）的平均贷款增长率为 $D+0.002\ 4$；金融市场化程度较低地区民营上市公司（MINYING=1，FMDHIGH=0）的平均贷款增长率为 $D+0.002\ 4$；

紧缩货币政策条件下（$MP_{t-1}=1$），其他地区国有企业（MINYING=0，FMDHIGH=0）的平均贷款增长率为 $D+0.001\ 9$[①]；而发达地区国有企业（MINYING=0，FMDHIGH=1）的平均贷款增长率为 $D−0.001\ 4$[②]。其他地区民营上市公司（MINYING=1，FMDHIGH=0）的平均贷款增长率为 $D+0.001\ 4$[③]；发达地区民营上市公司（MINYING=1，FMDHIGH=1）贷款的平均增长率为

[①] 等于基组平均值 D 加上 MP_{t-1} 显著系数值 0.0019。
[②] 等于基组平均值 D 加上 MP_{t-1} 显著系数值 0.0019，再加上交互项 $MP_{t-1} \times FMDHIGH$ 显著系数值 − 0.0033，即 $D+0.0019 − 0.0033 = D−0.0014$。
[③] 等于基组平均值 D 加上 MP_{t-1} 显著系数值 0.0019，加上 MINYING 显著系数值 0.0024，再加上交互项 $MP_{t-1} \times MINYING$ 显著系数值 − 0.0029，即 $D+0.0019+0.0024 − 0.0029 = D+0.0014$。

$D-0.0019$[①]（表7-6）。

表7-6　不同产权性质、地区金融市场化程度条件下货币政策对银行信贷的影响

产权性质	稳健或宽松的货币政策（$MP_{t-1}=0$）		紧缩的货币政策（$MP_{t-1}=1$）	
国有（MINYING=0）	发达地区（FMDHIGH=1）	D	发达地区（FMDHIGH=1）	$D-0.0014$
	其他地区（FMDHIGH=0）	D	其他地区（FMDHIGH=0）	$D+0.0019$
民营（MINYING=1）	发达地区（FMDHIGH=1）	$D+0.0024$	发达地区（FMDHIGH=1）	$D-0.0019$
	其他地区（FMDHIGH=0）	$D+0.0024$	其他地区（FMDHIGH=0）	$D+0.0014$

我们将表7-6的形式转换为表7-7，可以发现：当货币政策由稳健或宽松转为紧缩时，除了其他地区，即欠发达地区的国有企业，其他类型上市公司的平均贷款增长率都显著下降。其中，发达地区，即金融市场化程度高的地区民营企业所受冲击最为明显，平均贷款增长率的下降幅度最高，达到-0.0043，即下降幅度0.43%。而欠发达地区的国有企业却趁机向银行取得信贷，贷款增长率反而增加为0.0019，即0.19%。在表7-8中，我们更进一步对比两者的资产净利率、销售收入增长率，发现实行紧缩货币政策时对民营企业的信贷歧视并不是由民营企业的盈利能力、成长率缺陷引起的。表7-8表明，发达地区民营企业的这两项指标的平均值高于其他地区的国有企业。

[①] 等于基组平均值 D 加上 MP_{t-1} 显著系数值0.0019，加上MINYING显著系数值0.0024，加上交互项 $MP_{t-1} \times MINYING$ 显著系数值-0.0029，再加上交互项 $MP_{t-1} \times FMDHIGH$ 显著系数值-0.0033，即 $D+0.0019+0.0024-0.0029-0.0033=D-0.0019$。

表 7-7 货币政策由稳健或宽松转为紧缩时各类上市公司贷款
增长率平均值的变动情况

序号	区域	企业性质	稳健或宽松货币政策	紧缩货币政策	平均贷款增长率变动幅度
1	其他地区	国有	D	D+0.0019	0.0019
2	其他地区	民营	D+0.0024	D+0.0014	−0.001
3	发达地区	国有	D	D−0.0014	−0.0014
4	发达地区	民营	D+0.0024	D−0.0019	−0.0043

表 7-8 实行紧缩货币政策时发达地区民营企业与其他地区国有企业的
资产净利率、销售收入增长率对比

序号	货币政策	区域	企业性质	资产净利率（ROA）	销售收入增长率（GROWTH）
1	紧缩	其他地区	国有	0.0095	0.3012
4		发达地区	民营	0.0123	0.3554

7.5 讨论与进一步分析

7.5.1 变量定义与研究设计

我们虽然发现银根紧缩期间民营上市公司面临"信贷歧视"，但若就此推论民营上市公司现金流风险增大，还需多加谨慎。一个可能的解释是，民营上市公司减少银行贷款增加额是为了减少财务杠杆，也就是说银行贷款减少降低了负债比率，反而降低了现金流风险。为了检验此种论断，我们设计了如下模型：以现金流困境（cash flow distress）代替银行贷款（LOAN）作为被解释变量，还是以货币政策（MP_{t-1}）、企业性质（MINYING）、金融市场化程度（FMD）作为主要解释变量，加上一系列与现金流困境相关的控制变量。

现金流困境是指公司债务到期发生重大的支付困难。目前最为流行的财务状况预测模型是 Altman（1968）的 Z 指数，Z 指数不但能衡量企业现金流状况，而且可以预估企业陷入现金流困境的概率。Z 指数的具体计算公式见 6.2.1 中"4. 现金流风险的定义"，Z 指数越高，现金流状况越好，破产可能性越低。

对于影响现金流困境的其他因素，除了前一节遗留下来的期初银行借贷率（BELV）、固定资产比重（AM）、公司规模（SIZE）、销售收入增长率（GROWTH），我们还增添了资产属性（WXZC）、现金流（CF）、董事长与总经理兼任情况（JIANREN）、独立董事规模（DDSIZE）、高管持股比例（SHAREHOLD）作为控制变量。

7.5.2 现金流困境回归分析结果

1. 紧缩货币政策与陷入企业现金流困境可能性

如表 7-9 所示，不管是模型 1 还是模型 3、模型 4 都表明，紧缩货币政策系数显著为正，表明实行外部紧缩货币政策环境，显著地增加了企业陷入现金流困境的可能性。

表 7-9 现金流困境回归分析结果

变量名	因变量：ZDUM			
	模型 1	模型 2	模型 3	模型 4
Constant	3.989*** (0.000)	3.778*** (0.562)	4.411*** (0.000)	4.059*** (0.000)
MP_{t-1}	0.1109* (0.015)	0.030 (0.100)	0.173*** (0.000)	0.0689 （0.229）
MINYING	0.225*** (0.000)	0.109 (0.562)		−0.009 （0.902）
FMDHIGH	0.3521*** (0.000)		0.493*** (0.000)	0.347*** (0.000)
MP_{t-1} × MINYING		0.406*** (0.000)		0.471*** (0.000)

续 表

变量名	因变量：ZDUM			
	模型1	模型2	模型3	模型4
$MP_{t-1} \times FMDHIGH$			−0.313** (0.004)	−0.240* (0.056)
$MINYING \times FMDHIGH$				0.501** (0.002)
$MP_{t-1} \times MINYING \times FMDHIGH$				−0.399 (0.110)
BELV	−6.587*** (0.000)	−6.657*** (0.000)	−6.565*** (0.000)	−6.575*** (0.000)
AM	−2.072*** (0.000)	−2.095*** (0.000)	−2.116*** (0.000)	−2.076*** (0.000)
SIZE	0.045* (0.017)	0.069*** (0.000)	0.031 (0.128)	0.0489* (0.020)
GROWTH	0.378*** (0.000)	0.364*** (0.000)	0.379*** (0.000)	0.372*** (0.000)
WXZC	−3.102*** (0.000)	−3.021*** (0.000)	−3.104*** (0.000)	−3.104*** (0.000)
CF	1.2936** (0.007)	1.298** (0.007)	1.260** (0.008)	1.276** (0.008)
JIANREN	−0.088 (0.194)	−0.079 (0.246)	−0.059 (0.381)	−0.093 (0.170)
DDSIZE	−0.4815 (0.279)	−0.527 (0.237)	−0.367 (0.407)	−0.492 (0.269)
SHAREHOLD	5.064*** (0.000)	5.641*** (0.000)	5.592*** (0.000)	4.750*** (0.000)
行业	控制	控制	控制	控制
N	348 59	348 59	348 59	348 59

注：$*p<0.05$；$**p<0.01$；$***p<0.001$；括号内为 p 值。

2. 企业性质对紧缩货币政策与企业现金流风险的影响

在模型2和模型4中，企业性质与紧缩货币政策交互项 $MP_{t-1} \times MINYING$ 系数显著为正，说明紧缩货币政策条件对民营上市公司作用更为明显，进一步增加了其陷入财务困境的可能性。

3. 地区金融市场化程度对紧缩货币政策效力的影响

模型1、模型3和模型4表明金融市场化程度FMDHIGH系数显著为正，说明上市公司所处地区金融市场化程度越高，其陷入现金流困境的可能性越高。此外，虽然在模型3和模型4中地区金融市场化程度与货币政策交互项$MP_{t-1} \times FMDHIGH$系数显著为负，可是加上主效应项金融市场化程度FMDHIGH的影响后，可以发现地区金融市场化程度对上市公司陷入现金流困境的可能性有负面影响。模型3中，紧缩货币政策条件下发达地区上市公司陷入现金流困境的可能性比非发达地区高18个百分点（FMDHIGH的系数0.493加上交互项$MP_{t-1} \times FMDHIGH$系数-0.313等于0.18）。而在模型4中，紧缩货币政策条件下发达地区上市公司陷入现金流困境的可能性比非发达地区高10.7个百分点（FMDHIGH的系数0.347加上交互项$MP_{t-1} \times FMDHIGH$系数-0.240等于0.107）。

4. 企业性质、地区金融发展水平的乘数效应

我们以宽松或稳健货币政策（$MP_{t-1}=0$），金融市场化程度不发达地区的国有上市公司（MINYING=0，FMDHIGH=0）为基组，假定其陷入现金流困境的可能性为R；而金融市场化程度不发达地区的民营上市公司（MINYING=1，FMDHIGH=0）陷入现金流困境的可能性为R。发达地区的民营上市公司（MINYING=1，FMDHIGH=1）陷入现金流困境的可能性为$R+0.848$[①]；发达地区的国有上市公司（MINYING=0，FMDHIGH=1）陷入现金流困境的可能性为$R+0.347$。

更进一步地，当实施紧缩货币政策时（$MP_{t-1}=1$），发达地区民营上市公司（MINYING=1，FMDHIGH=1）陷入现金流困境的可能性为$R+1.079$[②]；而发达地区国有上市公司（MINYING=0，FMDHIGH=1）陷入现金流困境的可能性为$R+0.107$[③]。非发达地区民营上市公司（MINYING=1，FMDHIGH=0）陷

---

① 基组值T加上FMDHIGH系数0.347、交互项MINYING×FMDHIGH系数0.501，等于$T+0.347+0.501=T+0.848$（注：只加系数显著变量的系数值）。

② 基组值T加上FMDHIGH系数0.347、交互项$MP_{t-1} \times$MINYING系数0.471、$MP_{t-1} \times$FMDHIGH系数-0.240、MINYING×FMDHIGH系数0.501，即$T+0.347+0.471-0.240+0.501=T+1.079$。

③ 基组值T加上FMDHIGH系数0.347、交互项$MP_{t-1} \times$FMDHIGH系数-0.24，即$T+0.347-0.24=T+0.107$。

入现金流困境的可能性为 $R+0.471$；非发达地区国有上市公司（MINYING=0，FMDHIGH=0）陷入现金流困境的可能性为 R。更为具体的描述见表 7-10。

表 7-10　不同产权性质、地区金融市场化程度条件下货币政策
对企业现金流风险的影响

产权性质	稳健或宽松的货币政策（$MP_{t-1}=0$）		紧缩的货币政策（$MP_{t-1}=1$）	
国有 （MINYING=0）	发达地区 （FMDHIGH=1）	$R+0.347$	发达地区 （FMDHIGH=1）	$R+0.107$
	其他地区 （FMDHIGH=0）	R	其他地区 （FMDHIGH=0）	R
民营 （MINYING=1）	发达地区 （FMDHIGH=1）	$R+0.848$	发达地区 （FMDHIGH=1）	$R+1.079$
	其他地区 （FMDHIGH=0）	R	其他地区 （FMDHIGH=0）	$R+0.471$

7.6　本章小结

我们采用中国人民银行自 2004 年开始发布的季度性《全国银行家调查问卷报告》修正《中国货币政策执行报告》公布的货币政策数据，据此检验 2004—2012 年间紧缩性货币政策对上市公司银行贷款增长情况的影响。实证结果表明：在银根紧缩期间，国有上市公司更受照顾，民营上市公司银行贷款增速下降更显著。而相对于欠发达地区，发达地区上市公司受紧缩性货币政策影响更为明显，银行贷款增速下降较多。更让人印象深刻的是，在银根紧缩的情况下，欠发达地区国有企业银行贷款增速均值反而增加，而金融市场化程度高的地区民营企业银行贷款增速下降得最为明显。我们在公司金融层面的数据证实了货币政策的区域效应和这种现象的非效率。

这种类似"劣币驱逐良币"的现象，经济学上主要采用沟通和信誉来消除信息不对称。本书认为这主要是由全国统一的货币政策调控制度引起的。对此，我们建议采用长期和短期两种目标和方案。就长期而言，我们应加快生产

要素流动、提供多样化产品、提高经济开放度等，以此消除经济异质性，构建最优货币区。然而这是一个长期过程，并不是一蹴而就的。就短期而言，中国人民银行可能需要对现有全国统一的货币政策进行微调，对于民营企业、金融市场化程度高的地区采用市场化手段多一些；而对于国有企业、欠发达地区可以考虑多采用传统的信贷配额、窗口指导业务等计划方式。

第8章 中国应对2008年美国次贷危机的经济政策分析

8.1 经济学家利用多个模型构建宏观经济学理论

一个经济模型一般采用数字、符号和方程来解释GDP变化、通货膨胀和失业等经济现象。模型（models）是对现实世界的一种抽象化描述，通常使用方程或者图形来说明关键变量之间的相互作用。经济模型帮助我们省略无关紧要的细枝末节，而着重关注根本性的关系。这些关系一般用函数（function）来说明一个变量如何依赖于其他一系列变量。

宏观经济学（macroeconomics）是将经济看作一个整体而进行分析研究的学科。经济学家一般采用三个至关重要的变量来衡量经济状况：①实际国内生产总值（real gross domestic product, real GDP），用于测量一国中所有人的总收入；②通货膨胀率（inflation rate），用于计算总体价格水平的变化情况；③失业率（unemployment rate），用于描述失业人口在所有劳动力中所占的比重。我们需要研究这些关键变量如何测量、为什么会发生变动，以及它们相互作用的机理。

宏观经济学家并不能用单一模型来解答所有这些问题，所以也并不存在单一的普遍适用的模型。相反，他们需要采用不同的模型解释不同的经济现象，因此经济学里有很多互相补充又互不相同的模型，以应对不同情况。

8.1.1 经济状况的最佳衡量指标：国内生产总值

国内生产总值（GDP）是指一个国家在某一个时期内生产的所有最终产品与服务的市场价值。在中国，国家统计局下属的国民经济核算司每个季度核算全国及各省、自治区、直辖市国内生产总值。

我们有两种方式衡量 GDP：一种是将国内生产总值看作所有人的收入；另一种是将其看作在产品和服务上的总支出。之所以这两者是相等的，是因为对于整个国家来说，收入金额必定与支出金额相等。每笔交易都有一个购买方和一个出售方。

设想一个只有劳动（生产要素）和大米（产品）的经济体，图 8-1 刻画了这个经济体中家庭和企业之间的要素和产品流动。内侧的循环代表劳动和大米的流动：家庭将劳动卖给企业，企业把生产的大米卖给家庭。外侧的循环代表相应的资金流动：家庭为购买大米向企业支付货币资金，企业向家庭支付工资以及利润。在这个单一经济体中，GDP 对应的是购买大米的总支出，又是在生产大米中得到的总收入。

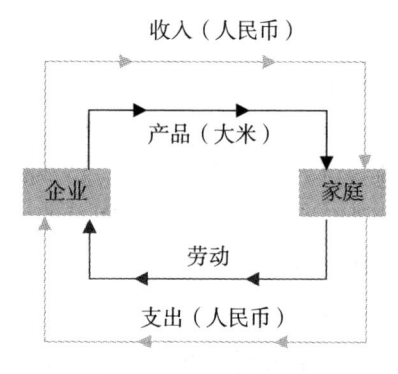

图 8-1　GDP 循环流程

1. GDP 支出法衡量的组成部分

通常的做法是将 GDP 分为消费（C）、投资（I）、政府购买（G）和净出口（NX）四大类支出。GDP 是消费、投资、政府购买和净出口之和。用大写字母 Y 代表 GDP，则有

$$Y=C+I+G+NX$$

上式也称为国民收入核算恒等式（national income accounts identity）。

上式中消费（consumption, C）是指一国家庭部门在产品和服务上的支出。产品是有形商品，而服务指的是消费者购买的各种无形的劳务，如旅游和医疗等。产品可以分为耐用品和非耐用品。耐用品指的是存续期间超过一个自然年度的产品，如冰箱和洗衣机；而非耐用品一般指持续时间较短的产品，如食物和衣服。需要注意的是建造住宅的支出不属于消费。

投资（investment, I）由企业或家庭为增加其资本存量而购买的产品构成。投资有三种类型：①企业固定投资（business fixed investment），是指企业为了用于生产而购买的建筑物、知识产权或机器设备；②住房投资（residential investment），是指家庭为了居住和出租而购买的新房；③存货投资（inventory investment），是指企业在生产经营过程中为销售或耗用而储存的各种资产，包括商品、产成品、半成品、在产品以及各种材料、燃料、包装物、低值易耗品等。

政府购买（government purchase, G）是 GDP 的第 3 个构成要素，是指中央和地方政府购买的产品和服务，包括军舰、桥梁和警察等提供的公共安全服务等项目。需要注意的是，政府购买并不包括向个人提供的诸如社会保障和公共援助等转移支付项目。转移支付属于对已有收入的再分配，并不直接作用于支付产品与服务，所以并不包括在政府购买中。

GDP 的第 4 个构成要素净出口（net export, NX）是指本国出口至其他国家的产品与服务的价值减去从其他国家进口的价值。如果 NX 为正值，则称之为贸易盈余（trade surplus）；如果 NX 为负值，则称之为贸易赤字（trade deficit）；如果 NX 刚好为零，即进口值刚好等于出口值，则称之为贸易平衡（balanced trade）。

循环流程图 8-2 描述了在一个国家中经济是如何运行的。白色的方格代表经济活动的参与者：家庭、企业和政府。灰色底纹方格表示各种不同类型的市场：生产要素市场、金融市场和产品与服务市场。箭头表示货币资金如何在各个市场、市场参与者之间流动。家庭获得收入，然后将其一部分向政府纳税，消费产品与服务，以及使用金融市场储蓄。企业销售产品与服务获得收入，用其支付生产要素的费用。在金融市场上，家庭和企业借款来购置住房和工厂等投资品。政府征税获得收入，用其进行政府购买。

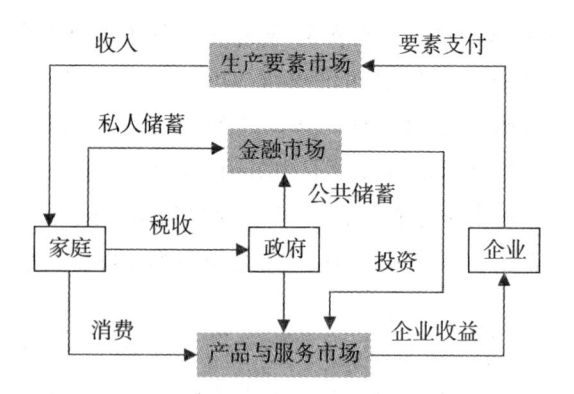

图 8-2 经济中货币资金的循环流程图

储蓄（saving，S）是指一国的总收入减去消费和政府购买后剩余的产出。业界通常将储蓄（S）分为私人储蓄（private saving）和公共储蓄（public saving）。

$$S = Y - C - G = Y - C - T + T - G = (Y - T - C) + (T - G)$$

其中，T为政府税收；Y-T-C是可支配收入（Y-T）减去消费（C），为私人储蓄；而T-G是政府税收收入（T）减去政府支出（G），为公共储蓄。

2. 产品服务项目与资本的国际流动

从前述国民收入核算恒等式开始：

$$Y = C + I + G + NX$$

左右两边减去消费（C）和政府采购（G），则恒等式变形为

$$Y - C - G = I + NX$$

如上所述，Y-C-G刚好等于储蓄（S），所以

$$S = I + NX$$

再将两边同时减去投资（I），则可将国民收入核算恒等式转换为

$$S - I = NX$$

这个变形公式说明，一个经济体的储蓄（S）减去投资（I）的差额必须等于净出口（NX）。

我们将储蓄（S）与投资（I）之间的差额（S-I）定义为资本净流出（net capital outflow，NCO）；将出口减去进口的净出口（NX）也称之为贸易余额（trade balance）。也就是说，资本净流出（NCO）= 贸易余额（NX），即

$$S - I = \text{NX}$$

如果资本净流出（S-I）和贸易余额（NX）为负值，则称之为贸易赤字。在这种情况下，该国在国际金融市场上承担净债务人的角色，该国进口的产品和服务价值大于出口的产品和服务价值。如果资本净流出（S-I）和贸易余额（NX）刚好为零，那么我们称之为贸易平衡（balanced trade），这时进口额等于出口额。如果资本净流出（S-I）和贸易余额（NX）是正值，则称之为贸易盈余。在这种情况下，该国在国际金融市场上处于净债权人地位，该国出口的产品和服务价值大于进口的产品和服务价值。表8-1总结了开放经济可能经历的三种情况。

表8-1 产品和服务与资本的国际流动

贸易赤字	贸易平衡	贸易盈余
出口 < 进口	出口 = 进口	出口 > 进口
净出口（NX）< 0	净出口（NX）= 0	净出口（NX）> 0
储蓄（S）< 投资（I）	储蓄（S）= 投资（I）	储蓄（S）> 投资（I）
资本净流出（NCO）< 0	资本净流出（NCO）= 0	资本净流出（NCO）> 0
产出（Y）< 消费（C）+ 投资（I）+ 政府购买（G）	产出（Y）= 消费（C）+ 投资（I）+ 政府购买（G）	产出（Y）> 消费（C）+ 投资（I）+ 政府购买（G）

8.1.2 长期中的经济：古典理论

古典理论认为，长期价格是有弹性的，总供给曲线是一条垂直直线，总需求变动影响价格水平但不影响产出水平。总供给（aggregate supply, AS）描绘价格水平 P 与企业生产之间的关系。长期来看，总产出水平 Y 是由资本总量和劳动量及可获得的技术决定的，它不取决于价格水平。长期总供给曲线（LRAS）是垂直的，是一个常量 $\bar{Y}$：

$$\bar{Y} = F(\bar{K}, \bar{L})$$

其中，因为我们将经济的生产要素视为固定的，$\bar{K}$ 为资本量；$\bar{L}$ 为劳动数量。

而总需求（aggregate demand, AD）是由产品市场与货币市场的相互作用而产生的价格水平 P 与总产出水平 Y 的负相关关系决定的。

总的来说，古典理论认为潜在GDP就是经济处在充分就业时的产出水平，见图8-3。

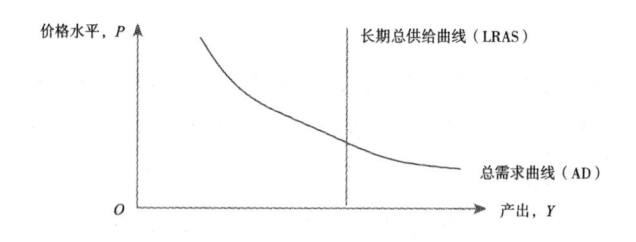

图 8-3　总需求与总供给的长期均衡

8.1.3　短期冲击的经济：IS、LM、BP 模型

1. 产品市场的一般均衡：IS 曲线

IS 曲线中的 I 指的是投资（investment），而 S 指的是储蓄（saving），IS 曲线用来描绘产品与服务市场均衡时（国内总供给等于总需求）利率与收入之间的负相关关系。

在《就业、利息和货币通论》中，凯恩斯提出，在短期中经济的总收入主要由家庭、企业和政府的意愿总支出（desired aggregate expenditure，E）决定。意愿总支出包括消费（C）、投资（I）、政府购买（G）、净出口（NX）。这样，意愿总支出就可以写成：

$$E = C + I + G + NX$$

凯恩斯认为收入是消费的主要决定因素，而利率并不发挥主要作用。消费依赖于可支配收入（disposable income），可支配收入（Y_d）等于总收入水平（Y）减去税收（T）。也就是

$$Y_d = Y - T$$

通常假定税收不受收入水平的影响，即

$$T = \bar{T}$$

字母上的横线表示对所有总收入水平 Y 而言，税收都是一个固定的数量。因此有

$$C = C(Y - \bar{T})$$

这个公式说明，消费是可支配收入的函数。消费函数（consumption function）显示了决定消费的各种因素的关系。凯恩斯主义的消费函数通常写为

第8章 中国应对2008年美国次贷危机的经济政策分析

$$C = \bar{C} + bY_d, (\bar{C} > 0, 0 < b < 1)$$

其中，C 为消费；$\bar{C}$ 为常数；Y_d 为可支配收入；b 为边际消费倾向（marginal propensity to consume, MPC），意思是可支配收入增加1美元所引致的消费增加量。

接下来，我们把投资假设为与经济体总收入无关，也就是外生固定的：

$$I = \bar{I}$$

在简化的凯恩斯开放经济模型中，我们假设政府购买是固定的：

$$G = \bar{G}$$

最后，我们讨论开放经济中外向部门的净出口（NX）：

$$NX = X - M$$

出口（X）是指一国卖给其他国家的产品和服务的价值。我们假定其受一个国家当期收入的影响，即

$$X = \bar{X}$$

其中，$\bar{X}$ 为外生变量（exogenous variable），在模型中视为给定的变量，其数值与模型的解或者未知变量无关。

然而，我们一般假定进口（M）依赖于一国的总收入水平（Y）。一般表示为

$$M = \bar{M} + mY, \quad (\bar{M} > 0, m > 0)$$

其中，$\bar{M}$ 为常数，是不受本国收入影响的进口额度；m 为边际进口倾向（marginal propensity to import, MPM），表示总收入水平增加1美元时，该国对商品和服务进口的增加额。

此时意愿支出（E）可变为

$$\begin{aligned} E &= C + I + G + NX \\ &= C + I + G + X - M \\ &= \bar{C} + bY_d + \bar{I} + \bar{G} + \bar{X} - (\bar{M} + mY) \\ &= \bar{C} + b(Y - \bar{T}) + \bar{I} + \bar{G} + \bar{X} - (\bar{M} + mY) \\ &= (\bar{C} + \bar{I} + \bar{G} + \bar{X} - b\bar{T} - \bar{M}) + (b - m)Y \end{aligned}$$

图8-4绘出了作为一国总支出水平（Y）函数的意愿支出E的图形。斜率为$(b-m)$，也就是边际消费倾向减去边际进口倾向（MPC-MPM），更高的收入导致更高的意愿支出，斜率为正，所以这条线向右上方倾斜。截距为$(\bar{C}+\bar{I}+\bar{G}+\bar{X}-b\bar{T}-\bar{M})$。

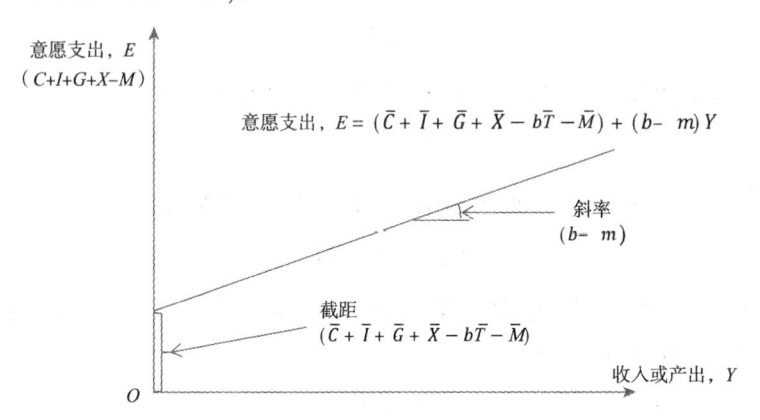

图8-4 意愿支出的图形

（1）均衡国民收入水平的决定。凯恩斯提出，当一个经济体的意愿支出（E）恰好等于实际支出时，产品和服务市场处于均衡国民收入水平（equilibrium level of national income）。我们可以把均衡条件写为实际支出＝意愿支出，即

$$E = Y$$

图8-5中的45°线就是$E=Y$，与$E=(\bar{C}+\bar{I}+\bar{G}+\bar{X}-b\bar{T}-\bar{M})+(b-m)Y$的交叉点假定为$q$，该点对应的产出水平$Y_e$为均衡收入水平。在$Y_e$左边的点意愿支出（$L$）大于实际产出水平（$Y_1$），企业存货水平下降；而$Y_e$右边的点意愿支出（$R$）小于实际产出水平（$Y_2$），企业存货积压导致生产缩减，引起生产减少。

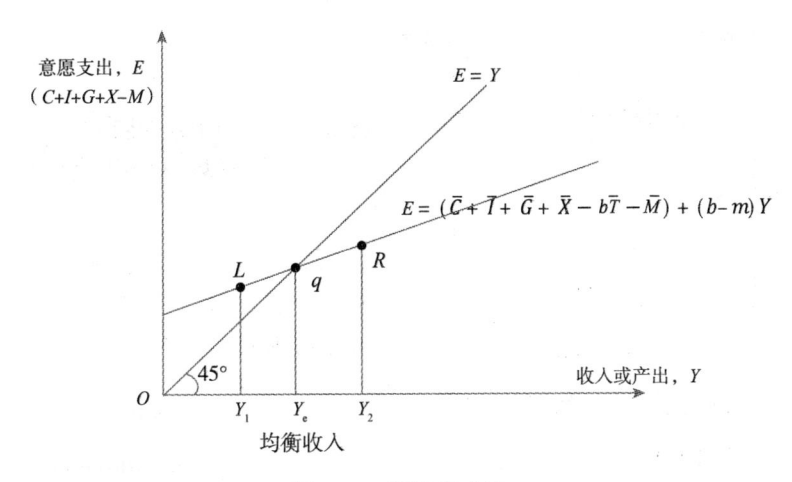

第8章 中国应对2008年美国次贷危机的经济政策分析

图 8-5 凯恩斯交叉

（2）放宽利率不变的假定。我们把利率与投资之间的关系写成：$I=I(i)$。见图 8-6（a）投资函数，i_0 表示我们在讨论意愿收入 $E=C+I(i)+G+NX$ 线时，利率保持 i_0 不变，对应投资额为 $I(i_0)$，均衡收入水平为 Y_0。如果利率从 i_0 下降到 i_1，投资额从 $I(i_0)$ 增加至 $I(i_1)$，意愿支出函数的移动使得收入水平从 Y_0 增加至 Y_1，如图 8-6（b）所示。而图 8-6（c）描绘的 IS 曲线概括了产品市场均衡时利率与收入水平之间的负相关关系。由于利率的下降引起计划投资的上升，计划投资的增加又导致均衡收入的增加，所以 IS 曲线的斜率是负的，向右下方倾斜。

（3）IS 曲线的移动。IS 曲线是根据既定的财政政策绘制的，假定政府购买（G）、税收（T）、出口（X）、进口（M）不变，当这些变量变化时，IS 曲线也会产生整体性的位移。当投资、出口和政府购买增加时，或者进口减少时，增加产品与服务需求的财政政策使 IS 曲线整体向右移动；当投资、出口和政府购买减少时，或者税收、进口增加时，减少产品与服务需求的财政政策使 IS 曲线整体向左移动。

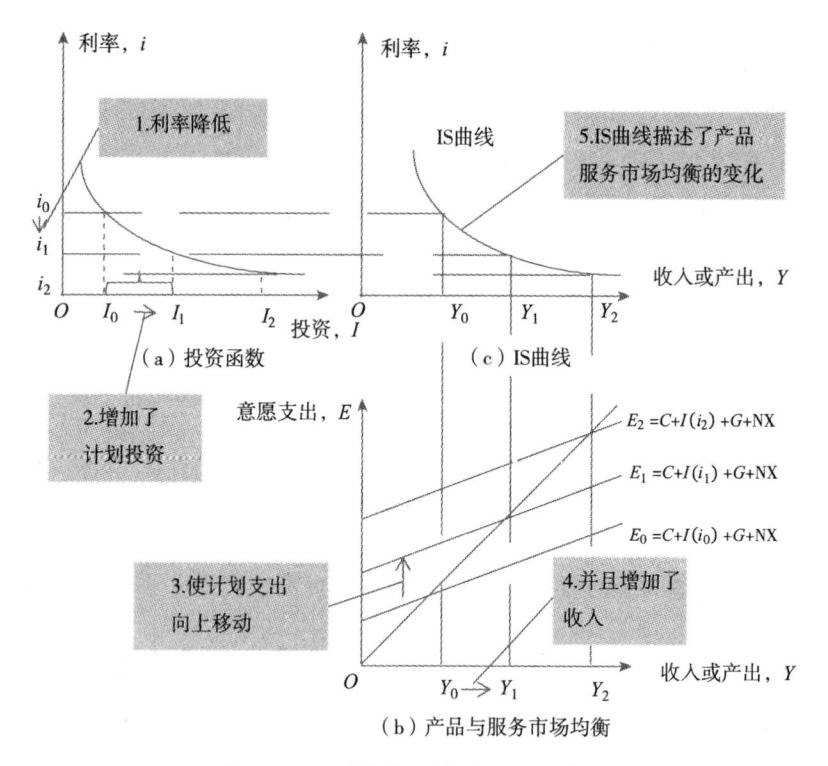

图 8-6　利率与收入的关系：IS 曲线

2. 货币市场的一般均衡：LM 曲线

LM 曲线中的 L 指的是流动性（liquidity），而 M 代表货币（money），LM 曲线描绘了货币市场的供给和需求的状态。当货币供给等于货币需求时，市场达到了一般均衡，而 LM 曲线描绘了货币市场均衡时，利率与收入之间的正相关关系。

（1）货币供给的理论模型。货币供给（money supply）是指一个经济体中可用的货币数量，它通常是由中央银行和商业银行系统共同决定的，通常包括通货（currency）和活期存款（demand deposits）。通货是指一国流通领域中的纸币和硬币，而活期存款是指居民和企业存入商业银行的一旦有需求可以随时用于支付的资金。储蓄账户和货币基金等资金都可以轻松转换为资金账户，用于支付，也有一些指标将其列入货币范畴。货币量的构成指标如表 8-2 所示。

假定 M 代表货币供给，C 代表通货，D 代表活期存款，则我们可以将货币供给表示为货币供给 = 通货 + 活期存款，即

$$M = C + D$$

表8-2 货币量的构成指标

符号	类别
C	通货
M_1	通货加活期存款
M_2	M_1加货币基金、定期储蓄以及大额定期存款

① 商业银行的资本负债表。为理解商业银行是如何运转的，我们首先来学习一下其资产负债表（balance sheet）。商业银行的资产负债表描绘了银行资金的来源及去向（表8-3）。

表8-3 所有商业银行的资产负债表

资产（资金去向）		负债与所有者权益（资金来源）	
准备金和现金项目	8%	存款	59%
证券	22%	借款	31%
贷款	61%		
其他资金	9%	银行资本	10%
总计	100%	总计	100%

资料来源：www.federalreserve.gov/releases/h8/current/。

银行资金来源有负债（存款、借款）及自有资金或所有者权益（银行资本）。存款是储户存入银行的资金，属于银行资金的主要来源。存款包括活期存款、定期存款、大额定期存款等。借款是指商业银行通过中央银行、其他商业银行等金融机构借入的资金。银行资本也就是银行的所有者权益或者净值，等于总资产减去总负债的余额。银行资本通过股本、发放新股或者经营利润累积。

商业银行通过支付利息来发行负债获得资金，然后买入不同的资产来获得利息收入，从利差中获得盈利。其主要项目有贷款、准备金、证券等。贷款是银行持有所占比重最大的资产。对于个人或者企业来说，贷款是负债，但是对于商业银行来说，贷款可以获得利息收入，属于资产的范畴。证券对于商业银行来说主要是债务工具，原因在于中国商业银行被禁止混业经营，不允许持有股票。这些债务工具主要是中央和地方政府债券。准备金（reserves），商业银行将其所获取的资金中的一部分以存款的形式存入中央银行账户。即使其利息收入较低，银行依然持有它，因为首先，根据法定存款准备金（required reserves）的要求，银行必须把客户存款中的一部分用作准备金。其次，银行可额外持有现金储备，以履行支付义务，这部分准备金称为超额准备金（excess reserves）。

②商业银行的货币创造过程。假定珍妮在第一国民银行存入100美元，法定准备金率为10%，第一国民银行放弃超额准备金，而将剩余部分90美元全部用于发放贷款，那么第一国民银行的资产负债表如表8-4所示。

表8-4　第一国民银行资产负债表

单位：美元

资　产		负　债	
准备金	+10	存款	+100
贷款	+90		

当第一国民银行放出贷款90美元时，按照前面的定义货币供应增加了90美元。此时，货币创造过程并没有终止。假定借款人将90美元存入第二国民银行。第二国民银行的资产负债表如表8-5所示。

表8-5　第二国民银行资产负债表

单位：美元

资　产		负　债	
准备金	+9	存款	+90
贷款	+81		

第二国民银行得到90美元存款，把9美元（90×10%）留作法定存款准备金，剩余81美元贷款出去，这样第二国民银行创造货币81美元。借款人将这81美元存入第三国民银行，第三国民银行把8.1美元作为准备金，贷出72.9美元。第三国民银行的资产负债表如表8-6所示。

表8-6　第三国民银行资产负债表

单位：美元

资　产		负　债	
准备金	+8.1	存款	+81
贷款	+72.9		

如果将这一过程永远持续下去，每次存款都创造出货币。假定存款准备金

率为 RR，则开始 100 美元，创造出的货币总量如下。

第一次存款：100 美元；
第二次存款：100（1-RR）=90 美元；
第三次存款：100（1-RR）^{2}=81 美元；
第四次存款：100（1-RR）^{3}=72.9 美元；
$$\vdots$$

即 100 美元创造出的货币总量为

$$100+100(1-\mathrm{RR})+100(1-\mathrm{RR})^2+\cdots+100(1-\mathrm{RR})^n$$
$$=100\left[1+(1-\mathrm{RR})+(1-\mathrm{RR})^2+\cdots+(1-\mathrm{RR})^n\right]$$
$$=100\lim_{n\to\infty}\frac{1-(1-\mathrm{RR})^{n+1}}{1-(1-\mathrm{RR})}$$
$$=100\times\frac{1}{\mathrm{RR}},\ \lim_{n\to\infty}(1-\mathrm{RR})^{n+1}=0$$

即每 1 美元创造出 $\dfrac{1}{\mathrm{RR}}$ 美元的货币，当 RR=10% 时，100 美元创造了 1000 美元的货币。

③ 中央银行的资产负债表。中央银行（central bank）是指负责执行货币政策并监管商业银行的政府机构。在中国，中央银行指中国人民银行。中国人民银行的资产和负债只包括四个项目，资产包括政府债券、贴现贷款，负债包括通货、准备金，如表 8-7 所示。

表 8-7 中国人民银行资产负债表

资　产	负　债
政府债券	通货
贴现贷款	准备金

通货是中央银行向持有者开具的欠条，即发行的纸币与硬币。

所有的商业银行都在中央银行开设了存款账户。准备金包括存在中央银行的存款以及以纸币和硬币形式持有的货币。准备金对于商业银行来说是资产，相对地，对于中国人民银行来说是负债。准备金分为两类：法定存款准备金，即中央银行要求商业银行必须持有的准备金；超额准备金，即商业银行自愿持有的额外准备金。

政府债券,通常是指由中国财政部发行的国债。中国人民银行通过购买债券的方式向经济体增加货币供应量。

贴现贷款是指商业银行向中央银行的借款。贴现贷款的增加同样会扩大货币总量。中央银行收取的借款利息就是贴现率。当中央银行向第一国民银行发放 100 美元的贴现贷款时,此时中央银行的资产负债表的变化如表 8-8 所示。中央银行的贴现贷款增加了 100 美元,准备金也增加了 100 美元,即基础货币增加了 100 美元。

表 8-8　中央银行资产负债表变化

单位:美元

资　产		负　债	
贴现贷款	+100	准备金	+100

④ 中央银行的货币供给机制。中央银行的负债项目通货(C)和准备金(R)之和称为基础货币(monetary base,B)。所以基础货币由中央银行控制,得到方程:

$$B = C + R$$

而货币供应量 M 等于通货 C 加上活期存款 D,得到

$$M = C + D$$

两个方程相除,得到

$$\frac{B}{M} = \frac{C+R}{C+D}$$

右边表达式的分子和分母都除以 D,得到

$$\frac{B}{M} = \frac{\frac{C}{D}+\frac{R}{D}}{\frac{C}{D}+1}$$

其中,$\frac{C}{D}$ 为通货与活期存款的比率 cr;$\frac{R}{D}$ 为准备金与活期存款的比率 rr,则

$$\frac{B}{M} = \frac{\text{cr} + \text{rr}}{\text{cr} + 1}$$

所以

$$M = \frac{\text{cr} + 1}{\text{cr} + \text{rr}} B$$

式子（cr+1）/（cr+rr）称为货币乘数（money multiplier, m），表示基础货币每增加 1 美元，导致流通中货币供应量增加（cr+1）/（cr+rr）。

⑤ 货币供给数量的确定。中央银行通过公开市场操作、贴现贷款、存款准备金率等一系列货币政策工具调节基础货币数量。因此一个经济体的货币供给数量为

$$M_s = \frac{\text{cr} + 1}{\text{cr} + \text{rr}} B = m(C + R)$$

式中，M_s 为货币供给；$m = \frac{\text{cr} + 1}{\text{cr} + \text{rr}}$ 为货币乘数；C 为通货；R 为准备金。

此时，我们可以认为货币供给是外生的，是由中央银行决定的一个常量。货币供给曲线可以由一条垂直的直线来表示，货币供给量为 $\bar{M}_S$，见图 8-7。

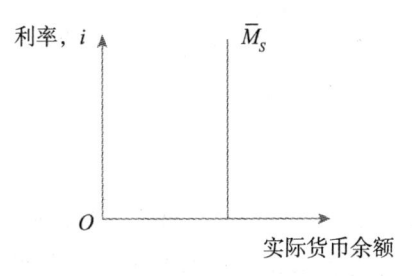

图 8-7　中央银行确定货币供应量

（2）货币需求理论。货币需求（demand for money）是指一个经济体为满足正常的生产、经营和各种经济活动而需要的货币余额（通货 C 加上活期存款 D，即通常意义上的 M_1）。

① 货币数量论。美国经济学家欧文·费雪（Irving Fisher）在其 1911 年出版的《货币的购买力》中提出著名的数量方程（quantity equation）：

$$M \times V = P \times T$$

式中，M 表示流通中的货币数量；V 表示货币流通速度；P 表示一般物价水平；T 表示社会商品总交易量。由于 T 难以衡量，一般采用经济中总产出 Y 加以替代，即

$$M \times V = P \times Y$$

其贡献主要在于，说明了货币需求同商品交易量、物价水平、货币流通速度之间的内在联系。所以，货币需求 M_d 与价格水平 P 正相关，与经济实际产出水平 Y 正相关，与货币流通速度 V 负相关，即

$$M_d = \frac{P \times Y}{V}$$

并且，货币流通速度 V 是由社会支付形式、产业结构、人口密度、交通工具发展等长期因素决定的，因此可视为常量 $\bar{V}$。同样，货币数量论的代表人物大卫·休谟（David Hume）认为一国真正的财富是产品和服务，而货币是其代表，社会商品总交易量 T 或者总产出 Y 在充分就业的情况下变动极小，也可以作为常量 $\bar{Y}$。货币只有在社会交换过程中才有价值。

所以

$$M_d = \frac{P \times \bar{Y}}{\bar{V}} = \frac{1}{\bar{V}} P \bar{Y} = kP\bar{Y}$$

式中，k 是常量系数，$k = \frac{1}{\bar{V}}$。

这就是庇古（Arthur Cecil Pigou）提出的剑桥方程式或者现金余额方程式。因此，货币数量论的核心内容就是货币数量变动与物价水平变动之间存在因果关系。也就是说，在其他条件不变的情况下，物价由货币数量决定：货币数量增加，物价水平也成正比例上升；货币数量减少，物价水平也下降。

② 凯恩斯的流动性偏好货币需求理论。凯恩斯不相信自由市场总是可以自行调节从而让社会产出达到充分就业的产出水平，批判货币数量论关于社会充分就业、总产出水平变动极小的论断。同样，他也不相信货币数量 M 只与物价水平 P 有关系，不会对社会总产出水平 Y 产生实质影响的观点。

凯恩斯将货币需求的产生源头归因于 4 种动机，见图 8-8。

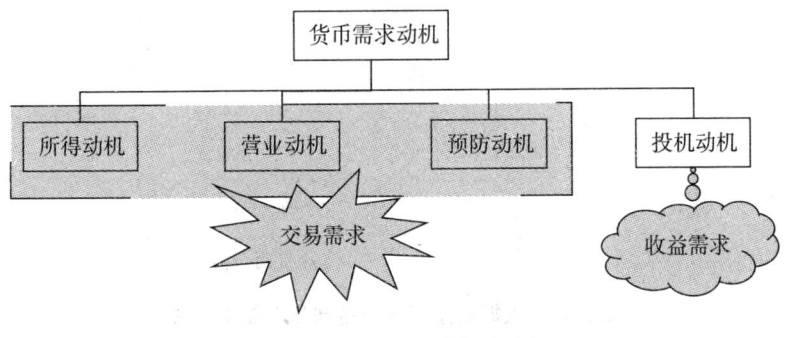

图 8-8 凯恩斯货币需求动机

a. 所得动机,也就是企业、政府或家庭为支付商品与服务支出而持有的货币数量。

b. 营业动机,指企业在获得营业收入和支付营业支出之间的经营期间必须持有的货币数量。

c. 预防动机,指为应不时之需,而持有的保护性货币数量。

d. 投机动机,指根据市场行情浮动为投机牟利而持有的货币数量。

其中,前3种动机都是由交易衍生的需求,因此由交易规模确定。交易规模越大,货币数量也越多。而第4种投机动机的货币需求取决于市场利率高低,市场利率越高,持有货币数量越低。此时,人们愿意持有债券而不是货币。所以利率与货币需求之间存在负相关关系。因此,如果我们把 Y 和 i 以外的其他变量假定为不变的,货币需求函数可以表示如下。

货币数量论方程:$\dfrac{M}{P} = \dfrac{1}{V}Y = k\bar{Y}$,$k$ 为常量, $k = \dfrac{1}{V}$

凯恩斯流动性偏好货币需求方程:$\dfrac{M}{P} = L(i, Y)$

式中,M 为货币需求;Y 为经济体的总产出,Y 为变量;$\bar{Y}$ 为常量。i 为国内利率;P 为价格水平;M/P 是实际货币余额;函数 $L(i, Y)$ 表示货币需求数量取决于总收入水平 Y 和国内利率 i。此时,对于一个固定国内总收入水平 Y,货币需求 M_d 与国内利率 i 之间存在负相关关系。利率越高,货币需求数量越低,可以用图8-9表示,此时货币需求曲线 $L(i)$ 向右下方倾斜。

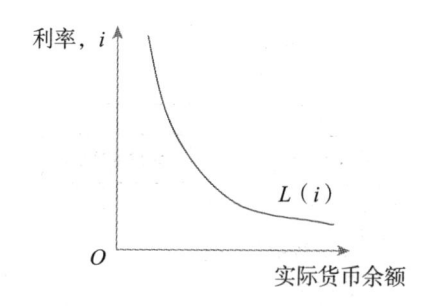

图 8-9　根据凯恩斯理论得到货币需求曲线

（3）货币市场的均衡与 LM 曲线。当货币供给 $\bar{M}_S$ 等于货币需求 L 时，货币市场就实现了一般均衡，见图 8-10。货币供给曲线和货币需求曲线的交点决定均衡利率 i_0。在利率 i_1 高于 i_0 的水平时，货币供给大于货币需求，购买债券的货币资金供给增加，利率下降直至 i_0。

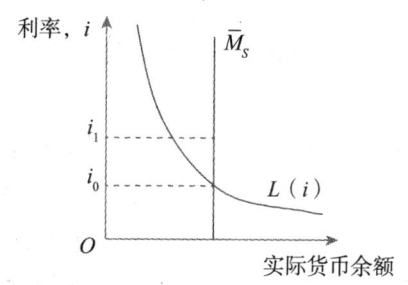

图 8-10　货币市场均衡与市场利率

在上述讨论中，我们设定一个经济体的总收入水平 Y 为一个定量。现在我们放松这个假定，总收入水平 Y 可以上下浮动变化。由货币数量论方程 $M_d = \dfrac{P \times Y}{V}$ 可知，货币数量与总收入水平存在正相关关系。假定与总收入水平 Y_0 对应的货币需求曲线为 $L(i, Y_0)$，见图 8-11（a）。当总收入水平上升至 Y_1 时，对应的货币需求曲线为 $L(i, Y_1)$，均衡利率为 i_1。而图 8-11（b）描绘了总收入水平 Y 与均衡利率 i 之间正相关关系的 LM 曲线。从总收入水平 Y、利率 i 和市场均衡的讨论中，在假定价格水平不变的情况下，LM 曲线表示总收入水平与均衡利率的各种组合。

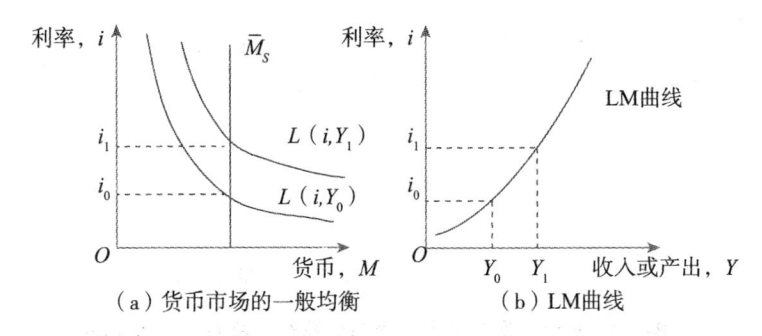

图 8-11　由货币市场均衡推导的 LM 曲线

LM 曲线的移动情况。由总收入水平 Y 以外的其他因素导致的货币需求的增加，或者货币供给减少时，LM 曲线向左移动。相反，由总收入水平 Y 以外的货币需求减少，或者货币供给增加时，LM 曲线向右移动。

3. 内部均衡——实现产品市场和货币市场同时均衡的 IS-LM 模型

斯旺（T.Swan）认为，当充分就业条件下的总需求等于总供给时，就达到内部均衡了。沿着凯恩斯主义的观点，他认为总供给在短期内是不变的，大致是一个常量，约等于充分就业时的供给水平。所以，内部均衡关键在于短期内如何让供给达到一个充分就业条件下的总需求水平。

而张尚学（2005）定义内部均衡为实现经济增长、充分就业和物价稳定的统一。但问题是这三个目标存在着冲突。比如，经济增长（充分就业）往往会带来通货膨胀。因此一个经济体实现内部均衡的关键点，就是协调这三者的痛楚，确定并实现这三者的合理组合（姜波克，2021）。

因此，内部均衡就是如何确定一个在充分就业条件下的总需求水平，从而实现经济增长、充分就业和物价稳定的统一。这时，我们需要实现产品市场和货币市场同时均衡的 IS-LM 模型，见图 8-12。LM 曲线代表货币市场均衡（货币需求等于货币供给）时利率 i 与产出 Y 的组合。而 IS 曲线描绘了产品市场均衡（产品与服务的收入等于支出）时利率 i 与产出 Y 的组合。均衡点位于 IS 曲线与 LM 曲线的交汇点 E，此时，意愿支出等于实际支出，货币需求等于货币供给，实现了经济增长、充分就业和物价稳定的统一。

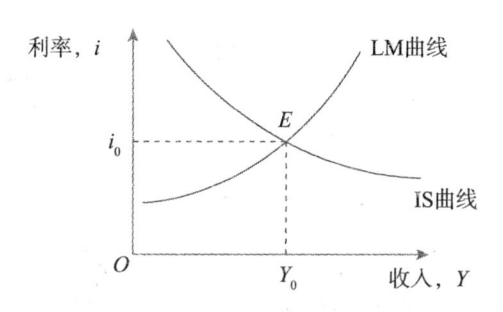

图 8-12　实现产品市场和货币市场同时均衡的 IS-LM 模型

4.国际收支平衡：BP 曲线

开放经济环境中，国际贸易的特殊性表现在需要在不同国家的贸易主体使用不同的货币完成交易。由于贸易主体所在国家一般都将本国货币作为法定货币，因此就需要通过外汇市场进行外币兑换。而国际收支账户（balance of payments account）则是一个经济体在一定期间内（通常是一年）与其他国家或地区进行经济交易的系统记录。

（1）国际收支账户与复式记账法。① 国际收支账户的科目。记录交易首先要确认交易可以分为哪几类。一般来说，记录国际贸易的国际收支账户可以分为四类：经常账户、金融与资本账户、储备资产账户和净误差与遗漏账户。

a.经常账户（current account）记录一国商品和服务的进口和出口情况。它可以进一步细分为货物、服务、收入和经常转移二级科目。

第一，货物（goods），一般指有形商品或具体物品的进出口业务。通常，货物按出口国过境的离岸价（FOB）计算。

第二，服务（service），包括诸如运输、旅游、保险、金融、知识产权等无形商品的跨境流动与支付。

第三，收入或收益（income），由工人跨境打工获得薪水、企业海外投资收益（利息、股息）构成。

第四，转移支付（current transfers），类似捐赠、援助等单方面的、无偿的、不附带追索权的业务。

b.资本与金融账户（capital and financial account）是记录金融资本在国际间流动的账户，涉及资本账户（capital account）和金融账户（financial account）两个二级科目。

第一，资本账户记录财富在国家间的流动和转移，目前只记录几个特定类型的交易，大多数是由非生产、非市场活动导致的，如移民资本转移或政府间债务减免等。

第二，金融账户记录股票、政府债券和企业债券等金融工具的交易。

c. 储备资产账户（reserve assets）涉及中央银行持有的黄金、外国国债、特别提款权、外汇（美元、欧元、日元等）等资产。储备资产主要用来干预外汇市场以改变宏观经济环境。

d. 净误差与遗漏账户（net error and omissions），前面那些科目的数据来源于不同渠道，在准确性、数据包含范围等方面存在差漏，导致国际收支账户达不到理论上的平衡，因此引入净误差与遗漏账户，也就是说这一账户是人为抵消整个国际收支账户体系借方与贷方偏差的一个科目。

② 复式记账法国际收支恒等式：经常账户余额＝资本与金融账户余额＋储备账户余额。

国际收支采用复式记账法来登记。所谓复式记账法，就是每一笔国际贸易都会记录于两个以上国际收支账户。同时，这些国际收支账户可分为两个方向：借方与贷方，两个方向账户的金额合计数相等，这就是所谓的"有借必有贷，借贷必相等"。

具体来说，a. 经常账户。经常账户的商品与服务的出口、本国居民海外的报酬和本国企业的海外投资收益、收到国外的捐赠等，计入贷方项目（以"+"号表示），类似于会计的营业收入类账户。相反，经常账户的商品与服务的进口、向国外居民支付劳动报酬以及向国外企业支付投资收益、向国外进行捐赠等进入借方项目（以"-"号表示），类似于会计的成本（费用）类账户。

b. 金融账户。我们可以将我国居民或企业持有的外国金融资产当作会计里的资产科目，将外国居民或企业持有的我国金融资产当作会计里的负债科目，因为到最后外国居民都会将这些金融资产兑换回所需货币撤资。如果本国居民、企业或政府增加持有国外金融资产就计入借方项目（用"-"号表示，会计资产的增加计入借方），如果本国居民、企业或政府出售这些资产，减少了持有数量则计入贷方项目（用"+"号表示，会计里资产的减少计入贷方）。相反，外国居民、企业或政府增加持有本国金融资产就计入贷方（用"-"号表示，会计里负债的增加计入贷方），外国居民、企业或政府减少持有本国金融资产计入借方（用"+"号表示，会计里负债的减少计入借方）。

c. 储备资产账户。如果中国人民银行新增国际储备资产，则计入借方（用

"-"号表示），出售或减少储备资产则计入贷方（用"+"号表示）。相反，外国中央银行买入本国的资产（国债等），则计入贷方，视为会计里负债项目（用"+"号表示），减少或卖出本国资产计入借方（用"-"号表示）。

（2）国际收支平衡。我们将一定期间（一年）内对外贸易产生的国际收支账户进行汇总，计入各个账户科目的借方或贷方，结算余额，并将其纳入国际收支平衡表，见表8-9。

表8-9 2009年中国国际收支平衡表

单位：亿美元

项　目	差　额	贷　方	借　方
一、经常账户差额	2,432.57	14,841.70	12,409.13
A. 货物和服务差额	2,201.30	13,332.74	11,131.43
a. 货物差额	2,495.11	12,037.98	9,542.87
b. 服务差额	-293.80	1,294.76	1,588.56
1. 运输差额	-230.05	235.69	465.74
2. 旅游差额	-40.27	396.75	437.02
3. 通信服务差额	-0.11	11.98	12.10
4. 建筑服务差额	35.95	94.63	58.68
5. 保险服务差额	-97.06	16.03	113.09
6. 金融服务差额	-2.86	3.56	6.43
7. 计算机和信息服务差额	32.79	65.12	32.33
8. 专有权利使用费和特许费差额	-106.36	4.29	110.65
9. 咨询差额	52.12	186.23	134.10
10. 广告、宣传差额	3.59	23.13	19.53
11. 电影、音像差额	-1.81	0.97	2.78
12. 其他商业服务差额	59.16	246.88	187.72
13. 别处未提及的政府服务差额	1.10	9.50	8.40
B. 收益差额	-85.33	1,082.51	1,167.83
1. 职工报酬差额	71.58	92.09	20.52
2. 投资收益差额	-156.90	990.41	1,147.32
C. 经常转移差额	316.59	426.45	109.86
1. 各级政府差额	-17.57	9.06	26.63
2. 其他部门差额	334.16	417.40	83.24
二、资本和金融账户差额	1,984.70	8,634.09	6,649.39
A. 资本账户差额	39.39	42.04	2.65
B. 金融账户差额	1,945.31	8,592.05	6,646.74

续表

项　目	差　额	贷　方	借　方
1. 直接投资差额	871.67	1,670.71	799.04
1.1 我国在外直接投资差额	−438.90	41.71	480.61
1.2 外国在华直接投资差额	1,310.57	1,629.00	318.43
2. 证券投资差额	270.87	1,101.51	830.64
2.1 资产差额	−25.26	781.49	806.75
2.1.1 股本证券差额	−406.47	146.01	552.48
2.1.2 债务证券差额	381.21	635.48	254.27
（中）长期债券差额	347.23	528.60	181.37
货币市场工具差额	33.98	106.88	72.90
2.2 负债差额	296.13	320.02	23.89
2.2.1 股本证券差额	291.17	298.06	6.89
2.2.2 债务证券差额	4.96	21.96	17.00
（中）长期债券差额	4.97	21.96	16.99
货币市场工具差额	−0.00	0.01	0.01
3. 其他投资差额	802.76	5,819.83	5,017.06
3.1 资产差额	184.14	1,601.36	1,417.22
3.1.1 贸易信贷差额	−342.71	—	342.71
长期差额	−23.99	—	23.99
短期差额	−318.72	—	318.72
3.1.2 贷款差额	30.95	453.55	422.60
长期差额	−412.93	—	412.93
短期差额	443.88	453.55	9.67
3.1.3 货币和存款差额	20.35	581.94	561.59
3.1.4 其他资产差额	475.55	565.87	90.32
长期差额	—	—	—
短期差额	475.55	565.87	90.32
3.2 负债差额	618.62	4,218.46	3,599.84
3.2.1 贸易信贷差额	320.82	378.31	57.49
长期差额	22.46	26.48	4.02
短期差额	298.37	351.83	53.46
3.2.2 贷款差额	70.66	3,245.34	3,174.68
长期差额	−96.88	134.95	231.83
短期差额	167.54	3,110.39	2,942.85
3.2.3 货币和存款差额	115.75	464.85	349.09
3.2.4 其他负债差额	111.38	129.96	18.59

续表

项目	差额	贷方	借方
长期差额	110.29	114.19	3.90
短期差额	1.09	15.77	14.68
三、储备资产变动额	−4,003.44	1.41	4,004.85
3.1 货币黄金差额	−48.76	—	48.76
3.2 特别提款权差额	−110.92	0.25	111.18
3.3 在基金组织的储备头寸差额	−23.24	1.16	24.40
3.4 外汇储备差额	−3,820.51	—	3,820.51
3.5 其他债权差额	—	—	—
四、净误差与遗漏	−413.83		413.83

数据来源：国家外汇管理局网站 https://www.safe.gov.cn/safe/2015/0630/3269.html。

经常项目差额（balance on goods, services, and factor income）是一个经济体商品与服务的净出口（出口 X 减去进口 M），本质上反映了国民收入的来源与使用。2009年中国的出口（在贷方）是14842亿美元，而进口（在借方）是12409亿美元，商品与服务贸易当年顺差2432.57亿美元。

资本与金融账户的余额是1984.70亿美元，余额在贷方，表示是逆差。

储备资产变动额（official reserve transactions balance）或综合差额（overall balance）等于经常账户、资本与金融账户的借贷结算余额，表示需要官方储备交易弥补的部分。因此，中国2009年的储备资产变动额为−4003.44亿美元，是顺差，表示2009年的国际贸易使我国的储备资产（以外汇为主）增加了4003.44亿美元。

因此，经常账户差额 = 资本与金融账户差额 + 储备资产账户差额，即

$$2432.57 \approx 1984.70 - 4003.44$$
$$\approx -2018.74$$

也就是说，其中差额部分为净误差与遗漏 −413.83亿美元，具体见表8-10。

表8-10　2009年中国国际收支平衡表各栏目概述

单位：亿美元

借方		贷方	
经常项目	2432.57	储备账户	4003.44
资本与金融账户	1984.70	净误差与遗漏	413.83
合计	4417.27	合计	4417.27

第8章 中国应对2008年美国次贷危机的经济政策分析

这时，我们将经常账户项目、资本与金融项目称之为国际收支自主性项目（autonomous items in the balance of payments），因为这些项目都是居民和企业为实现一定意义上的经济目标（效用或利润最大化）而产生的。而国际收支调节项目（accommodating items in the balance of payments）则是为弥补经常项目、资本与金融项目的净逆差而发生的交易，如向国际金融机构、外国政府借款，动用官方储备等。

所以，国际收支平衡通常是当期储备资产账户借方与贷方平衡，储备资产变动额为零。

（3）BP曲线。如上所述，国际收支平衡等价于中国人民银行储备资产的当期变动额为零，即

储备资产的变动额 = 经常项目变动额 + 资本与金融账户变动额

上式中，经常项目等于出口（X）减去进口（M），通常假定进口项目的多少主要由国民总收入水平（Y）决定。假定其他因素不变，总收入水平的上升致使进口项目增加，导致经常项目为逆差。

而资本与金融项目主要由利率i水平决定的，当利率上升，来自国外的金融资本为获得更高的利息收入将会流入本国，也减少了本国资本的外流，致使资本项目为顺差。

在诸如价格水平、预期汇率、外国利率水平等其他变量都视为常数的情况下，BP曲线表示为达到国际收支平衡时，各种利率与国民总收入的组合，见图8-13。BP曲线利率为正，向上倾斜，因为随着总收入水平的提高，进口随之增加，导致经常项目借方发生额增加，可能会导致经常项目的逆差。为弥补经常项目的缺口，我们应该吸引资本与金融账户的资本流入，而提高本国利率是主要手段。因此为了保持国际收支平衡，总收入水平（Y）与利率（i）之间是正相关的。

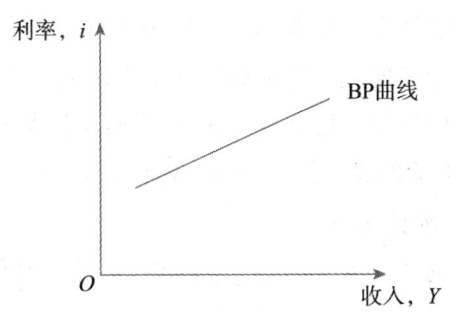

图 8-13 BP 曲线——国际收支平衡时利率与收入的组合

（4）BP 曲线斜率与资本流动性。BP 曲线斜率为 $\Delta i/\Delta Y$，则

$$\frac{\Delta i}{\Delta Y}=\frac{\mathrm{d}i}{\mathrm{dNCO}}\times\frac{\mathrm{dNCO}}{\mathrm{d}Y}$$

式中，NCO 为资本净流出，为储蓄（S）与投资（I）之间的差额；Y 为社会总产出；i 为国内利率。因为资本净流出（NCO）= 贸易余额（NX），所以

$$\frac{\Delta i}{\Delta Y}=\frac{\mathrm{d}i}{\mathrm{dNCO}}\times\frac{\mathrm{dNCO}}{\mathrm{d}Y}$$

$$=\frac{\mathrm{d}i}{\mathrm{dNCO}}\times\frac{\mathrm{dNX}}{\mathrm{d}Y} \tag{8-1}$$

而贸易余额（NX）= 出口（X）- 进口（M）。并且如前文所述，进口 M 一般被假定依赖于国民总收入水平 Y，出口 X 则与本国的总收入水平无关。所以

$$\frac{\mathrm{dNX}}{\mathrm{d}Y}=\frac{\mathrm{d}X-\mathrm{d}M}{\mathrm{d}Y}=\frac{\mathrm{d}M}{\mathrm{d}Y} \tag{8-2}$$

将式（8-2）带入式（8-1），可得

$$\frac{\Delta i}{\Delta Y}=\frac{\mathrm{d}i}{\mathrm{dNCO}}\times\frac{\mathrm{d}M}{\mathrm{d}Y} \tag{8-3}$$

$\mathrm{d}M/\mathrm{d}Y$ 称之为边际进口倾向。当一国收入水平增加时，对商品与服务的支出也会增加，这些增加用于商品与服务进口的部分。通常，边际进口倾向 MPM 为常数为 m，则 BP 曲线斜率 $\Delta i/\Delta Y$ 为

$$\frac{\Delta i}{\Delta Y}=\frac{\mathrm{d}i}{\mathrm{dNCO}}\times\frac{\mathrm{d}M}{\mathrm{d}Y}=m\frac{\mathrm{d}i}{\mathrm{dNCO}},\ 0<m<1$$

所以，BP 曲线的斜率 $\Delta i/\Delta Y$ 的大小，取决于 $\mathrm{d}i/\mathrm{dNCO}$ 的大小。一般认为，资本净流出（NCO）中短期私人资本对于利率变化的敏感程度在实践中起最重要的作用。如果利率的单位变化 Δi，引起短期私人资本单位变化 ΔNCO 越大，则 $\mathrm{d}i/\mathrm{dNCO}$ 越小，BP 曲线越平缓。所以，短期私人资本对于利率变化越敏感，BP 曲线越平缓，反之则越陡峭。

①当资本完全流动（perfect capital mobility）时，利率的很小变化 Δi，引起 ΔNCO 无限大的流出，此时 $\mathrm{d}i/\mathrm{dNCO}$ 趋向于 0，见图 8-14（a）。

②而当资本完全不流动（perfect capital immobility）时，比如利率提高 Δi，而净资本流出为 0（流动受限），导致此时 $di/dNCO$ 趋向于 ∞，所以 BP 曲线为一条垂直线，见图 8-14（d）。

③图 8-14(b) 说明了资本相对流动性高（relative capital mobility）的情形，此时资本净流出 ΔNCO 相对于利率变化 Δi 反应敏感程度高，所以 $di/dNCO$ 反而较低，致使 BP 曲线较为平缓。

④而图 8-14（c）反映的是资本相对不流动（relative capital immobility）的情形，此时利率变化 Δi 致使较少的资本净流出 ΔNCO，因此 $di/dNCO$ 较大，也就是 BP 曲线较为陡峭。

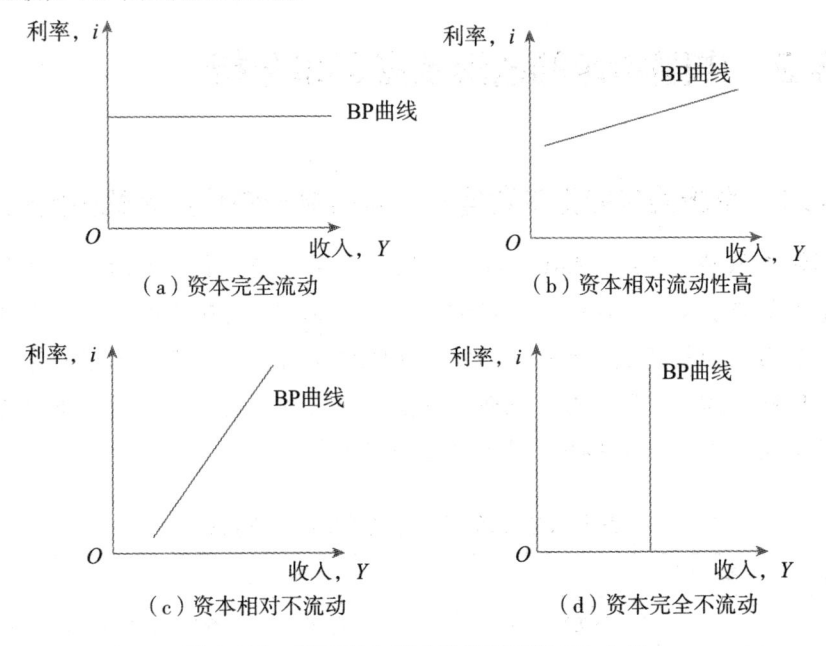

图 8-14　不同资本流动性情况下的 BP 曲线

5. 开放经济条件下的内外部均衡——IS、LM、BP 均衡模型

分析开放经济条件的经济政策最后需要 IS、LM 和 BP 曲线放置在同一个维度中，如图 8-15 所示。E 点为三条曲线的交汇点，此时产品市场、货币市场与国际收支同时实现均衡，对应的总收入水平为 Y_e，利率为 i_e。

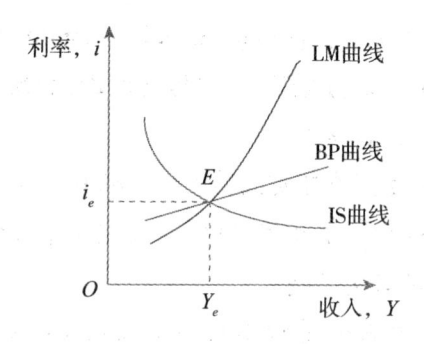

图 8-15　产品市场、货币市场与国际收支三者同时均衡

8.2　中国特定的国际金融环境分析

8.2.1　中国的实际汇率制度——实行单一钉住美元的固定汇率制

国际货币基金组织（IMF）对我国的汇率制度进行了初步判断，基本认为是固定汇率制度（表 8-11）。所谓的固定汇率制度，是国家间货币采用固定兑换比率进行交换的制度。我国早期实施传统固定钉住，后来汇率浮动范围稍微偏大，转向了爬行钉住、稳定安排、其他管理安排等类型。对于汇率制度的阐述参见附录 2 "2009 年 IMF 汇率制度归类体系"。

表 8-11　IMF 对中国汇率制度的判断

年　份	类　型	特　征
2003 年	传统固定钉住	与某种货币（如美元）或货币篮子（SDR）维持固定汇率，但允许即期汇率围绕中间汇率以不大于 ±1% 或在最大和最小即期汇率值之差不超过 2% 的幅度内波动。持续期长于 6 个月
2004 年		
2005 年		
2006 年		
2007 年	爬行钉住	中间汇率可按固定速率小幅调整，或根据某些指标（如国别间通胀率之差）调整。调整规则要事前公布无（或极小）波动区间
2008 年	稳定安排	汇率稳定下来后，在至少 6 个月内使其变化幅度不超过某个 2% 的区间，且经验证据显示，稳定是政府干预的结果
2009 年		

续表

年份	类型	特征
2010年	类似爬行	中间汇率可升值或贬值,但在至少6个月内即期汇率对中间汇率的波动区间不超过2%
2011年		
2012年		
2013年		
2014年		
2015年	其他管理安排	
2016年	稳定安排	
2017年	类似爬行	
2018年	其他管理安排	当汇率安排不符合任何其他类别的标准时使用。以经常改变政策为特点的安排可能属于其他管理安排
2019年		
2020年	类似爬行	

数据来源:国际货币基金组织(International Monetary Fund,IMF)。

回望过去,从1998年亚洲金融危机到2005年7月21日中国汇改,中国实施的是传统钉住美元的固定汇率制度(100美元兑827元人民币),见图8-16。"7.21"汇率改革之后,人民币兑美元的汇率一次性升值2%。但是,余永定(2017)认为上述说法并不成立,汇率改革后实施的是"爬行钉住美元"的汇率制度。2008年8月—2010年6月,为应对美国次贷金融危机,中国又暂时恢复"钉住美元"的固定汇率。2010年6月之后人民币兑美元再次升值。2012年4月,中国人民银行决定人民币兑美元汇率波动区间由0.5%扩大至1%;到了2014年3月,中国人民银行决定进一步将浮动区间扩大至2%。2015年8月11日的汇率改革强调中间价报价要参考前一天收盘价。2016年2月,中国人民银行又推出了"收盘汇率+一篮子货币汇率变化"的人民币兑美元汇率中间价形成机制,2017年2月将中间价对一篮子货币的参考时段由24小时调整为15小时;同年5月,中国外汇交易中心在人民币兑美元汇率中间价报价模型中引入"逆周期因子",人民币兑美元中间价由"前一交易日收盘价+一篮子货币汇率变化+逆周期因子"三者共同决定。

综上所述,我们可以将中国的汇率制度总结为固定汇率制度更多一点。

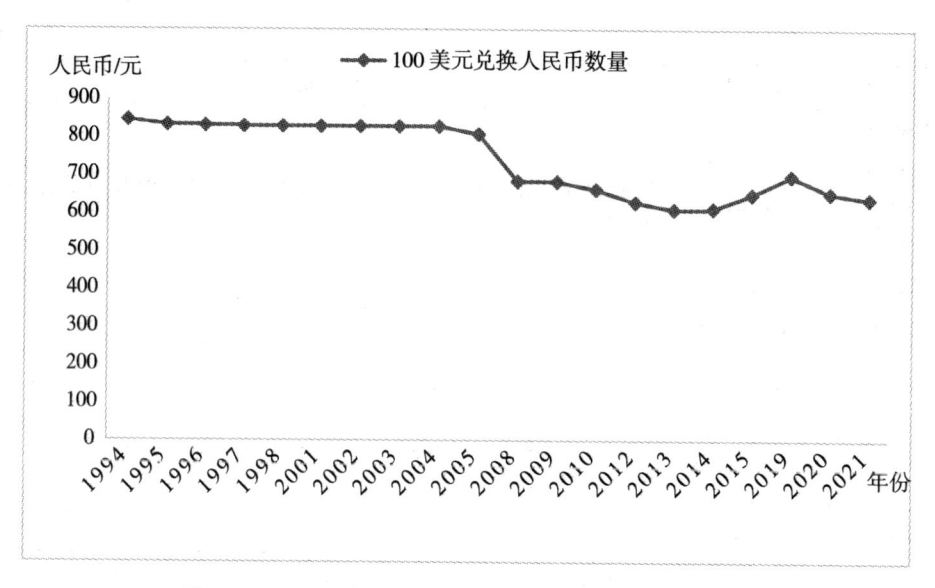

图 8-16　1994 年至 2021 年人民币兑美元汇率中间价

8.2.2　中国的资本流动状态——资本完全不流动状态

中国资本账户的开放受到严格管制，使得国际投机资本对国内货币和金融资产的冲击非常有限。因此，我们在分析时可以假定中国流动性接近于资本完全不流动状态。根据国际货币基金组织每年发布的《汇率安排和外汇管制年报》（*Annual Report on Exchange Arrangements and Exchange Restrictions*, AREAER）（见附录 2），将资本与金融账户管制科目分为 13 个大类，包括资本市场、货币市场工具、集体投资证券、衍生工具及其他工具、商业信贷、金融信贷、担保、直接投资、直接投资清算、房地产交易、私人资本流动、针对商业银行和其他信贷机构的规定、针对机构投资者的规定。报告显示，除商业信贷外，中国对其他各子项目都存在管制，相比之下，美国、加拿大、丹麦、荷兰等发达国家平均仅存在 2～3 项管制项目（谢富胜 等，2021）。管制措施的具体手段包括各种机构严格的审批限制，投资主体的资质认定审批，投资范围、投资规模受限，外汇汇回要求等，以防范资本外逃和保护幼稚的金融部门。具体的管制措施见附录 3 "中国汇率安排和外汇管制"。

8.2.3 资本完全不流动、固定汇率制度下的开放经济内外部均衡调节

中国的资本市场倾向于资本完全不流动，所以 BP 曲线为一条垂直线，也就是说外部均衡仅仅由经常项目的贸易余额决定。货币市场的 LM 曲线与产品市场的 IS 曲线相交于 A 点。其中，BP 曲线也通过 A 点，见图 8-17。

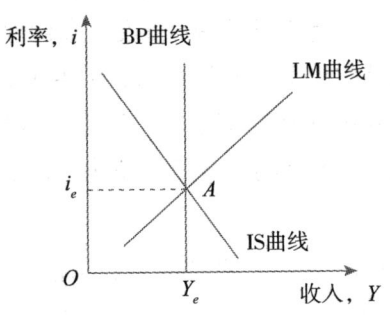

图 8-17 资本完全不流动、固定汇率制度下的开放经济内外部均衡模型

8.2.4 外部冲击下内外部均衡的曲线移动

蒙代尔 - 弗莱明模型的关键在于国际收支不平衡时不同汇率制度和不同资本流动自由程度下的汇率和货币调节变动问题（姜波克，2021）。

在固定汇率制度下，汇率 e 不变；在浮动汇率制度下，货币供给 Ms 不变。为了维持固定汇率水平 e，中央银行会在国际收支不平衡时在外汇市场中购入或卖出外国货币进行调节，导致 LM 曲线移动。由于固定汇率制度下，汇率为固定水平 e，不能改变，因此均衡组织 i 和 Y（IS 曲线与 LM 曲线的交点）必然在 BP 曲线之上。

8.3 固定汇率制度、资本完全不流动情况下开放经济的宏观经济政策

8.3.1 固定汇率制度、资本完全不流动条件下财政政策的影响

如图 8-18 所示，初始内外部均衡点在 Y_0 和 i_0，财政政策的政府支出 G 增

加或者减税推动产品市场的 IS 曲线向右移动，本国收入水平和利率水平上升至 Y_1 和 i_1。由于收入的增加，进口也增加，导致经常项目的净出口减少；同时由于资本与金融项目被严格管制，即使利率上升至 i_1，资本进入中国货币市场受严格管控，短期内资本与金融项目资金流入接近于零，因此财政政策导致收入水平增加 ΔY，导致了净进口增加 ΔM，对外汇需求增大。为维持外汇稳定，中国人民银行需要向外汇市场出售外汇，购入本币，导致官方储备交易（ORT）赤字，本国货币供给减少。货币供给减少致使 LM 曲线向上移动。这个过程一直延续新 LM' 曲线，此时产出水平恢复至 Y_0，利率为 i_2。因此，在资本完全不流动条件下，扩大政府支出导致利率上升，挤出同等数量私人投资。所以说，在资本完全不流动、固定汇率制的开放经济情境下，财政政策对于刺激收入和就业方面无效。

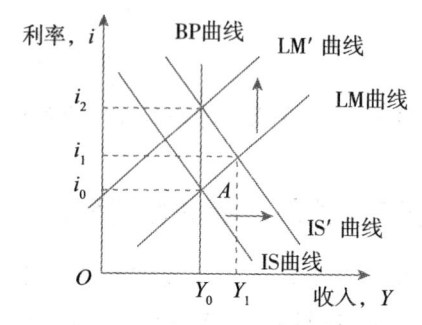

图 8-18　固定汇率制度、资本完全不流动假定下财政政策的作用

8.3.2　固定汇率制度、资本完全不流动条件下货币政策的影响

如图 8-19 所示，宽松的货币政策推动 LM 曲线向下移动，致使 IS 曲线与 LM 曲线产生新的均衡点 B，收入水平增加至 Y_1，利率水平下降至 i_1。此时，内部均衡点 B 在 BP 曲线的右侧，说明国际收支（BOP）存在赤字的情形，致使本国货币存在贬值的压力。为维持固定汇率水平 e，中国人民银行需要在外汇市场上抛售外币，买入本币。货币供给量减少，又将推动 LM 曲线向上移动。这一过程会一直持续至 IS 曲线和 LM 曲线又与 BP 曲线相交时为止。因此，在固定汇率制、资本完全不流动的情况下，货币政策在影响收入水平方面是无效的，除非一国降低对维系固定汇率制度的承诺。

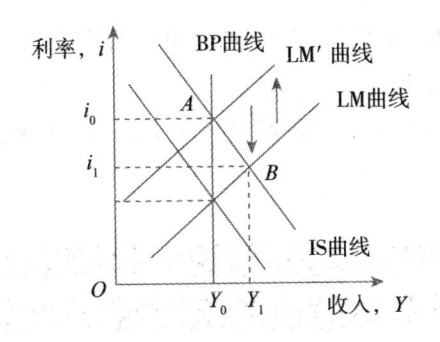

图 8-19 固定汇率制度、资本完全不流动假定下货币政策的作用

8.3.3 人民币贬值情况下的影响

如图 8-20，在资本完全不流动情况下，初始均衡点为 Y_0 和 i_0。而人民币贬值致使 BP 曲线向右移动至 BP'。人民币贬值会影响本国的经常项目，而在资本完全不流动情况下，短期资本流动被抑制，现在国际收支将会出现盈余。所以，同样的利率水平会使出口增加和进口减少，收入水平增加，因此新的 BP' 曲线将会在原来 BP 曲线的右方。

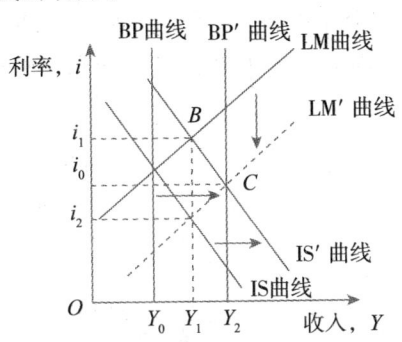

图 8-20 固定汇率制度、资本完全不流动假定下的人民币贬值情况

此外，由于人民币贬值，出口增加，进口减少，本国总产出水平增加，因此 IS 曲线向右移动至 IS'。此时，IS' 曲线与 LM 曲线的内部均衡点为 B，产出水平为 Y_1，利率上升至 i_1。内部均衡点 B 位于 BP' 曲线的左侧，说明中国人民银行的官方储备交易（ORT）产生盈余，也就是国际收支（BOP）为盈余状态。

此时，人民币有升值压力。中国人民银行为保持固定汇率水平，必须购买外汇，释放出人民币存量，导致扩大了人民币供给，LM 曲线向下移动，直至到达新的 LM' 曲线，IS' 曲线与 LM' 曲线、BP' 曲线共同收敛于点 C，最终利率水平为 i_2，收入水平为 Y_2。

因此，在固定汇率制度的开放经济环境下，人民币贬值将提高产出水平。

8.4 使用内外均衡理论分析我国应对 2008 年全球金融危机的宏观经济政策及其效果

8.4.1 不干预情况下美国次贷危机对中国经济的影响

首先，美国次贷危机主要影响我国的出口项目。美国次贷危机引发美国经济乃至全球经济衰退，对中国的出口产生严重不利影响。2007 年，由于美国和欧洲的进口需求下滑，我国出口增速明显下降，2007 年 2 月，中国大陆月度出口增长率为 51.6%，可是到了 2007 年 12 月中国大陆月度出口增长率为 21.7%，出口增速不到原来的一半。因此，美国次贷危机造成我国出口增长放缓，如图 8-21，将引起产品市场的 IS 曲线向左移动至新的 IS' 曲线，此时 IS' 曲线与 LM 曲线的内部均衡点为 B，内部产出水平为 Y_1，利率水平降至 i_1。

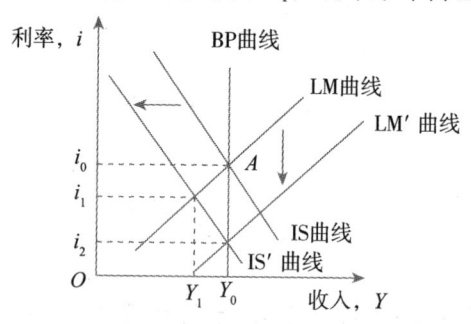

图 8-21 不干预情况下美国次贷危机对我国经济的影响

由于内部均衡点 B 位于 BP 曲线左侧，所以国际收支（BOP）水平为盈余，中国人民银行为保持固定利率水平，将在外汇市场上购买外汇增加官方储备，同时释放出人民币存量。增加的货币供给导致 LM 曲线向下移动，直至新的 LM' 曲线与新的 IS' 曲线再次相交于 BP 曲线之上。此时，利率水平下降至 i_2，总产出水平为 Y_0。

8.4.2 我国的政策干预措施

我国并没有实施人民币贬值的外汇政策，见图 8-22。从图上看，我国人民币汇率一直保持稳定，从 2008 年至 2010 年，人民币汇率一直保持在 100 美元兑换 682 人民币的水平上固定不变。甚至到 2011 年，人民币还进行了升值。所以可以假定 BP 曲线是一条固定不动的垂直线，见图 8-23。

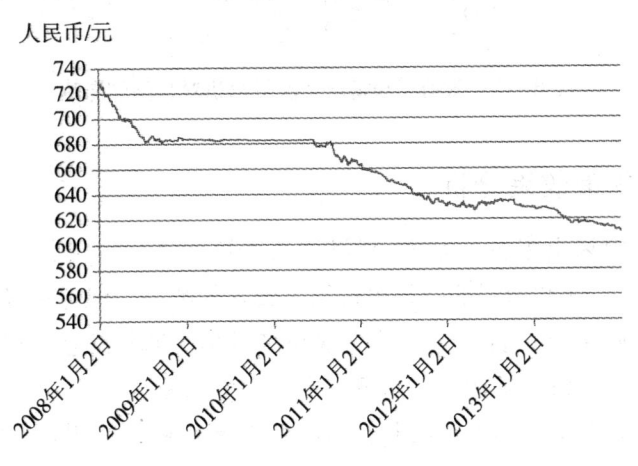

图 8-22　2008—2013 年 100 美元兑换人民币走势图

首先，实施积极的财政政策。中央政府扩大政府购买，如 2009 年预算赤字 9500 亿，减税 7000 亿，导致 IS' 曲线向右移动至 IS''，见图 8-23。其次，实施宽松的货币政策，利率大幅下调，银行存款利率从 4.14% 降至 2.25%，大幅度放松信贷额度，2009 年放贷 9.59 万亿，导致 LM 曲线大幅度向下移动至 LM''。此时，IS'' 曲线与 LM'' 曲线相交于 C 点，此时内部均衡利率为 i_2，产出水平为 Y_2。由于 C 点位于 BP 曲线的右侧，此时国际收支（BOP）将出现赤字。为保持固定汇率水平，中国人民银行将释放官方储备，以避免本币贬值，因此会引起中国的人民币供给减少，LM'' 将上升至 LM'''，此时产出水平为 Y_0。

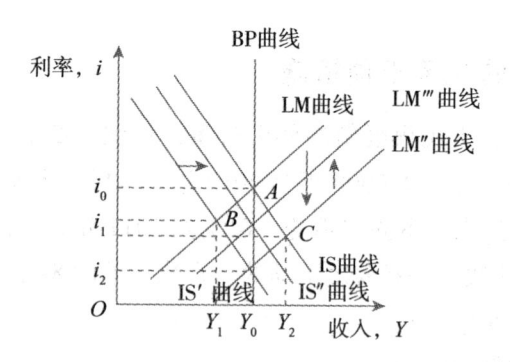

图 8-23　政府干预情况下次贷危机对我国的影响

8.4.3　政策效果分析

从政策的效果上来看，保 8% 经济增长率目标完全实现了，实际经济增长达到了 9.2%，失业和通缩的问题也得到了较好的解决，但还有以下几点问题。

（1）货币政策过于宽松，导致出现经济过热、通货膨胀，产能严重过剩，该淘汰的落后产能没有被淘汰，房地产市场产生泡沫。

（2）由于固定汇率制度的限制，不可避免货币紧缩，国际收支账户（BOP）出现赤字，因为内部均衡点 C 位于 BP 曲线的右侧，2012 年第 2 季度、第 3 季度出现前所未有的国际收支账户赤字 118 亿美元和 3 亿美元（图 8-24）。

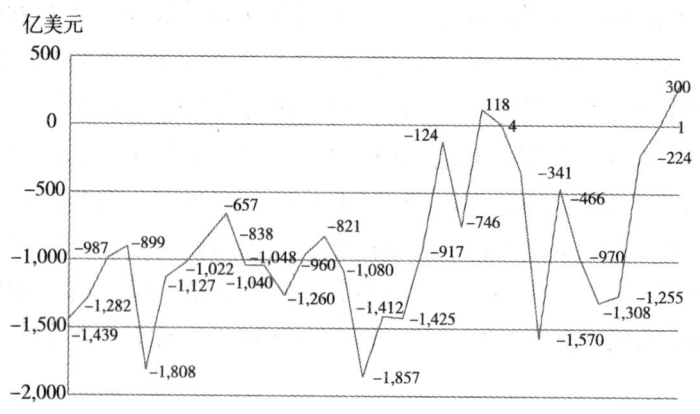

图 8-24　储备资产变动额

（3）固定汇率制度下，资本完全不流动的状态下，可能不进行政策干预是一种更好的选择，见图 8-21。这种情况下，产能并没有扩充，通货膨胀也较温和，也没有出现政府购买挤出私人投资的状态。

第9章 结论

与以往研究不同，本书关注货币政策影响下的企业现金流风险。

本书首先说明了实现宽松货币政策的缘由，以及宽松货币政策为什么会可能对企业现金流状况有不良影响，并用财务报表分析方法加以说明。接下来，笔者又从宽松货币政策的目标与企业目标的角度出发，解释了导致这种状况的根本原因，以及对就业、市场格局的长期影响。

本书还对相关问题进行了实证检验，研究发现，宽松的货币政策有利于企业现金流状况的好转。而如果利用宽松货币政策进行大规模投资和负债融资，则抵消了宽松货币政策对于现金流状况的积极作用。当货币政策方向转为紧缩时，宽松货币政策引发的投资和负债融资具有调整的滞后性和不可逆转性。所以当货币政策转为紧缩的时候，投资和负债对于现金流状况的不良影响继续存在，而这时紧缩的货币政策是不利于现金流状况的改善的，这二者的结合显示了紧缩的货币政策对于现金流状况的不良影响作用更大。货币政策对企业现金流风险的影响，也体现了传统货币经济学的货币政策的不对称理论，即相对于宽松货币政策，紧缩货币政策对于经济作用更为强烈。

另外，实行宽松货币政策在以投资拉动经济增长的同时，必然会导致物价水平不断上涨的不良后果。为改变通胀预期，紧缩货币政策不可避免。而我国幅员辽阔，各地金融市场化程度不一，使得紧缩的货币政策影响并不均衡，其中市场化程度高的经济发达地区受到冲击较大，该地区的上市公司贷款额下降比例更大。而我国经济民营与国有二元泾渭分明的特征，加上银行对于民营企业的信贷歧视，使得民营企业在紧缩货币政策当中所受负面影响较大，也就是说贷款下降幅度更为剧烈。而发达地区的民营企业受到紧缩货币政策的冲击是高市场化程度和民营经济的二元属性特征的累加。这也说明了为什么在2011年紧缩货币政策时首先出现问题的是浙江、江苏一带的民营企业，也可以解释"国进民退"这种现象的缘由。

参考文献

[1] ABEL A B, EBERLY J C. A unified nodel of investment under uncertainty [J]. The American Economic Review, 1994, 84(5):1369-1384.

[2] ALESII G. VaR in real options analysis[J]. Review of Financial Economics, 2005, 14(3-4):189-208.

[3] ALESII G. Controlling CFaR with real options: a univariate case study[J] . The ICFAI Journal of Financial Risk Management, 2006, 3 (3): 57-93.

[4] ALLAYANNIS G, WESTON J. The use of foreign currency derivatives and firm market value[J]. Review of Financial Studies, 2001, 14(1):243-276.

[5] ALLEN F, QIAN J, QIAN M. Law, finance and economic growth in china[J], Journal of Financial Economics , 2005, 77(1):57-116.

[6] ALTMAN E. Financial Ratios, discriminant analysis and the prediction of corporate bankruptcy [J].The Journal of Finance, 1968, 23(4):589-609.

[7] ALTMAN E. Multidimensional graphics and bankruptcy prediction: a comment [J]. Journal of Accounting Research, 1983, 21 (1):297-299.

[8] ALTMAN E I. Corporate financial distress and bankruptcy[M] . John Wiley & Sons, 1983b.

[9] ALTMAN E, HALDEMAN R, NARAYANAN P. Zeta analysisi: a new model to identify bankruptcy risk of corporation [J]. Journal of Banking and Finance, 1977, 1(1):29-54.

[10] ALTMAN E, MCGOUGH T. Evaluation of a company as a going concern [J]. Journal of Accountancy, 1974, 138(6):50-57.

[11] ARICCIA G, GARIBALDI P. Bank lending and interest rate changes in a dynamic matching model[R]. IMF working paper(June), 1998.

[12] ARROW K. What has economics to say about racial discrimination [J]. Journal of Economic Perspectives, 1998, 12 (2), 91-100.

[13] AZIZ A, EMANUEL D, LAWSON G. Bankruptcy prediction- an investigation of cash flow based models [J]. Journal of Management Studies, 1988, 25(5):419-437.

[14] BACK B, LAITINEN T, SERE K, ET AL. Choosing bankruptcy predictors:using discriminant analysis, analysis, and genetic algorithms [C]. Turku Centre for Computer Science Technical Report, 1996 September, 40:1-17

[15] BAE K, KANG J, LIM W. The value of durable bank relationships: evidence from Korean banking shocks [J]. Journal of Financial Economics, 2002, 64(2):181-214.

[16] BAIN K, HOWELLS P. Monetary economics policy and its theoretical basis (second edition) [M]. 北京：清华大学出版社，2013.

[17] BALL R, FOSTER G. Corporate financial reporting: a methodological review of empirical research [J]. Journal of Accounting Research, 1982, 20(supplement):161-234.

[18] BARON R M, KENNY D A. The moderator-mediator variable distinction in social psychological research: Conceptual, strategic, and statistical considerations [J].Journal of Personality and Social Psychology, 1986, 51(6):1173-1182.

[19] BEAUDRY P, CAGLAYAN M, Schiantarelli F. Monetary instability, the predictability of prices, and the allocation of investment: an empirical investigation using U. K. Panel Data[J]. The American Economic Review, 2001 (91): 648-662.

[20] BEAVER W. Financial ratios as predictors of failure [J].Journal of Accounting, 1966, 4(supplement): 77-111.

[21] Berle A, Means G. The modern corporation and private property [M]. New York: Macmillan, 1932.

[22] BERNANKE B. Alternative explanations of the money-income correlation [C]. Carnegie-Rochester Conference Series on Public Policy, 1986, 25: 49-99.

[23] BERNANKE B. Credit in the macroeconomy[J]. Federal Reserve Bank of New York, Quarterly Review, 1993,50-70.

[24] BERNANKE B, BLINDER A. Credit, money, and aggregate demand [J], American Economic Review, 1988, 78(2):435- 391.

[25] BERNANKE B, BLINDER A. The federal funds rate and the channels of monetary transmission [J], American Economic Review, 1992, 82(4):903- 211.

[26] BERNANKE B, GERTLER M. Inside the black box: the credit channel of monetary policy transmission [J], Journal of Economic Perspectives, 1995, 9 (4): 27-48.

[27] BOOTH L，CLEARY S. 现金流波动、财务宽松度和投资决策[J]. 中国金融评论，2008，2(1):1-24.

[28] BRANDT L, LI H B. Bank discrimination in transition economies: ideology, information, or incentives?[J]. Journal of Comparative Economics, 2003, 31, 387-413.

[29] CAMPA J M, MÍNGUEZ J M G. Differences in exchange rate pass-through in the Euroarea [J]. European Economic Review, 2006(50):121-145.

[30] CARLINO G, DEFINA R. The differential regional effects of monetary policy: evidence from the U. S. [J]. Journal of Regional Science, 1999, 39: 339 - 358.

[31] CASEY C, BARTCZAK N. Cash flow-it's not the bottom line [J]. Harvard business

Review, 1984, 62(4):48-54.

[32] CASEY C, BARTCZAK N. Using operating cash flow data to predict financial distress: some extensions [J]. Journal of Accounting Research, 1985, 23(1):384-401.

[33] CASEY C, MCGEE V, STICKNEY C. Discriminating between reorganized and liquidated firms in bankruptcy [J]. The Accounting Review, 1986, 61(2):249-262.

[34] CECCHETTI S. Distinguishing theories of the monetary transmission mechanism[J]. Federal Reserve Bank of St. Louis, 1995, Review 77, 83-97.

[35] CHAGANTI R S, MAHAJAN V, SHARMA S. Corporate board size, composition and corporate failures in retailing industry [J]. Journal of Management Studies, 1985, 22 (4): 400-417.

[36] CLEARY S. International corporate investment and the relationships between financial constraint measures, forthcoming[J]. Journal of Banking and Finance, 2006, 30(5): 1559-1580.

[37] CONYON M, MURPHY K. The prince and the pauper? CEO pay in the U. S. and the U. K. [J]. Economic Journal, 2000, 110:640-671.

[38] CUSTODIO D O. Real exchange rate risk, expectation, and the level of direct investment [J]. Review of Economics and Statistics, 1985(32):297-308.

[39] CUSTODIO C, FERREIRA M A, RAPOSO C. Cash holdings and business conditions [R]. ISCTE Business School, 2005.

[40] DAILY C M, DALTON D R. Corporate governance and the bankrupt firm: an empirical assessment [J]. Strategic Management Journal, 1994, 15(8): 643-654.

[41] DEAKIN E. A discriminant analysis of predictors of business failure [J].Journal of Accounting Research, 1972, 10(1):167-179.

[42] DIETRICH R. Discussion of methodological issues related to the estimation of financial distress prediction models [J]. Journal of Accounting Research, 1984, 22(Supplement): 83-86.

[43] DORNBUSCH R , FAVERO C, GIAVAZZI F. Immediate challenges for the European Central Bank [J]. Economic Policy, 1998, 13(26):15 - 64.

[44] EMERY G, COGGER K. The measurement of liquidity [J]. Journal of Accounting Research, 1982, 20(2): 290-303.

[45] FAFCHAMOS M. Ethnicity and credit in African manufacturing [J]. Journal of Development Economics, 2000, 61 (1), 205-235.

[46] FROOT K A, STEIN J C. Exchange rates and foreign direct investment: an imperfect capital market approach [J]. Quarterly Journal of Economics. 1991, 106 (4): 1191-1217.

[47] FROOT K, SCHARFSTEIN D, STEIN J. Risk management coordinating corporate

investment and financing policies[J]. Journal of Finance, 1993,48(5):1629-1658.

[48] FRYDMAN R, GRAY C, HESSEL M, et al. The limits of discipline: ownership and hard budget constraints in the transition economies [J]. Economics of transition, 2000, 8(3), 577-601.

[49] Gabriel S, Baker C. Concept of business and financial risk [J]. American Journal of Agricultural Economics, 1980, 3, 560-564.

[50] GAIOTTI E, GENERALE A. Does monetary policy have asymmetric effects? a look at the investment decisions of italian firms [J]. Working Paper, 2001, European Central Bank.

[51] GENTRY J, NEWBOLD P, WHITFORD D. Classifying bankrupt firms with funds flow components [J]. Journal of Accounting Research, 1985a, 23(1):146-160.

[52] GENTRY J, NEWBOLD P, WHITFORD D. Predicting bankruptcy: if cash flow's not the bottom line, what is? [J]. Financial Analysts Journal, 1985b, 41(5):47-56.

[53] GECZY C, MINTON B, SCHRAND C. Why firms use currency derivatives[J]. Journal of Finance, 1997, 52(4):1323-1354.

[54] GHOSH S, SENSARMA R. Does monetary policy matter for corporate governance? firm-level evidence from India [J]. Advances in Financial Economics,2004, (9):327 - 353

[55] GUYEN P. Macroeconomic factors and Japan's industry risk [J]. Journal of Multinational Financial Management, 2006, (8):173-185.

[56] HAN S, QIU J. Corporate precautionary cash holdings[J]. Journal of Corporate Finance, 2007, 13(1):43-57.

[57] HAWKINS D. Toward an old theory of equity valuation [J]. Financial Analysts Journal, 1977, 33(6):48-53.

[58] HART O. Firm, contracts, and Financial Structure [M]. London: Oxford University Press, 1995.

[59] HELFERT A. Techniques in financial analysis (5th ed.) [M]. Homewood: Rcichard III D. Irwin, 1982.

[60] HICKMAN W B. Corporate bond quality and investor experience [M]. Princeton, N.J.: Princeton University Press, 1958.

[61] HIGGINS R C, SCHALL L D. Corporate bankruptcy and conglomerate mergers[J]. Journal of Finance, 1975 (30):93-113.

[62] HU C X. Leverage, monetary policy, and firm investment [J]. FRBSF Economic Review, 1999, (2): 32-39.

[63] HU C X. Leverage, monetary policy, and firm investment[J]. Economic Review, 2000, 2: 32-39.

[64] HUBBARD G. Is there a credit channel for monetary policy? [J]. Review, Federal Reserve Bank of St. Louis, 1995, 77, 63–77.

[65] HUNG, WAKAYAMA D. How does cash flow volatility affect cost of debt and corporate earning management? [J]. Computational Intelligence Methods and Application, 2005(1): 1–4.

[66] JAYARAMAN S. Earnings volatility, cash flow volatility, and informed trading[J]. Journal of Accounting Research, 2008, 46(4):810–854.

[67] JENSEN M. Agency costs of free cash flow, corporate finance and takeovers [J]. American Economic Review, 1986, 76: 323–329

[68] JENSEN M, MECKLING W. Theory of the firm: managerial behavior, agency costs, and capital structure [J]. Journal of Financial Economics, 1976, 3: 305–360.

[69] JENSEN M C. Agency costs and free cash flow, corporate finance and takeovers[J]. American Economic Review, 1986, 76, 659–665.

[70] JIMéNEZ G, SAURINA J. Credit cycles, credit risk and prudential regulation [J]. International Journal of Central Banking, 2006, June: 65–98.

[71] JIN Q L, CHEN P. Earnings management over business cycle [R]. Hong Kong University of Science and Technology, working paper, 2005.

[72] JO H, HAN I, LEE H. Bankruptcy prediction using case-based reasoning, neural networks, and discriminate analysis [J]. Expert Systems with Applications, 1997, 13 (2):97–108.

[73] JOY M, TOLLEFSON J. On the financial applications of discriminant analysis [J]. Journal of Financial and Quantitative Analysis, 1975, 10(5):723–739.

[74] KASHYAP A, STEIN J, WILCOX D. Monetary policy and credit conditions: evidence from the composition of external finance[J]. The American Economic Review, 1993, 83 (1):78–98.

[75] KENT C, D'ARCY P. Cyclical prudence-credit cycles in australia[J]. BIS Papers, 2001, (1):58–90.

[76] KLEIN A, MARQUARDT C A. Fundamentals of accounting losses [J].The Accounting Review, 2006, 81(1): 179–206.

[77] KORAJCZYK R, LEVY A. Capital structure choice: macroeconomic conditions and financial constraints. [J].Journal of Financial Economics, 2003(68): 75–109.

[78] KUHN T S. The structure of scientific revolutions [M]. Chicago: University of Chicago Press, 1970.

[79] LAU A. A five-state financial distress prediction model [J].Journal of Accounting Research, 1987, 25 (1):127–137.

[80] LAWSON G. Accounting for financial management: some tentative proposal for a new blueprint[M]//SHORE R. (Ed.) Oxford, Blackwell, 1971.

[81] MACKINNON D P, WARSI G, DWYER J H. A simulation study of mediated effect measures[J]. Multivariate Behavioral Research, 1995, 30 (1): 41-62.

[82] MEARS P. Discussion of financial ratios as predictors of failure[J].Journal of Accounting Research, 1966, 4(Supplement): 119-122.

[83] MINTON B, SCHRAND C. The impact of cash flow volatility on discretionary investment and the costs of debt and equity financing[J]. Journal of Financial Economics, 1999, 54(3):423-460.

[84] MOJON B, SMETS F, VERMEULEN P. Investment and monetary policy in the Euro area[J]. Journal of Banking and Finance, 2002, (26): 2111-2129.

[85] MORIARITY S. Communicating financial information through multidimensional graphics [J]. Journal of Accounting Research, 1979, 17(1):205-223.

[86] MOYER C. Forecasting financial failure: a re-examination [J]. Financial Management, 1977, 6(1):11-17.

[87] M, D C. The effects of conglomerate mergers: a survey of the empirical evidence [J]. Journal of Banking and Finance, 1977, (4):315-347.

[88] MULLER G, BARKER V. Upper echelons and board characteristics of turnaround and nonturnaround declining firms [J]. Journal of Business Research, 1997, 39(2): 119-132.

[89] MUNDELL R A. A theory of optimum currency areas[J]. American Economic Review, 1961(51):509-517.

[90] NGUYEN P. Macroeconomic factors and Japan's industry risk [J]. Journal of Multinational Financial Management, 2006(8):173-185.

[91] ODOM M, SHARDA R. Neural networks mjodel for bankruptcy prediction[C]. Proceedings of the IEEE International Conference on Neural Network, 1990, 2:163-168.

[92] OHLSON J. Financial ratios and the probabilistic prediction of bankruptcy [J].Journal of Accounting Research, 1980, 18(1):109-131.

[93] OLINER S, RUDEBUSCH D. Is there a broad credit channel of monetary policy? [J]. FRBSF Economic Review, 1996 (1):21-26.

[94] OWYANG M T, WALL H J. Structural breaks and regional disparities in the transmission of monetary policy[J]. Federal Reserve Bank of St. Louis, 2004. Working Papers, 2003-008.

[95] PEDERZOLI C ,TORRICELLI C. Capital requirements and business cycle regimes : forward - looking modelling of default probabilities[J]. Journal of Banking and Finance, 2005 (29):3121-3140.

[96] PESARAN M H, SCHUERMANN T, TREUTLER B, et al. Macroeconomic dynamics and credit risk: a global perspective[J]. Journal of Money, Credit and Banking, 2006, 38(5):1211-1261.

[97] RICHARDSON S. Overinvestment of free cash flow[J]. Review of Accounting Studies, 2006 (11): 159-189.

[98] ROUNTREE B, WESTON J, ALLAYANNIS G. Do investors value smooth performance?[J]. Journal of Financial Economics, 2008 (90): 237-251.

[99] SAUNDERS A, STROCK E, TRAVLOS N. Ownership structure, deregulation, and bank risk taking [J].Journal of Finance, 1990, 45(2), 643-654.

[100] SCORDIS N, BARRESE J, WAND P. The impact of cash flow volatility on systematic risk[J]. Journal of Insurance Issues, 2008, 31(1): 43-71.

[101] SHIMKO D. Cash before value [J]. Risk, 1998 (11): 45.

[102] SMITH R F, WINAKOR A H. Changes in the financial structure of unsuccessful corporations [M]. Urbana-Champaign: University of Illinois Bureau of Business Research, 1935.

[103] SIMPSON G, GLEASON A. Board structure, owner ship, and financial distress[J]. International Review of Economics and Finance, 1999,8(3): 281-292.

[104] SOBEL M E. Asymptotic confidence intervals for indirect effects in structural equation models [M].//LEINHARDT S. Sociological methodology. San Francisco: Jossey-Bass.

[105] STEIN J, USHER E, LA GATTUTA D, et al. Cash flow at risk and financial policy for electricity companies in the new world order [J]. The Electricity Journal, 2000 (12):15- 20.

[106] STULZ R M. Managerial discretion and optimal financing policies[J]. Journal of Financial Economics, 1990, 26, 3-27.

[107] TAYLOR J. The monetary transmission mechanism: an empirical framework [J]. Journal of Economic Perspectives, 1995, 9(4): 11 - 26.

[108] TAY F, SHEN L. Economic and financial prediction using rough sets model [J]. European Journal of Operational Research, 2002 (141): 641-659.

[109] TEOH, WELCHI, WONG T J. Earning management and the underperformance of seasoned equity offerings [J]. Journal of Financial Economies, 1998, 50: 63-99.

[110] TOBIN J. A general equilibrium approach to monetary theory[J]. Journal of Money, Credit and Banking, 1969, 1(1): 15-29.

[111] TUTTLE B, DILLARD J. Beyond competition: institutional isomorphism in U.S. accounting research [J]. Accounting Horizons, 2007, 21(4): 387-409.

[112] ZMIJEWSKI M. Methodological issues related to the estimation of financial distress prediction models [J].Journal of Accounting Research, 1984, 22(supplement):59-82.

[113] 曹德芳,赵希男,王宇星.基于董事会治理因素的财务危机预警模型的构建[J].东北大学学报(自然科学版),2007,28(9):1350-1353.

[114] 陈栋,陈运森.银行股权关联、货币政策变更与上市公司现金管理[J].金融研究,2012(12):122-136.

[115] 陈海强,韩乾,吴锴.现金流波动、盈利稳定性与公司价值——基于沪深上市公司的实证研究[J].金融研究,2012,(9):181-194.

[116] 陈静.上市公司财务恶化预测的实证分析[J].会计研究,1999(4):31-38.

[117] 陈鹄飞.货币政策与最优融资选择——一个基于公司治理因素视角的研究[J].经济管理,2010,32(2):123-130.

[118] 陈三毛.汇率制度分类理论述评[J].世界经济,2007,30(1):89-96.

[119] 陈霜,喻泓颖.行政审批制度改革驶入"快车道"[N].台州商报,2013-08-29(2).

[120] 陈晓,陈治鸿.中国上市公司的财务困境预测[J].中国会计与财务研究,2000,2(3):55-92.

[121] 陈艳.经济危机、货币政策与企业投资行为——基于中国上市公司数据[J].经济与管理研究,2012(11):88-94.

[122] 陈志斌,刘静.金融危机背景下企业现金流运行中的政策影响研究[J].会计研究,2010(4):42-49.

[123] 陈志斌,张文忠,陈志红.企业现金流断流与华尔街投资银行危机——基于贝尔斯登破产的案例研究[J].审计与经济研究,2010,25(5):54-60.

[124] 崔建军.货币政策十大理论问题辨析[J].中央财经大学学报,2004(5):19-25.

[125] 崔淑萍.财政政策的选择与微观效应传导[J].商业经济,2007(1):80

-81.

[126] 戴根有. 中国央行公开市场业务操作实践和经验 [J]. 金融研究, 2003 (1): 55-65.

[127] 戴觅, 余淼杰. 企业出口前研发投入、出口及生产率进步——来自中国制造业企业的证据 [J]. 经济学（季刊）, 2012, 11 (1): 211-230.

[128] 樊纲, 王小鲁. 中国市场化指数——各地区市场化相对进程 2004 年度报告 [M]. 北京: 经济科学出版社, 2004:5.

[129] 樊纲, 王小鲁, 朱恒鹏. 中国市场化指数——各地区市场化相对进程 2011 年报告 [M]. 北京: 经济科学出版社, 2011:280-282.

[130] 方军雄. 所有制、制度环境与信贷资金配置 [J]. 经济研究, 2007, 42 (12): 82-92.

[131] 高波, 王辉龙. 长三角房地产价格波动与居民消费的实证分析 [J]. 产业经济研究, 2011 (1): 1-10.

[132] 龚光明, 孟澌. 货币政策调整、融资约束与公司投资 [J]. 经济与管理研究, 2012, (1): 95-104.

[133] 高鸿业.《就业、利息和货币通论》译者导读 [M]. 北京: 商务印书馆, 2002.

[134] 龚献明. 工业项目审批提速: 从 200 天到 38 天 [N]. 义乌商报, 2013-11-11 (1).

[135] 郭建强, 王冬梅. 转型时期企业投资的两维度环境分析 [J]. 经济问题, 2008 (6): 13-16.

[136] 郭万超, 辛向阳. 轻松学经济——300 个核心经济术语趣解 [M]. 北京: 对外经济贸易大学出版社, 2005: 324-325.

[137] 何丹. 现代企业集团现金流风险预警体系的构建 [J]. 财会月刊（综合）2005 (8): 52-53.

[138] 侯新颜. 货币政策对上市公司信贷融资影响的实证分析 [J]. 统计与决策, 2012, 28 (15): 163-165.

[139] 黄新建, 王小容, 邹海峰. 货币政策、地区差异与信贷融资——来自中国上市公司的实证研究 [J]. 技术经济, 2010, 29 (6): 102-106.

[140] 何靖. 信贷配给、流动性冲击和民营企业现金持有 [J]. 南方经济, 2011 (9): 57-72.

[141] 胡列曲. 汇率制度分类述评 [J]. 当代财经, 2007 (11): 123-128.

[142] 黄薇，任若恩. 主流汇率制度分类方法及相关争论 [J]. 国际金融研究，2010（3）：83-94.

[143] 中国人民银行货币政策司. 公开市场业务概述 [EB/OL]. （2013-11-29）[2021-08-16]. http://www.pbc.gov.cn/zhengcehuobisi/125207/125213/125431/125463/2881199/index.html

[144] 焦瑾璞，孙天琦，刘向耘. 货币政策执行效果的地区差别分析 [J]. 金融研究，2006（3）：1-15.

[145] 姜付秀，张敏，陆正飞，等. 管理者过度自信、企业扩张与财务困境 [J]. 经济研究，2009，44（1）：131-143.

[146] 姜国华，饶品贵. 宏观经济政策与微观企业行为——拓展会计与财务研究新领域［J］. 会计研究，2011（3）：9-18.

[147] 姜国华，王汉生. 财务报表分析与上市公司 ST 预测的研究 [J]. 审计研究，2004（6）：60-63.

[148] 江伟，李斌. 金融发展与企业债务融资 [J]. 中国会计评论，2006（2）：255-276.

[149] 姜波克. 国际金融新编 [M]. 上海：复旦大学出版社，2021.

[150] 凯恩斯. 就业、利息和货币通论 [M]. 高鸿业，译. 上海：商务印书馆，1936.

[151] 柯冬梅. 最优货币区理论及其对中国货币政策的借鉴 [J]. 中央财经大学学报，2001（1）：28-32.

[152] 李斌. 中国货币政策有效性的实证研究 [J]. 金融研究，2001（7）：10-17.

[153] 李秉成，祝正芳. 我国货币政策对企业财务困境的影响研究 [J]. 中南财经政法大学学报，2013（5）：96-101.

[154] 李娟. 浙江转型阵痛：9 个月消亡企业 2.5 万家 [N]. 第一财经日报，2011-12-23（A06）.

[155] 李万福，林斌，林东杰. 内部控制能有效规避财务困境吗？[J]. 财经研究，2012，38（1）：124-134.

[156] 李焰，陈才东，姜付秀. 集团化运作与企业财务风险——基于中国上市集团公司的经验证据 [J]. 中国会计评论，2008（4）：385-404.

[157] 李增泉，余谦，王晓坤. 掏空、支持与并购重组来自我国上市公司的经验证据 [J]. 经济研究，2005，（1）：95-105.

[158] 李志军，王善平. 货币政策、信息披露质量与公司债务融资 [J]. 会计研究，2011，（10）：56-62.

[159] 梁莱歆，谢芳春，王文芝. 结构方程在确定现金流风险指标权重问题中的

应用 [J]. 统计与决策，2007（17）:134-135.

[160] 林毅夫，李志赟. 政策性负担、道德风险与预算软约束 [J]. 经济研究，2004，39（2）:17-27.

[161] 刘宝发. 在险现金流及其风险度量方法探讨 [J]. 统计与决策，2009，25（7）:151-152.

[162] 刘斌. 货币政策冲击的识别及我国货币政策有效性的实证分析 [J]. 金融研究，2001（7）:1-9.

[163] 刘红霞. 企业现金流风险识别研究 [J]. 中央财经大学学报，2005（6）:71-75，80.

[164] 刘金霞，韩立岩. 基于Bootstrap仿真的广义Pareto现金流风险分析 [J]. 北京理工大学学报，2010，30（3）:374-378.

[165] 刘金霞，韩立岩. 中国非金融行业上市公司现金流风险研究 [J]. 数理统计与管理，2011，30（4）:714-723.

[166] 刘胜军. 高利贷与货币政策 [N]. 第一财经日报，2011-10-18（A07）.

[167] 刘志兵. 房地产企业现金流问题研究 [J]. 建筑经济，2006（SI）:137-139.

[168] 卢峰，姚洋. 金融压抑下的法治、金融发展和经济增长 [J]. 中国社会科学，2004（1）:42-55.

[169] 陆正飞，祝继高，樊铮. 银根紧缩、信贷歧视与民营上市公司投资者利益损失 [J]. 金融研究，2009（8）:124-136.

[170] 娄静，韩立岩，刘金霞. 中国非金融上市公司经营风险现金流研究 [J]. 系统工程学报，2009，24（5）:538-545.

[171] 雒敏，聂文忠. 财政政策、货币政策与企业资本结构动态调整——基于我国上市公司的经验证据 [J]. 经济科学，2012（5）:18-32.

[172] 雒敏，苏文兵，聂文忠. 宏观经济政策与公司资本结构动态调整路径研究——基于我国上市公司的经验证据 [J]. 南京社会科学，2013（11）:14-20.

[173] 吕剑. 人民币汇率变动对国内物价传递效应的实证分析 [J]. 国际金融研究，2007（8）:53-61.

[174] 吕峻，李梓房. 宏观经济因素对企业财务危机影响的实证分析 [J]. 山西财经大学学报，2008，30（11）:94-100.

[175] 马奇，麦克伊沃. 怎样做文献综述——六步走向成功 [M]. 上海：上海教育出版社，2011.

[176] 曼昆. 经济学原理（宏观经济学分册）：第五版 [M]. 北京：北京大学出版社，2009.

[177] 米什金. 货币金融学 [M]. 北京：中国人民大学出版社，2011.

[178] 宁宇新, 薛芬. 房地产上市公司投资效率研究——基于2008—2009年货币政策调控背景的分析 [J]. 山西财经大学学报，2012，34（S3）：68-70.

[179] 潘锡泉, 郭福春. 升值背景下人民币汇率、FDI与经济增长动态时变效应研究 [J]. 世界经济研究，2012（6）：24-29.

[180] 彭方平, 王少平. 我国利率政策的微观效应——基于动态面板数据模型研究 [J]. 管理世界，2007（1）：24-29.

[181] 亓燕. 集团公司现金流风险分析及管理策略 [J]. 商业经济，2011（1）：60-61.

[182] 钱燕. 货币政策与公司投资研究——基于微观企业动态面板数据模型 [J]. 经济与管理，2013，27（1）：37-43.

[183] 饶品贵, 姜国华. 货币政策信贷传导机制——基于商业信用与企业产权性质的证据 [D]，广州：暨南大学，2010.

[184] 饶品贵, 姜国华. 货币政策波动、银行信贷与会计稳健性 [J]. 金融研究，2011（3）：51-71.

[185] 中国人民银行南京分行调查统计处. 2007年1季度江苏省银行家问卷调查分析 [J]. 金融纵横，2007（6）：38-39.

[186] 盛松成, 张璇. 什么是存款准备金管理 [J]. 中国金融，2014（9）：13-15.

[187] 宋旺, 钟正生. 我国货币政策区域效应的存在性及原因——基于最优货币区理论的分析 [J]. 经济研究，2006，41（3）：46-58.

[188] 孙天琦. 货币政策：统一性前提下部分内容的区域差别化研究 [J]. 金融研究，2004（5）：1-19.

[189] 孙铮, 刘凤委, 李增泉. 市场化程度、政府干预与企业债务期限结构——来自我国上市公司的经验证据 [J]. 经济研究，2005，40（5）：52-63.

[190] 谢富胜, 匡晓璐, 李直. 发展中国家金融化与中国的抵御探索 [J]. 经济理论与经济管理，2021，41（8）：29-42.

[191] 王春峰, 周敏, 房振明. 上市公司现金流风险管理研究最新进展 [J]. 证券市场导报，2009（7）：45-50.

[192] 王海慧. 经济运行加快 通胀预期增强——江苏省2007年二季度企业家、银行家、居民问卷调查综合分析 [J]. 金融纵横，2007（14）：9-11.

[193] 王克敏, 姬美光, 赵沫. 宏观经济环境、公司治理与财务困境研究 [J]. 经

济与管理研究，2006（9）：18-25.

[194] 王敏.高利贷危机本质上是信息问题[N]. 21世纪经济报道，2011-10-17（014）.

[195] 王屹峰.杭州探索建立行政审批资源共享库[N].都市快报，2013-01-30（A04）.

[196] 王先柱，刘洪玉.货币政策、实际控制人类型和房地产上市公司现金持有水平变化[J].当代经济科学，2011，33（5）：66-73.

[197] 王雪标，王志强.财政政策、金融政策与协整分析[M].大连：东北财经大学出版社，2001.

[198] 王振山，王志强.我国货币政策传导途径的实证研究[J].财经问题研究，2000（12）：60-63.

[199] 王宗军，李红侠.上市公司治理因素与财务困境关系的实证研究[J].管理学报，2007，4（6）：803-814.

[200] 吴国鼎，姜国华，于鸿君.人民币汇率变动对企业雇佣的影响——来自企业层面的证据[C]// 北京大学光华管理学院.首届"宏观经济政策与微观企业行为"学术研讨会论文集.北京：[出版者不详]，2012.

[201] 吴世农，卢贤义.我国上市公司财务困境的预测模型研究[J].经济研究，2001（6）:46-55.

[202] 温忠麟，张雷，侯杰泰，等.中介效应检验程序及其应用[J].心理学报，2004，36（5）:614-620.

[203] 向德伟.运用"Z"记分法评价上市公司经营风险的实证研究[J].会计研究，2002（11）:53-57.

[204] 肖贤辉，谢赤.宏观经济因素对企业财务困境风险的影响[J].湘潭大学学报（哲学社会科学版），2012，36（4）:88-93.

[205] 谢赤，赵亦军.基于面板数据CFaR模型的现金流风险研究——以中国上市公司为例的考虑风险因子分布特征的实证分析[J].湘潭大学学报（哲学社会科学版），2013，37（3）:10-16.

[206] 徐杰.民间借贷链频断 或引爆"温州式"金融风暴[N/OL].每日经济新闻，2011-09-08[2021-10-08]. http://www.nbd.com.cn/articles/2011-09-08/594831.html.

[207] 徐奇渊.人民币汇率对CPI的传递效应分析[J].管理世界，2012(1):59-66.

[208] 宣扬.货币政策冲击、债务保守与公司融投资[J].南方经济，2012

（10）:102-114.

[209] 闫立良.周小川：货币政策要实现四大目标间的平衡[N].证券日报，2010-12-10（D01）.

[210] 叶兵.货币政策调节投资规模的理论分析与实证研究[D].成都：西南财经大学，2007.

[211] 叶康涛，祝继高.银根紧缩与信贷资源配置[J].管理世界，2009（1）:22-28.

[212] 应惟伟.经济周期对企业投资影响的实证研究——基于投资现金流敏感性视角[J].财政研究，2008（5）:30-34.

[213] 余永定.汇率预期、资本流动和中国汇率制度改革之道[J].清华金融评论，2017（9）:21-24.

[214] 张鸣，张艳.财务困境预测的实证研究与评述[J].财经研究，2001，27（12）:29-35.

[215] 张西征，刘志远.货币政策调整如何影响中国商业银行信贷资金分配——来自微观公司数据的研究发现[J].财贸经济，2011，32（8）:59-67.

[216] 张西征，刘志远，王静.货币政策影响公司投资的双重效应研究[J].管理科学，2012，25（5）:108-119.

[217] 张遥，章苒.宗庆后代表：希望一瓶娃哈哈别再审批两三个月[N/OL].（2013-03-11）[2021-09-20].https://www.chinaneus.com cn/cj/2013/03-11/4632045.shtml.

[218] 浙江卫视.聚焦行政审批改革[N/OL].浙江新闻联播，2013-04-02.

[219] 赵亦军，谢赤.基于CFaR模型的现金流风险对企业价值影响研究[J].湖南社会科学，2013（4）:154-158.

[220] http://www.cztv.com/s/2010/zjnews/replay/2013/04/2013-04-023812231.htm

[221] 曾爱民，傅元略，魏志华.金融危机冲击、财务柔性储备和企业融资行为——来自中国上市公司的经验证据[J].金融研究，2011（10）:155-169.

[222] 曾海舰，苏冬蔚.信贷政策与公司资本结构[J].世界经济，2010（8）:17-42.

[223] 张卫平，王一鸣.汇率制度的分类、国别分布及历史演进[J].国际金融研究，2007（5）:54-60.

[224] 钟艳.中小企业现金流风险：识别、评估与防范[J].广西大学学报（哲学社会科学版），2007，29（2）:24-27.

[225] 中国人民银行调查统计司.银行家信心指数回升银行业景气指数创新高——2006年第4季度全国银行家问卷调查报告[R/OL].2006-12-20）

[2021-09-25].http://www.pbc.gov.cn/eportal/fileoir/history-file/files/att-17305-1.pdf.

[226] http://www.pbc.gov.cn/history_file/files/att_11062_1.pdf

[227] 中国人民银行办公厅.银行家信心指数小幅回升银行业景气状况良好——2007年第4季度全国银行家问卷调查报告[R/OL].2007 a，1-5.

[228] http://www.pbc.gov.cn/history_file/files/att_17562_1.pdf

[229] 中国人民银行办公厅.银行家信心指数继续回落，银行业景气状况良好——2007年第3季度全国银行家问卷调查报告[R/OL].2007 b，1-5.

[230] http://www.pbc.gov.cn/history_file/files/att_17501_1.pdf

[231] 中国人民银行调查统计司.金融统计分析报告（2009年第一季度）[M].北京：中国金融出版社，2009 a:36.

[232] 中国人民银行办公厅.银行家经济下行风险意识增强 银行业景气指数略有回升——2008年第3季度全国银行家问卷调查报告[R/OL].2008，1-4.

[233] http://www.pbc.gov.cn/history_file/files/att_17778_1.pdf

[234] 中国人民银行调查统计司.金融统计分析报告（2008年第四季度）[M].北京：中国金融出版社，2009.

[235] 中国人民银行调查统计司.金融统计分析报告（2008年第三季度）[M].北京：中国金融出版社，2009.

[236] 周敏，王春峰，房振明.基于VaR的现金流风险度量模型研究[J].管理科学，2008，21（6）：104-112.

[237] 周英章，蒋振声.货币渠道、信用渠道与货币政策有效性——中国1993—2001年的实证分析和政策含义[J].金融研究，2002（9），34-43.

[238] 周小川.当前研究和完善货币政策传导机制应关注的几个问题[N].金融时报，2004-4-14.

[239] 周小川.我国货币政策多目标制是符合转轨国情的[N].金融时报，2009-12-23（T01）.

[240] 朱茶芬，李志文.国家控股对会计稳健性的影响研究[J].会计研究，2008（5）：38-45.

[241] 朱兆珍，董小红.中小企业现金流风险问题探讨[J].郑州航空工业管理学院学报，2013，31（3）：66-68.

[242] 祝继高，陆正飞.货币政策、企业成长与现金持有水平变化[J].管理世界，2009（3）：152-158.

附录 1 紧缩货币政策数据来源

附表 1-1 为第 7 章所采用紧缩货币政策数据的来源，为手工整理的"银行家对货币政策感受指数"、来源于中国人民银行的《中国货币政策执行报告》以及利用《全国银行家问卷调查报告》对其进行修正过程。

附表 1-1 银行家对货币政策感受指数

单位：%

年 份	季 度	过 松	偏 松	适 度	偏 紧	过 紧	看不准
2004	q1	0.3	11.3	64.7	22.5	0.5	0.7
	q2	0.2	7.2	40.1	50.1	1.9	0.4
	q3	0.4	4.1	48.7	45	1.3	0.5
	q4	0.2	5	61.4	32.5	0.5	0.5
2005	q1	0.2	6	71.3	21.6	0.4	0.5
	q2	0.2	5.8	70	23.1	0.4	0.5
	q3	0.2	6.4	75.6	17.2	0.2	0.5
	q4	0.2	8	77.4	13.9	0.1	0.5
2006	q1	0.2	9	81	9.4	0.1	0.3
	q2	0.6	18.5	68.9	11.5	0	0.6
	q3	0.3	14.8	57	27	0.3	0.5
	q4		4.5(7)	63	32.5(1)		
2007	q1		21.77(15)	68(15)(61.29)	16.94(15)		
	q2		16.0(7)	55.8	28.2(3)		
	q3		13.6(7)	49.7	36.7(2)		

续表

年份	季度	过松	偏松	适度	偏紧	过紧	看不准
2007	q4		8.5(7)	37.5	54.0		
2008	q1		5.9(7)	31.7	62.4		
	q2		2.7(7)	31.2	66.1		
	q3		2.3(7)	33.4(5)	64.3(6)		
	q4		18.9(4)	56.6	24.0		
2009	q1		45.1	50.0	4.9(8)		
	q2		49	47.6	3.4(8)		
	q3		39.3	55.9	4.8(8)		
	q4		26.6	66.4	7(8)		
2010	q1		14.8	60.5	24.7(8)		
	q2			57.9			
	q3			69.4			
	q4			52.4			
2011	q1		(2.46)⑫	39.4(34.43)⑫	(63.11)⑫		
	q2		(2.45)⑬	35.6(35.96)⑬	(61.59)⑬		
	q3		(3.05)⑬	35.7(37.8)⑬	(59.15)⑬		
	q4		(0.82)⑭	42.7(32.79)⑭	(66.39)⑭		
2012	q1		3.6(9)	59.3	37.1(9)		
	q2		6.7⑩	67.9	25.4⑩		
	q3			72.5			
	q4		5.9⑪	75	19.1⑪		

数据来源：没有上标的数据直接引自中国人民银行网上下载的2004年第1季度—2012年第4季度《全国银行家问卷调查报告》。

（1）《2006 年第 4 季度全国银行家问卷调查报告》第 2 页显示，2006 年第 4 季度……持"偏紧"看法的银行家占比仍在逐季增加，第 4 季度较年初已累计上升 18.6 个百分点……（中国人民银行调查统计司，2006），因此 2006 年第 4 季度"偏紧"看法比例为 2005 年年末"偏紧"数额 13.9+18.6=32.5。

（2）《2007 年第 4 季度全国银行家问卷调查报告》第 3 页显示，……而银行家判断货币政策"偏紧"的比例则在上季较大幅上涨的基础上再次提高 17.3 个百分点，达到 54.0% 的历史新高……（中国人民银行办公厅，2007a），可推断 2007 年第 3 季度"偏紧"的比例比 2007 年第 4 季度"偏紧"数据小 17.3 个百分点，为 54.0－17.3=36.7。

（3）《2007 年第 3 季度全国银行家问卷调查报告》第 2 页显示，……而银行家判断货币政策"偏紧"的比例，则比上季度提高 8.5 个百分点……（中国人民银行办公厅，2007b），则说明 2007 年第 2 季度的"偏紧"比例比 2007 年第 3 季度的小 8.5 个百分点，即 36.7-8.5=28.2。

（4）中国人民银行调查统计司（2009a）刊印的《2009 年第一季度银行家问卷调查综述》认为，2009 年第一季度货币政策"宽松"的银行家比例为 45.1%（调查以来最高），比上季度大幅度提高 26.2 个百分点，则可推测 2008 年第 4 季度认为货币政策"宽松"的百分点为 45.1-26.2=18.9。

（5）根据中国人民银行办公厅（2008）的数据，2008 年第 3 季度货币政策感受指数（选择货币政策"适度"的银行家占比）回升，达 44.9%；另外，从中国人民银行调查统计司（2009b）《2008 年第 4 季度银行家问卷调查综述》描述第 4 季度调查认为，货币政策适度的银行家占比为 56.6%，比上季度大幅度提高 23.2 个百分点，因此可倒推出 2008 年第 3 季度选择货币政策"适度"的银行家百分点为 56.6-23.2=33.4，两者数据相互矛盾，见附表 1-2。

附表 1-2 2008 年第 3 季度"适度"比例——两种不同信息来源数据相互矛盾

季　度	中国人民银行办公厅（2008）	中国人民银行调查统计司（2009b）	二者比较
2008 年第 3 季度	44.9	56.6-23.2=33.4	数据不一致
2008 年第 4 季度		56.6	

那到底是选择 44.9 还是 33.4 呢？首先，中国人民银行调查统计司（2009c）的《2008 年第三季度银行家问卷调查综述》描述，本季度调查中，认为目前货

币政策"过紧"或"过松"的银行家占比达64.2%，也就意味着2008年第3季度"适度"的比例不会超过35.8%；其次，中国人民银行调查统计司（2009c）的《2008年第3季度银行家问卷调查综述》描述，银行家对下季度货币政策预期产生了较大变化。调查中，44.9%的银行家认为下季度货币政策将转为"适度"，比上季度大幅度提高13.6个百分点，这里的44.9、13.6个百分点两个与中国人民银行办公厅（2008）的44.9、13.7个百分点极度相似，可以有理由认为，中国人民银行办公厅（2008）误将下季度的预测值当作当季的调查数据。所以笔者认为，中国人民银行调查统计司（2009b）描述更为可信，2008年第3季度"适度"的百分点应该为33.4。

（6）依据中国人民银行调查统计司（2009b）《2008年第4季度银行家问卷调查综述》叙述，货币政策"偏紧"的银行家占比24.0%，较上季度大幅下降40.3个百分点，所以可以倒推出2008年第3季度认为货币政策"偏紧"的银行家百分点为24.0+40.3=60.3。

（7）从2006年第3季度开始，披露的全国银行家问卷调查报告数据只有"偏松""适度""偏紧"三个选项；且由2004年第1季度—2006年第3季度的全国银行家问卷调查报告可知，"看不准"的比例大多不到1%，因此我们认为从2006年第3季度—2008年第2季度的"偏松"数额≈100−适度−偏紧，计算结果见表格。

（8）同理，2008年第4季度—2010年第1季度的"偏紧"数额≈100−适度−偏松。

（9）《2012年第1季度全国银行家问卷调查报告》显示，对下季货币政策，21.3%的银行家预期货币政策将"趋松"，较本季提高17.7个百分点，所以判断本季货币政策"偏松"的百分点为21.3−17.7=3.6，倒挤出选择"偏紧"的比例为100−59.3−3.6=37.1。

（10）《2012年第2季度全国银行家问卷调查报告》显示，对下季货币政策，32.4%的银行家预期货币政策将"趋松"，较本季提高25.7个百分点，因此本季度"偏松"观点银行家百分点为32.4−25.7=6.7，倒挤出"偏紧"的百分点为=100−6.7−67.9=25.4。

（11）《2012年第4季度全国银行家问卷调查报告》显示，对下季度，19.8%的银行家预期货币政策将"趋松"，较本季判断提高13.9个百分点，所以本季"偏松"的百分点为19.8−13.9=5.9，"偏紧"的百分点为100−5.9−75=19.1。

（12）因《2011年第1季度全国银行家问卷调查报告》并没有披露该季的"偏松"或"偏紧"的比例数据，我们只好采用《2011年第1季度浙江省银行家调查分析》相关数据进行替代。浙江省该季有34.43%的银行家认为当前货币政策适当，64.11%的银行家认为货币政策"偏紧"，括号内为浙江省数据。

（13）同样《2011年第3季度全国银行家问卷调查报告》也没有公布全国银行家对当季货币政策"偏松"或"偏紧"的观点，我们拟采用《2011年第3季度辽宁省企业家、银行家、居民调查综合分析》相关数据进行替代，其中本季度银行家对货币政策感受适度的占比为37.8%，比上季度上升2.44个百分点，所以2011年第3季度"适度"的百分点为37.8，2011年第2季度"适度"的百分点为37.8-2.44=35.96。……认为政策"偏紧"的占比为59.15%，比上季度下降2.44个百分点……，所以2011年第3季度"偏紧"百分点为59.15%，2011年第2季度"偏紧"的百分点等于59.15+2.44=61.59。此外，本书利用"偏松"=100-适度-偏紧的公式，计算出2011年第3季度的"偏松"百分点为100-37.8-59.15=3.05；2011年2季度"偏松"比例=100-35.96-61.59=2.45。

（14）因为《2008年第3季度全国银行家问卷调查报告》没有公布该季度"偏松"或"偏紧"的银行家观点数据，本书采用由《2012年第1季度浙江省银行家问卷调查分析》相关描述倒推出的数据进行替代。……据第1季度银行家问卷调查显示，认为当前货币政策偏紧的银行家占比为37.7%，在上季度占比降低10.66个百分点的基础上，本季度继续下降28.69个百分点，降幅较大……所以2012年第1季度"偏紧"的比例为37.7；2011年第4季度"偏紧"的百分点等于37.7+28.69=66.39；2011年第3季度"偏紧"的百分点为66.39+10.66=77.05。此外，根据描述"……调查发现多数银行家明确表示当前货币政策总体适度，占比59.84%，较前一季度大幅上升27.05个百分点……"我们可得2011年第4季度认为货币政策适度的百分点等于59.84%。最后利用公式，算出2011年第4季度"偏松"的百分点为100 - 32.79 - 66.39=0.82。（附表1-3）

附表1-3　2011年第4季度相应数值推算过程

季　度	偏　松	适　度	偏　紧
2011年第4季度	0.82	59.84-27.05=32.79	37.7+28.69=66.39
2012年第1季度		59.84	37.7

（15）2007年第1季度"偏紧"指标缺失。对此，叶康涛等（2009）将2006年第4季度和2007年第2季度的"偏紧"指标取平均，作为2007年第1季度的值。与此不同，本书采用江苏省2007年第1季度的"偏紧"指标进行替代。自王海慧（2007）文中描述，从二季度各项问卷调查结果来看，银行家对货币政策偏紧的感受增强，有32.26%的银行家认为货币政策偏紧，分别比上季度显著提高了15.32个百分点，所以2007年第2季度"偏紧"的百分点为32.26，2007年第1季度"偏紧"的百分点为32.26-15.32=16.94。此外，按照中国人民银行南京分行调查统计处（2007）叙述，一季度，认为货币政策"适度"的银行家占被调查银行家总数的61.29%。由此可得2007年第1季度"偏松"的百分点等于100－偏紧－适度为100－16.94－61.29=21.77（附表1-4）。

附表1-4 2007年第1季度相应数值推算过程

季　度	偏　松	适　度	偏　紧
2007年第1季度	21.77	61.29	32.26-15.32=16.94
2007年第2季度			32.26

附表1-5为经修正过的货币政策。

附表1-5 经修正过的货币政策

年份	季度	《中国人民银行货币政策执行报告》	偏松或过松	适　度	偏紧或过紧	修正后的货币政策	MPDUM1 宽松	MPDUM2 紧缩
2004	q1	稳健	11.6	64.7	23	稳健	0	0
	q2	适度从紧	7.4	40.1	52	适度从紧	0	1
	q3	稳健	4.5	48.7	46.3	适度从紧	0	1
	q4	稳健	5.2	61.4	33	适度从紧	0	1
2005	q1	稳健	6.2	71.3	22	稳健	0	0
	q2	稳健	6	70	23.5	稳健	0	0
	q3	稳健	6.6	75.6	17.4	稳健	0	0
	q4	稳健	8.2	77.4	14	稳健	0	0

附录1 紧缩货币政策数据来源

续 表

年份	季度	《中国人民银行货币政策执行报告》	偏松或过松	适 度	偏紧或过紧	修正后的货币政策	MPDUM1 宽松	MPDUM2 紧缩
2006	q1	稳健	9.2	81	9.5	稳健	0	0
	q2	稳健	19.1	68.9	11.5	稳健	0	0
	q3	稳健	15.1	57	27.3	稳健	0	0
	q4	稳健	4.5	63	32.5	稳中适度从紧	0	1
2007	q1	稳健	21.77	61.29	16.94	稳健	0	0
	q2	稳中适度从紧	16	55.8	28.2	稳中适度从紧	0	1
	q3	适度从紧	13.6	49.7	36.7	适度从紧	0	1
	q4	从紧	8.5	37.5	54	从紧	0	1
2008	q1	从紧	5.9	31.7	62.4	从紧	0	1
	q2	稳健	2.7	31.2	66.1	从紧	0	1
	q3	适度宽松	2.3	33.4	64.3	从紧	0	1
	q4	适度宽松	18.9	56.6	24	适度宽松	1	0
2009	q1	适度宽松	45.1	50	4.9	适度宽松	1	0
	q2	适度宽松	49	47.6	3.4	适度宽松	1	0
	q3	适度宽松	39.3	55.9	4.8	适度宽松	1	0
	q4	适度宽松	26.6	66.4	7	适度宽松	1	0
2010	q1	适度宽松	14.8	60.5	24.7	适度宽松	1	0
	q2	适度宽松		57.9		适度宽松	1	0
	q3	适度宽松		69.4		适度宽松	1	0
	q4	适度宽松		52.4		适度宽松	1	0
2011	q1	稳健	2.46	39.4（34.43）	63.11	从紧	0	1

续表

年份	季度	《中国人民银行货币政策执行报告》	偏松或过松	适 度	偏紧或过紧	修正后的货币政策	MPDUM1 宽松	MPDUM2 紧缩
2011	q2	稳健	2.45	35.6（35.96）	61.59	从紧	0	1
	q3	稳健	3.05	35.7（37.8）	59.15	从紧	0	1
	q4	稳健	0.82	42.7（32.79）	66.39	从紧	0	1
2012	q1	稳健	3.6	59.3	37.1	稳中适度从紧	0	1
	q2	稳健	6.7	67.9	25.4	稳健	0	0
	q3	稳健		72.5		稳健	0	0
	q4	稳健	5.9	75	19.1	稳健	0	0

附录2　2009年IMF汇率制度归类体系

附2.1　汇率与汇率制度

因为一般而言，每个国家都有自己的法定货币。一国发行本国货币视为国家主权。在国内使用本国的法定货币进行交易、进行债务清偿等事项通常是货币法或者中央银行法甚至宪法所规定的权利与义务。国际贸易在两国之间展开，因此产生了支付的问题。而汇率（exchange rate）指的是两个国家货币进行交换的比率，而亦可视为一个国家的货币对另一种货币的价值。具体是指一国货币与另一国货币的比率或比价，或者说是用一国货币表示的另一国货币的价格。

而汇率制度（exchange regime、exchange rate arrangement or exchange rate system），即一国中央银行或货币当局对确定、维持、管理本国汇率变动的基本方式作出的一系列安排或规定，包括对各国货币比价确定的原则和方式、货币比价变动的界限与调整手段以及维持货币比价所采取的措施等（黄薇等，2010）。

国际金融教科书中理论讨论的汇率制度通常划分为固定汇率和浮动汇率两类。固定汇率（pegged exchange rate）制度下，一国中央银行或货币当局通过外汇储备在外汇市场中对外汇兑换的名义汇率进行干预，使得外汇对价（汇率）不动或仅进行微小变动。浮动汇率（floating exchange rate）理论上指中央银行或货币当局不规定本国货币与他国货币的官方汇率对价，对汇率浮动不采用外汇储备进行干预，汇率的决定权交由外汇市场供需关系决定。

但是现实是纷繁复杂的，在这两种完全固定和自由浮动的两极中间，又细分了形形色色的中间汇率制度。因此黄薇等（2010）认为，汇率制度按其基本形式可划分为三大类：固定汇率制（或称为硬钉住）、中间汇率制（或称为软钉住）和浮动汇率制。

附2.2　法定分类与事实分类

国际货币基金组织的每个成员国都被要求申报其汇率制度（exchange rate regime，ERR）。这些信息每年都会被汇总并公布在 IMF 的年度报告中。成员国宣称的汇率制度被刻意贴上了法律或名义（de jure）汇率制度。许多研究人员指出，许多国家没有遵守他们声称的汇率制度。这一问题产生了对汇率制度新的分类要求，这种分类不是基于国际货币基金组织成员国的声明，而是基于各国货币当局的实际行为及其汇率变动情况。不久之后，国际货币基金组织也推出了自己的事实分类（de facto classification）（Habermeier et al.，2009）。

1999 年之前，IMF 主要根据名义（de jure）分类对各国的汇率制度的进行分类。所谓名义分类就是 IMF 根据成员国的中央银行或货币当局"声称"要做的事情，趋向固定汇率还是浮动汇率制度而进行分类。名义制度作为中央银行向公众传达信息的一种重要方式可能会影响到结果。如果名义上属于固定汇率制度，而后面观察到事实汇率是浮动的，违反承诺可能会产生负面后果。另一方面，如果名义是浮动汇率而事实上是固定汇率则并不违背其承诺。名义分类主要问题在于许多国家对汇率市场干预及汇率变动与之前宣告、声称的并不一致，表现为一些国家说自己为固定汇率制度，但是为了扩大出口，增加竞争力而进行频繁贬值，使名义汇率为固定汇率制，但实际表现更像是浮动汇率制。而新兴的发展中国家，惧怕国内金融市场竞争力弱、不完善而害怕浮动（fear of floating）。再有一些国家为抑制国内通货膨胀，树立货币信誉而采取事实上钉住美元的汇率政策。

事实汇率制度可以定义为一个国家的政府对其汇率制度干预而引起汇率变动的实际行动，不管前面它声称是什么。这通常与"害怕浮动"（fear of floating）有关，通常被视为中间汇率制度。两种极端（固定汇率和自由浮动汇率）并没有得到真正的支持，因为一个国家的实际（事实上）汇率制度往往与其法律上或官方宣布的政策不同，这引发了一个问题，即观察到的远离中间汇率制度的趋势是否一种谬误。问题的关键可以简单地认为，如果资本的自由流动表现良好，它们可以带来巨大的好处，但在现实世界中，它们可能会反常而带来极大的负面效果的。因此，政府有理由采取行动打击这种反常行为。

附2.3　IMF 汇率制度的事实分类制度

2009年，IMF 对汇率制度分类的修订并不代表对该体系的根本改革，而是寻求在保持连续性的同时加强该体系。特别是，被经济学专业广泛接受的硬汇率挂钩、软汇率挂钩和浮动汇率之间的区别被保留了下来。各类别的订正定义见下一节内容。

只要符合已观察到的政策和结果，就根据其名义或宣布的汇率安排（de jure or declared exchange rate arrangement）对国家进行分类。目前 IMF 正在系统地为国际货币基金组织的成员收集关于法律安排的资料，作为《汇率安排和外汇管制年报》（Annual Report on Exchange Arrangements and Exchange Restrictions，AREAER）工作的一部分。如果名义安排的描述至少可以在过去六个月里得到经验上的证实，而且名义安排（de jure arrangement）是对安排的最适当的描述，那么该国也可以说是在事实基础（de facto basis）上的分类。值得注意的是，硬钉住汇率（hard pegs）如货币局或正式美元化，总是而且只在名义上得到确认，就像传统钉住汇率（conventional fixed pegs）、爬行钉住（crawling pegs）和水平区间内的钉住汇率（pegged exchange rates within horizontal bands）一样（最后是一种非常具体的名义和事实上的安排，主要发现在最近新加入欧盟的国家中存在）。

但是，在一些国家，观察到的政策和结果与名义安排不一致。在这些情况下，有必要确定适当实际分类（de facto classification）。为了限制在这种情况下不可避免的可能引起的争议，IMF 已经简化和澄清了定义和基本标准。这个过程包括三个基本步骤（附图2-1）。

首先，根据实际安排对浮动（由市场决定的）与非浮动进行区分。

非浮动的事实安排被细分为两类：稳定安排（stabilized arrangement）和类似爬行（crawl-like）。这些类别又根据较容易确认的数量和质量标准加以界定。为了经济分析的许多目的，稳定安排可以被认为是类似钉住（peg-like）。

浮动类别分为自由浮动（free floating）和浮动（floating）两大类。其中自由浮动需要满足特定的定量和定性标准，从而进一步细化浮动类别。这一更改大大减少或消除了当前独立浮动（independent floats）和管理浮动（managed floats）之间固有的模糊性。

任何不属于这些类别的安排都被分类为其他有管理的安排（other managed arrangement），这是新的剩余类别。

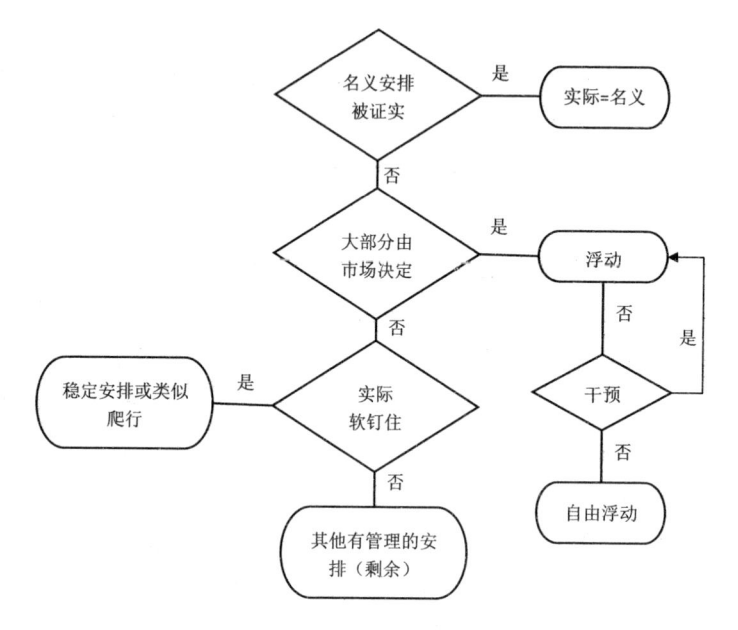

附图 2-1　IMF 汇率制度的归类过程

因此，在修改的事实分类方案中，最关键的决定是安排是否浮动。浮动汇率的标准是汇率在很大程度上由市场决定。观察到的汇率行为，加上国家当局（特别是干预）采取的货币和外汇政策行动的信息，使得在大多数情况下可以对汇率是主要由市场力量决定还是由官方政策行动决定作出判断。

如上所述，一旦一项事实汇率安排被认定为浮动，那么，如果在过去六个月里除了为解决无序的市场状况而进行有限的干预外，没有进行任何干预，那么它就可以进一步被界定为自由浮动。如果负责分类的国际货币基金组织工作人员没有足够的资料和数据来核实是否满足了这一标准，这种安排就被归类为浮动安排。因此，数据及其可获得性，而不是主观判断，在将一个国家划入自由浮动类别方面发挥着关键作用。

那些不被认为是浮动的事实上的安排通常是某种软钉住（soft peg）。如前所述，在订正的分类制度中，对名义安排（de jure arrangements）得到确认和名义安排与事实安排（de facto arrangements）存在差异的两种情形作了区分。后者（也就是名义安排与事实安排存在差异）被称为稳定安排或爬行式安排，以强调它们不一定需要政策承诺。这一术语旨在提供回顾汇率政策结果的描述（汇率在很大程度上不是由市场决定的，符合某些可验证的统计标准），同时消除对当局政策意图主观解释的需要。

如果软钉住的统计标准得到满足，就可以假定这种安排不是浮动的。经验表明，符合软钉住汇率统计标准的汇率通常是官方行动的结果，或者是因为经济只受到了小的冲击。为了对有关当局的政策行动性质作出判断，国际货币基金组织工作人员可能会要求提供具体信息，包括直接和间接干预、外汇市场周转率（包括即期和衍生品）、储备水平和货币构成、利率、公共企业和主权财富基金的外汇活动、债务构成和债务管理政策、足够可靠的宏观经济数据以及任何其他可能与某一特定情况相关的东西。与国家当局的磋商可发挥重要作用。在有疑问的情况下，统计分类标准仍然是决定性的。

不属于上述任何类别的安排都被归入其他管理安排的类别。这是一个新的剩余类别，截至 2008 年 4 月底，只有不到 10% 的国际货币基金组织成员国属于剩余这一类别。这一类别主要涵盖了实际和法律安排不同的国家，它们管理自己的汇率，但不是浮动的，并表现出频繁或不定期的政策变化。

事实分类应准确反映有关评估期间的政策结果。然而，与成员国当局的判断和磋商正被用来避免在边界案件的分类上出现虚假或"嘈杂"的变化。为此目的，通常的评估期最多可延长三个月。

"爬行带"（crawling band）的类别已被取消，因为在过去十年中，只有极少数国家采用了这种安排。

IMF2009 年修订的汇率制度归类方法还规定了处理异常值的标准。若要将其重新归类为灵活性较低的安排，国际货币基金组织工作人员将继续评估干预的程度和效果，并将考虑汇率缺乏波动是否因为缺乏市场冲击。然而，有必要更明确地允许无序市场或重新调整钉住汇率机制偶尔出现的峰值，以增强各国之间的可比性。特别是，它允许每个季度最多持续 5 天的峰值，并在 6 个月内重新调整一步，这将防止事实上的固定汇率被错误地归类为浮动汇率，即允许汇率在不经常的时间间隔内超出确定的范围波动。此外，IMF 正在使用数量指标来帮助确定是否存在最低的绝对和相对市场压力水平，以便根据观察到的汇率稳定情况对汇率政策作出结论。

附2.4 2009年IMF修订后汇率制度的各类别定义

1. 硬钉住

①无独立法定货币的汇率安排。无独立法定货币的汇率安排（Exchange arrangement with no separate legal tender）的类别涉及向该国当局确认的名义（de jure）汇率制度，将另一个国家的货币作为唯一的法定货币流通（正式美元化）。所谓名义汇率制度是指一国政府对其汇率制度的公开承诺为依据，也就是各国宣称的汇率制度为基础。美元化（dollarization）是指用美元来代替本国货币，意味着货币当局完全放弃对国内货币政策的控制。

值得注意的是，自2007年1月1日起，属于一个货币联盟（currency union）的国家的外汇安排，该联盟的成员使用同一种法定货币，按管理共同货币的安排分类。新的分类是基于共同货币的行为，而之前的分类是基于缺乏独立的法定货币。因此，这种分类只反映了定义的变化，而不是基于货币联盟或其成员的外汇安排或其他政策发生了实质性变化的判断。

②货币局制度。货币局制度（currency board arrangement）的类别涉及确认该国当局的名义汇率安排。货币局制度是一种货币制度，基于以固定汇率兑换特定外币的明确立法承诺，以及对发行当局的限制，以确保履行其法律义务。这意味着，国内货币将只针对外汇发行，其仍将完全由外国资产提供担保，从而消除了央行的传统职能，如货币控制和最后贷款人，并几乎没有留给自主制定货币政策的空间。依据货币局的银行规则的严格程度，货币局仍可提供一些灵活性。

2. 软钉住

①传统钉住安排。作为传统钉住安排（conventional pegged arrangement），该国正式（名义上）将其货币与另一种货币或一篮子货币以固定汇率挂钩，其中一篮子货币是由主要贸易或金融伙伴的货币形成的，权重反映了贸易、服务或资本流动的地理分布。锚定货币或篮子权重是公开的或向国际货币基金组织（IMF）报告的。国家当局随时准备通过直接干预（即通过在市场上出售或购买外汇）或间接干预（例如，通过与汇率有关的利率政策的使用，实施外汇法规，

行使道德劝说来限制外汇活动，或其他公共机构的干预）来维持固定汇率。没有人承诺永远保持汇率平价，但正式的安排必须在经验上得到证实，汇率可以围绕一个中间汇率在低于 ±1% 的窄幅度内波动，或者现货市场汇率的最大值和最小值必须在 2% 的窄幅度内波动，持续期至少 6 个月。

②稳定安排。稳定安排（stabilized arrangement）指的是现货市场汇率在 6 个月或更长时间内保持在 2% 的幅度内（指定数量的异常值或步骤调整除外），而且不是浮动汇率。对于单一货币或一篮子货币，如果使用统计技术确定或确认锚定货币或一篮子货币，就可以满足所需的稳定幅度。归类为稳定安排需要符合统计标准，并且由于官方行动（包括结构性市场僵化），汇率保持稳定。这种分类并不意味着国家当局作出政策承诺。

③爬行钉住。爬行钉住（crawling peg）的分类需要确认该国当局名义（de jure）汇率安排。货币按固定汇率或根据选定的量化指标的变化进行少量调整，如过去与主要贸易伙伴的通胀差异比较，或主要贸易伙伴的通胀目标与预期通胀之间的差异。可以设置爬行率以产生经通货膨胀调整的汇率变化（向后看），或设置为预先确定的固定汇率和低于预计的通货膨胀差额（向前看）。该安排的规则和参数是公开的或通知给 IMF 的。

④类似爬行安排。对于类似爬行安排（crawl-like arrangement）的类别，汇率必须在 6 个月或更长的时间内，相对于统计上确定的趋势保持在 2% 的窄幅度内（指定数量的异常值除外），汇率安排不能被认为是浮动的。通常，需要比稳定安排（stabilized arrangement）[类似盯住（peg-like）] 下允许的更大的最小变化率。然而，如果汇率以足够单调和连续的方式升值或贬值，则年化变动率至少为 1% 的安排将被认为是类似爬行的。

⑤在水平区间内钉住汇率。在水平区间内钉住汇率（pegged exchange rate within horizontal bands）的类别，涉及确认该国当局的名义汇率安排。货币价值按照固定的中间汇率保持在至少 ±1% 的波动幅度内，或者汇率的最大值和最小值之间的波动幅度超过 2%。它包括在欧洲货币体系（european monetary system，EMS）汇率机制（exchange rate mechanism，ERM）内的国家的安排，这些国家的汇率波动幅度大于 ±1%。该机制已于 1999 年 1 月 1 日由第二轮汇率机制（ERM II）取代。中央汇率和汇率区间的宽度是公开的或通知 IMF 的。

3. 浮动安排

①浮动。浮动汇率（floating exchange rate）在很大程度上是由市场决定的，

没有一个确定或可预测的汇率路径。特别是，如果汇率符合类似钉住（peg-like）或类似爬行（crawl-like）安排的统计标准，就会被列为类似盯住或类似爬行安排，除非很明显汇率的稳定不是官方行动的结果。外汇市场干预可以是直接的，也可以是间接的，其目的是缓和汇率的变动，防止汇率的不当波动，但针对特定汇率水平的政策是不符合浮动的。管理汇率的指标是广义的判断指标（例如，国际收支状况、国际储备、平行市场发展）。浮动安排可能会或多或少地表现出汇率波动，这取决于影响经济的冲击规模。

②自由浮动。浮动汇率可以被归为自由浮动（free floating）汇率，前提是只有在例外情况下才会进行干预，目的是解决无序的市场状况，而且当局提供的信息或数据证实，在过去6个月里，干预仅限于最多3次，每次干预持续时间不超过3个工作日。如果IMF工作人员无法获得所需的信息或数据，该安排将被归类为浮动安排（floating）。

4.剩余类别

剩余（residual）类别在汇率安排不符合任何其他类别的标准时使用，以经常改变政策为特点的安排可能属于其他有管理安排（other managed arrangement）。

附录 3　中国汇率安排和外汇管制

附 3.1　汇率制度

1. 分类——类似爬行汇率制度

中国官方保持法定的有管理的浮动汇率安排，以市场供求为基础，参考一篮子货币，在合理均衡的水平上保持人民币汇率稳定，维护中国经济和金融市场稳定。在银行间外汇市场，人民币兑换美元的交易价格的浮动区间是2%。也就是，在每个营业日，人民币兑换美元的交易价格在市场中可能会有一个区间，就是当天公布的中国外汇交易中心（CFETS）中间汇率的±2%。中国人民银行（PBC）宣布，根据外汇市场发展和经济金融形势，有序扩大人民币汇率中间价浮动区间。银行可以根据市场需求和自身的定价能力，确定人民币对其他货币的报价。现汇和现金的买卖价格不受限制，由市场供求决定（银发〔2014〕188号）。

以国际清算银行货币篮子和特别提款权货币篮子以及中国外汇交易中心（CFETS）人民币指数为基准，中国外汇交易中心（CFETS）发布汇率指数。自2020年7月以来，CFETS人民币指数持续走高，2020年下半年累计上涨3.8%。为确保CFETS货币篮子具有代表性，CFETS每年对人民币指数货币篮子进行评估，并根据需要调整货币构成和权重。2020年12月，CFETS采用考虑再出口因素的贸易加权方法，重新计算了人民币指数一篮子货币的权重。自2020年7月以来，人民币对CFETS指数中24种货币的一篮子货币汇率在2%的范围内呈现升值趋势，并于2020年12月进行了一次调整。因此，事实汇率制度从其他管理被重新分类为类似爬行制度（crawl-like arrangement），并于2020年7月31日生效。

2. 官方汇率

中国人民银行（PBC）授权中国外汇交易中心（CFETS）公布人民币兑换澳元、加拿大元、丹麦克朗、欧元、港币、匈牙利福林、日元、韩元、马来西亚林吉特、墨西哥比索、新西兰元、挪威克朗、波兰兹罗提、英镑、俄罗斯卢布、沙特阿拉伯里亚尔、南非兰特、新加坡元、瑞典克朗、瑞士法郎、土耳其里拉、阿联酋迪拉姆、泰铢以及美元的每日中间价作为当日银行间即期外汇市场（包括OTC方式和买卖方式）的中间价。同时，中国外汇交易中心还公布人民币兑换哈萨克斯坦坚戈、蒙古图格里克和柬埔寨里尔的每日参考汇率（类似于中间汇率）。对于银行的柜台交易（即银行客户交易），银行可以确定其人民币对其他货币的报价。现货外汇和现金的买卖价格没有限制，完全由市场供求决定。

确定人民币－美元中间价的方法如下：外汇交易中心在每日银行间外汇市场开市前，向银行间外汇市场所有做市商征求报价，以其报价作为人民币－美元中间价的计算样本。美元的报价必须参照前一日收盘价，并考虑外汇供求和主要国际货币汇率的变化情况。剔除最高和最低报价后，对剩余做市商报价加权平均，得到每日人民币兑换美元中间价。权重由中国外汇交易中心（CFETS）根据报价方在银行间外汇市场的交易量和报价情况等指标确定。

人民币兑换澳元、加拿大元、丹麦克朗、欧元、匈牙利福林、日元、韩元、马来西亚林吉特、墨西哥比索、新西兰元、挪威克朗、波兰兹罗提、英镑、俄罗斯卢布、沙特阿拉伯里亚尔、南非兰特、新加坡元、瑞典克朗、瑞士法郎、土耳其里拉、阿联酋迪拉姆、泰铢的中间价确定方法如下：

每日银行间外汇市场开盘前，外汇交易中心（CFETS）要求做市商对应的货币在银行间外汇市场报价，剔除了最高及最低报价，其余做市商的报价被加权平均，即获得每日人民币对相应的货币的中间价。人民币兑换港元中间价由CFETS透过交叉汇率决定，分别以当日人民币兑换美元中间价及上午九时国际外汇市场美元兑换港元汇率为基础。

3. 货币政策框架

《中华人民共和国中国人民银行法》规定：货币政策目标是保持货币币值的稳定，并以此促进经济增长。当前中国的实际情况要求货币政策兼顾通胀、增长、就业、国际收支等多重目标，同时为金融稳定和金融改革留出空间。因此，中国人民银行在制定和实施货币政策时，需要综合考虑货币稳定、经济增长等多种因素，并根据经济管理的重点任务，适当调整各项目标的权重。

附3.2　国际贸易付款和收款的安排

1. 交易货币要求

根据《中华人民共和国外汇管理条例》，我国对所有跨境贸易（包括边境贸易）使用的外汇都没有限制。在跨境交易中，当事人可以约定使用可自由兑换的货币或者人民币。跨国贸易公司与外国贸易机构进行跨境贸易时，可以使用可自由兑换的货币、邻国货币或者人民币进行计价结算。

①对使用人民币的控制。

a. 经常项目的交易与支付。银发〔2018〕3号文解除对个人经常项目人民币跨境收支的管制。全国各地的企业和个人可以使用人民币进行经常项目跨境结算。

b. 金融与资本项。

第一，资本与货币市场交易。

人民币可以用于对内直接投资，也可以用于对外直接投资。中国内地以外符合条件的机构可在中国投资，但须遵守一定条件。符合中国人民银行公告〔2016〕3号所列条件的合格投资者，包括商业银行、保险公司、证券公司、基金管理公司等在境外合法注册设立的金融机构，依法依规向客户销售投资产品的合格投资者，以及经中国人民银行批准的其他中长期机构投资者，如养老基金、慈善基金、捐赠基金等，经中国人民银行批准，可以在银行间债券市场进行债券和债券现货交易。各类境外机构投资者还可以根据对冲需要进行债券借贷、债券远期、远期利率协议、利率互换等交易，不受投资限制。人民币清算行可参与境内同业拆借市场。境外人民币清算行和境外参与行可以在银行间债券市场开展债券回购业务。外国中央银行或货币当局、国际金融组织和主权财富基金可以在中国人民银行允许的银行间市场进行债券现货交易、债券回购或债券借贷等不受金额限制的交易。境内代理行对外资参与银行人民币账户的融资比例不得超过境内代理行上年末人民币存款总额的3%。自2020年11月1日起，中国证监会、中国人民银行、国家外汇管理局发布的第176号令，中国证监会公告〔2020〕63号扩大了合格境外机构投资者（QFII）、人民币合格境外机构投资者（RQFII）可投资的金融工具范围。合格境外机构投资者（QFII）、人民币合格境外机构投资者（RQFII）可投资境内证券、期货市场，包括在证券交易所买卖的股票、存托凭证、债券、债券回购以及有权证的债券，全国新三板的股票和其他证券，中国人民银行允许合格境外机构投资者（QFII）、人民币合格境外机构投资者（RQFII）投资的银行间债券市场产品，债券、利率、外汇衍生品，公开交易的投资基金，在中国金融期货交易所交易的金融期货，在中国证监会批准的期货交易所交易的商品期货合约，在国务院或中国证监会批准的交易所交易的期权，中国证监会允许合格境外机构投资者（QFII）、人民币合格境外机构投资者（RQFII）交易的用于对冲目的的外汇衍生品以及中国证监会允许的其他金融工具。

境内银行、证券、保险机构可以以合格境内机构投资者（QDII）或人民币合格境内机构投资者（RQDII）形式对境外资本市场投资。合格境内机构投资者（QDII）对其投资规模有总体限制（目前为1800亿美元），但人民币合格境内机构投资者（RQDII）没有规模限制。然而，他们需要投资以人民币计价的证券产品。截至2021年6月30日，共有173家合格境内机构投资者（QDII）获得额度，总额为1473.2亿美元。

2018年4月30日，中国人民银行发布银办发〔2018〕81号文，完善并明确了合格境内机构投资者（QDII）可以使用人民币投资以人民币计价的离岸金融产品。2018年5月2日，中国人民银行上海总部发布了配套的2018年第1号公告，明确了人民币合格境内机构投资者（RQDII）宏观审慎管理和信息披露的相关要求。香港机构和个人可通过香港经纪机构投资境内A股（北上沪股通、深股通），境内机构和个人可通过境内证券公司投资境内A股（南下港股通）。沪港通和深港通有每日投资上限，对投资范围也有规定。

中国境内的法人金融机构和企业可以在资本和净资产确定的范围内，自由开展人民币或外币跨境融资。它们不需要事先获得中国人民银行或国家外汇管理局的批准。

外资银行境内分支机构（含香港特别行政区、澳门特别行政区和中国台湾地区的银行）可在一级资本或流动资金限额内自由开展境内外跨境融资业务，不需中国人民银行和国家外汇管理局预先审批。

为支持有实力的境内机构开展各类对外投资，除合格境内机构投资者（QDII）外，自2013年起，外管局还在深圳开展了合格境内投资企业（QDIE）

试点,在上海、北京、海南、重庆、江苏、广东(除深圳外)、青岛开展了合格境内有限合伙企业(QDLP)试点。

这些计划使符合条件的国内投资者能够在国内筹集资金,并将其投资于国外的证券、私募股权、大宗商品和房地产。合格境内有限合伙企业(QDLP)及合格境内投资企业(QDIE)计划目前处于试验运作阶段,国家外汇管理局实行区域配额管理,由地方财政主管部门牵头组建联合审核组,负责试点区域内合格机构资质管理和个别机构配额管理。目前批准的合格境内有限合伙企业(QDLP)/合格境内投资企业(QDIE)配额总额为540亿美元。2019年12月,国家外汇管理局为北京合格境内有限合伙企业(QDLP)及合格境内投资企业(QDIE)试点增加了50亿美元。2020年11月,为深圳、上海和北京的合格境内有限合伙企业(QDLP)及合格境内投资企业(QDIE)试点分别增加了50亿美元;2020年12月,为海南和重庆的合格境内有限合伙企业(QDLP)及合格境内投资企业(QDIE)试点分别增加了50亿美元;2021年3月,为广东(除深圳外)和江苏的合格境内有限合伙企业(QDLP)及合格境内投资企业(QDIE)试点分别增加50亿美元,为青岛的合格境内有限合伙企业(QDLP)及合格境内投资企业(QDIE)试点增加30亿美元;2021年6月,为宁波的合格境内有限合伙企业(QDLP)及合格境内投资企业(QDIE)试点增加了10亿美元。

第二,衍生品及其他金融工具的交易。

外国中央银行、货币当局、国际金融组织和主权财富基金可以在中国人民银行允许的范围内开展债券远期和利率互换、远期利率协议以及其他银行间市场交易,金额不限。

符合中国人民银行公告〔2016〕3号要求的在境外依法注册设立的各类金融机构,包括商业银行、保险公司、证券公司、基金管理公司等资产管理机构,以及上述金融机构依法合规向客户发行的投资产品,养老基金、慈善基金、捐赠基金等经中国人民银行批准的中长期机构投资者可以在银行间市场开展债券现货交易,也可以根据对冲需要开展债券借贷、远期债券、远期利率协议、利率互换等交易,投资额度不受限制。

境内代理行、境外清算行、境外参与行可根据经常项目、直接投资、经批准的证券投资的跨境人民币结算需要,办理资本和金融账户人民币购销业务;交易品种包括即期、远期、外汇掉期、货币掉期和期权。

银行金融机构开展衍生产品交易业务，必须经中国银行保险监督管理委员会批准，并接受监督检查。

第三，信贷业务。

境内机构的人民币跨境贷款必须在当地外汇监管机构登记。境外人民币和外币贷款总额不超过上年度经审计财务报表显示的股东权益的30%。此外，外汇监管机构还对贷款的目标、资金来源、贷款期限、用途、提款等提出了附加要求。境内代理银行可以在一定期限内为参与境外人民币业务的银行开设人民币融资账户。境内企业和金融机构可以在宏观审慎政策下，吸引境外人民币资金。境内总行或总行可向境外人民币清算行提供人民币流动性支持。在现有外债和对外贷款制度框架下，居民企业可以使用人民币进行跨境信贷业务管理。

2021年1月5日起，国内企业境外贷款宏观审慎调整参数由0.3上调至0.5。

自2021年2月4日起，简化境外人民币贷款监管。提前偿还的贷款不计入境内企业发放境外人民币贷款额度；货币兑换系数已调整为0.5。

②居民使用外汇进行交易。禁止在居民交易中使用外汇计价结算。

2. 支付安排

中国人民银行已与阿根廷、澳大利亚、加拿大、智利、法国、德国、香港特别行政区、匈牙利、日本、韩国、卢森堡、澳门特别行政区、马来西亚、菲律宾、卡塔尔、俄罗斯、新加坡、南非、瑞士、中国台湾省、泰国、阿联酋、英国、美国、赞比亚等25个国家和地区的中央银行或货币当局建立了人民币清算安排。

3. 行政控制

国家外汇管理局（SAFE）在中国人民银行（PBC）指导下，负责外汇管理工作。

4. 对黄金贸易的管制

国内黄金交易是以市场为基础的。企业和个人可以在上海黄金交易所买卖黄金现货和现货递延产品，在上海期货交易所买卖黄金期货产品，在商业银行买卖黄金场外交易产品。

①国内交易。工商登记企业可以自主生产、加工或者从事黄金制品的生产、加工、销售、转售。政府保护个人持有合法获得的黄金或白银。

②国际贸易。进口黄金需要中国人民银行批准。个人可以携带黄金进出中

国供自己使用，但须在合理的限度内。

5.对纸币进出口的管制

①携带出镜。个人从中国境内携带出境人民币金额不得超过2万元。

如果要携带外国货币出国，不超过最近一次登记申报金额的外币现钞，无须有外币持有证明（foreign currency holding certificate，FCHC）即可携带。a.不超过等值5 000美元的外币现钞，不需向我行申请并办理外币持有证明通关。b.可以向有银行开具的外币持有证明FCHC的人办理5 000美元以上不超过10 000美元的外币现钞。清关需要有银行盖章的外币持有证明FCHC。在法律、法规规定的特殊情况下，可向所在地外汇局申请办理。

②携带入境。常住居民和非常住居民可携带不超过2万元人民币入境。携带5 000美元以上外币现钞入境的，除当天或短时间内多次往返的外，须向海关书面申报。

附3.3 居民账户

1.允许开立外汇账户

①国内外汇账户。设立经常项目外汇账户的居民机构和设立外汇储蓄账户的居民个人等，不需要向国家外汇管理局登记，也不需要经批准。居民个人凭有效身份证件，可以开立外汇储蓄账户，并根据国家外汇管理局的有关规定，凭个人身份证件在银行购汇并存入每年不超过5万美元的外汇储蓄账户。

个人每日累计支取外汇不超过10 000美元的，可直接在银行办理。累计支取金额超过该限额的，须凭本人有效身份证件及说明支取目的等资料，提前向当地外汇局备案。

大陆机构开立资本项目外汇账户，必须经国家外汇管理局登记或批准。一般来说，内地机构可直接在银行开立账户进行经常项目交易。只有少数特殊业务来往账户（外币现钞账户和境外外汇账户）需要外汇局批准。

为借入和筹集外债，国内银行可以直接在境内或外国银行开立必要的账户，办理提取和偿还外债的手续。

②境外外汇账户。出口企业经国家外汇管理局登记，可以在境外开立外汇

账户，将真实合法的出口业务收入存入境外。企业将出口外汇收入存入境外，应当符合下列条件：a. 出口收入必须合法、如实申报；有符合相关规定的境外支付的真实需要。b. 最近 2 年内无违反外汇管理规定的行为。

服务贸易企业将外汇收入存入境外，应当符合下列条件：a. 服务贸易外汇收入必须符合规定，如实申报；有符合相关规定的境外支付的真实需要。b. 最近 2 年内无违反外汇管理规定的行为。符合上述条件的境内集团公司可以指定一个法人实体，负责管理其他境内集团成员在境外存款的所有境外收支。该实体可以是涉及境外存款的国内子公司，也可以是集团母公司。

其他符合下列条件的居民单位，经国家外汇管理局批准，可以在境外开立外汇账户：a. 在境外接收经常性和零星资金，需要在境外设立外汇账户集中资金汇回境外的。b. 机构在境外进行经常性、零星支付，需要在境外设立外汇账户的。c. 在境外从事工程承包业务，需要在境外开立外币账户的机构。d. 在境外发行外币有价证券，需要在境外开立外币账户的。e. 机构在境外有特殊业务要求，需要开立境外外汇账户。居民单位必须定期向国家外汇管理局报送境外外汇账户资金变动情况。

2. 境外持有的人民币账户

居民实体跨境办理人民币业务所得的人民币资金，无须外汇局核准登记，可在其境外账户中存入。

3. 将人民币兑换为外币

机构和个人对外支付时，必须向外汇指定银行提交有效证明文件和外币兑换凭证。经常项目交易不需要许可，但资本项目交易需要许可或登记；直接投资的跨境支付需要在国家外汇管理局或银行注册，注册服务于信息收集和统计。对于需要登记的案件，机构只需遵守相关法律法规即可。由于审批涉及市场准入，当局有权决定是否批准[例如合格境内机构投资者（QDII）额度]。对个人结汇和境内个人购汇实行便利的外汇年度配额控制。每年的便利配额相当于每人每年 5 万美元。在年度便利额度内，这些交易可凭有效身份证件在银行完成；对于经常项目，未使用便利额度的交易，可凭交易额度存在的有效身份证明和证明文件在银行完成。在资本项目下，此类交易按照个别资本项目外汇管制的有关规定办理。

附3.4 外国账户

1. 允许开立外汇账户

外国个人凭有效身份证件可以在银行开立外汇储蓄账户。境内银行为境外机构开立外汇账户，应当对其提供的境外合法登记证明等材料进行核实。根据国家外汇管理局《关于境外机构境内外汇账户管理有关问题的通知》，未经批准，境外机构[本文件所指境外（含香港、澳门、台湾地区）依法注册设立的机构]境内外汇账户内资金不得直接或者秘密用于结汇。

允许自贸区内的境外机构利用其境内外汇账户进行结汇。结汇后将人民币汇出境内使用的，境内银行必须按照跨境交易的有关规定，在办理业务前审核境内机构和境内个人的有效商业单据和凭证。

外国投资者经国家外汇管理局或银行登记，可设立外汇账户，留存直接投资相关外汇。

2. 国内人民币账户

香港、澳门人民币业务清算银行可以在中国人民银行开立人民币清算账户；其他人民币清算银行可以在其中国总行或者其中国总行指定的分支机构开立人民币清算账户。境内代理行可以为境外参与行开立人民币同业往来账户，代理境外参与行开展人民币跨境支付业务。账户融资也适用于代理银行账户。境外参与银行可在有条件的情况下，利用人民币跨境贸易和投资业务中的人民币资金，包括境内银行间经常账户中的人民币资金，投资中国银行间债券市场。非居民从事跨境人民币业务结算的，可以在境内开立人民币银行结算账户。投资于银行间债券和外汇市场的外国商业银行和类似机构投资者，可以在中国人民银行或商业银行开立人民币特别存款账户。

境外个人可以按照国家外汇管理局的有关规定，将其在境内合法交易取得的人民币和原兑换但未全部使用的人民币汇出、转移出境。非居民企业可以将存入境内银行结算账户的人民币外汇资金转汇境外。境内代理行和非居民清算行可为非居民参与行办理货物、服务贸易和直接投资业务，并进入中国银行间外汇市场出清头寸。

境外机构在中国境内发行人民币债券，可按规定开立非居民人民币账户，将债券发行收益存入账户。

附3.5 进口及进口支付

1. 进口许可证等非关税措施

①正面清单。肯定清单针对的是可以自由进口的商品。

②负面清单。负面清单包括禁止或限制进口的商品。禁止进口的货品包括虎骨、犀牛角、鸦片、石棉、四氯化碳、旧衣物、沥青碎石、城市垃圾、投币式电子游戏机、使用过的阴极射线管（CRT）玻璃灯泡及使用过的过热锅炉（详情请参阅禁止进口指数）。此外，禁止进口下列物品：武器、子弹和炸药、手稿、印刷和记录材料以及被认为有损中国政治、经济、文化或道德利益的电影。限制进口的货物，取得许可证后，可以进口。

③公开一般许可证。此类许可证适用于某些类别的旧电气产品。

④配额许可证。这些许可证适用于消耗臭氧层的物质。

⑤其他非关税措施。中国依法对进口产品实施检验、检疫和认证。对高危动植物及相关产品实行进口检疫批准制度。

2. 进口税或关税

根据《中华人民共和国进出口关税条例》，进口关税可以采用最惠国税率、协定税率、特惠税率、普通税率、配额税率或者暂定税率。

原产于实施最惠国待遇条款的世界贸易组织成员国的进口货物、原产于与中国缔结互惠贸易协定的国家或者地区的进口货物、原产于中国关税区的进口货物，适用最惠国税率。

协定税率适用于原产于与中国有包括优惠关税条款的区域贸易协定的国家或地区的进口货物。原产于与中国有贸易协定并载有特别优惠关税条款的国家或者地区的进口货物，适用特别优惠税率。

一般税率适用于原产于最惠国税率、商定税率和优惠税率以外的国家或地区的进口货物和原产地不明的进口货物。进口关税配额管制适用于小麦、玉米、大米、糖、棉花、羊毛、毛条和化肥，在关税配额范围内，关税配额税率适用于关税配额的进口货物。实行关税配额制的进口商品的关税税率视进口数量而定。低于一定阈值量的进口税率较低,高于阈值量的进口税率较高。没有数量限制。对在一定时期内适用最惠国税率、协定税率、特惠税率和关税配额税率的进口货物,可以适用暂定税率。

3. 国家进口垄断

根据相关法律法规和中国加入世贸组织的议定书,国有贸易适用于以下产品的进口活动:粮食(小麦、玉米、大米)、原油、油品、糖、烟草、化肥和棉花。

附3.6 出口及出口收入

1. 利润汇回本国的要求

居民单位的外汇收益可以调回境内或者存入境外;境外存款的条件和期限由国家外汇管理局根据国际收支状况和外汇管理需要进行规范。境内机构有符合外汇管理规定的真实合法的出口收入和对外支付需要,且在过去两年内未违反外汇管理规定的,经国家外汇管理局登记,可以在境外开立账户,将真实合法的出口收入存入境外账户。每年境外存款总额超过原在外汇局登记的资金数额的,需要修改登记。居民单位可以自行确定其存款在境外的停留期限,但因违反规定而被外汇局要求汇出的除外。居民单位和个人的人民币收入,可以不经中国人民银行或者国家外汇管理局批准,调回境内或者存入境外。

居民单位可以将经常项目外汇收入转入外汇活期存款账户。

2. 出口许可证

①没有配额。对外贸易经营者出口货物包括活牛(香港、澳门以外市场)、活猪(香港、澳门以外市场)、活鸡(香港以外市场)、牛肉、猪肉、鸡肉、天然沙(含标准沙)、铝土矿、磷矿、镁砂、滑石块(粉)、萤石、稀土、锡及锡制品、钨及钨制品、钼及钼制品、锑及锑制品、焦炭、成品油(润滑油、润滑脂、润滑油的基础油)、石蜡、部分金属及金属制品、硫酸二钠、碳化硅、消耗臭氧层的物质、柠檬酸、银、铂(以加工贸易方式出口)、钢及钢制品、摩托车(包括全越野车)及其发动机和车架、汽车(含拆装件)及其底盘必须

按规定申请并取得出口许可证。

②有配额。下列产品的出口商须有配额分配的证明文件，方可申请出口许可证：活牛（输往香港或澳门）、活猪（输往香港或澳门）、活鸡（输往香港或澳门）、小麦、玉米、大米、小麦粉、玉米粉、米粉、药用栽培麻黄、煤炭、原油、成品油（不含润滑油、润滑油脂和润滑油基础油）、锯材、棉花；下列产品的出口商只有在具有成功申请配额分配的书面证明的情况下，方可申请出口许可证：甘草及甘草产品、凉席草及凉席草产品。

3. 出口关税

出口税率已经确定，用于出口货物的征税。出口货物在一定期限内可以适用暂定税率。

出口退税是标准的国际惯例，符合世贸组织的规则和要求，不构成出口补贴。在不超过法定增值税税率的情况下，中国对大部分出口货物实行全额退税；同时，为了促进环境保护，对某些出口产品不提供退税，以反映该产品在出口成本中对环境造成的污染。继续完善出口退税政策，推动国际贸易实现更高质量增长。

自2020年3月20日起，对出口货物实行三个级别的出口退税：13%、9%和0%。

附3.7　服务性交易和经常转移支付

非贸易支付的管制对外资企业和内资企业相同，对于个人有不同的规则。对个人结汇和境内个人购汇实行便利的外汇年度配额控制，每年的便利配额相当于每人每年5万美元。在年度便利额度内，可凭有效身份证件在银行办理；对于经常项目，不使用便利配额的交易可凭有效身份证明和交易配额存在的证明文件在银行完成。

1. 与贸易相关的付款

外汇支付可凭有效凭证和商业汇票直接通过授权银行办理。与贸易相关的人民币跨境支付不需要交易证据。在"了解客户""了解业务""尽职调查"三大原则的基础上，银行可根据境内企业提交的收付指示实施往来账户人民币跨境结算。

收益可汇回或存入海外。当单一服务贸易交易（包括交通、旅游、通信、建筑安装、劳动承包、保险、金融、计算机和信息、体育、文化和娱乐服务、其他商业服务、政府服务的独家使用权和特许经营权）超过 5 万美元时，居民缴纳人必须向转账金融机构报送《服务贸易和其他项目对外支付纳税申报表》。自 2021 年 6 月 29 日起，单一合同需要多次境外支付时，国内机构和个人只需在首次支付前提交文件即可。

2. 与投资相关的付款

来自直接投资的利润低于 5 万美元，可在经过银行的真实性测试后汇回国内。对于汇出超过 50 000 美元的利润，银行必须核实与当前利润汇出有关的文件，包括董事会关于利润分配的决议（或合伙人关于利润分配的决议）、纳税申报表格原件和经审计的财务报表。前几年有亏损的公司应在分红前弥补亏损。与投资有关的人民币往来支付，无须交易凭证；仅当支付外汇时，需要提供交易证明。在"了解客户""了解业务""尽职调查"三大原则的基础上，银行可根据境内企业提交的收支指示实施与投资相关的经常项目人民币跨境结算。

3. 支付旅行费用

居民个人凭有效身份证件，可在银行办理经常项目外汇（如旅游），每年购买不超过 5 万美元的外汇。金额在 5 万美元以上的，银行可凭有效身份证件和与交易金额有关的证明文件向个人出售外汇。

4. 个人支付

居民个人持有效身份证件，可在银行购买每年不超过 5 万美元的外汇。金额在 5 万美元以上的，银行可凭有效身份证件和与交易金额有关的证明文件向个人出售外汇。

5. 外国雇员工资

需要收入证明和纳税证明。

6. 国外使用信用卡

个人使用境内银行卡在境外提现时，外币卡、人民币卡（银联卡）单日限额为 1 万元。同一个人使用境内银行卡全年累计取现额度不得超过等值人民币 10 万元。超出年度境外支取额度的，个人不得在当年度和第二年用境内银行卡境外支取现金。

境内银行卡在境外可以用于经常项目交易，但不得用于其他支付，也不得用于非法交易。海外支出的管理主要是通过商户分类代码来实现的。商户类别代码分为完全禁止交易、限制交易和不限制交易。被完全禁止的交易不能支付任何款项。对于限额类的交易，除属于"6010"（金融机构柜员机业务）和"6011"（金融机构自动柜员机业务）类别外，持卡人的单笔交易金额不得超过5 000美元。

7. 其他支付

会费和会员费的转让必须提供交易证明。

附3.8 服务性贸易和经常转移的收入

居民实体必须将服务贸易的外汇收入汇回中国。经国家外汇管理局批准，居民实体可以将境外服务贸易外汇收入在国家外汇管理局登记的限额内存放。

附3.9 资本项目交易

申请合格境外机构投资者（QFII）及人民币合格境外机构投资者（RQFII）资格，应当具备以下条件。①申请人财务状况良好，资信良好，具有证券、期货投资经验；②负责境内投资的主要人员在申请人所在国家或者地区具有专业资格（有专业资格标准的）；③公司治理结构、内部控制和合规管理制度健全有效，配备合规的制度监督人员，负责监督在华投资活动的合规性；④经营行为规范，近3年未受到监管机构重大处罚；⑤不具备其他可能对申请人在中国境内的资本经营活动产生重大影响的条件。

投资银行间债券市场的机构包括外国中央银行或货币当局、国际金融组织、主权财富基金。符合中国人民银行〔2016〕第3号公告所列条件在境外设立的各类金融机构包括商业银行、保险公司、证券公司、基金管理公司等资产管理机构及其发行的投资产品，以及经中国人民银行批准的退休基金、慈善基金、捐赠基金等中长期机构投资者；境外清算银行、境外参与银行、境外保险公司以及通过合格境外机构投资者（QFII）及人民币合格境外机构投资者

（RQFII）渠道进入市场的银行。

1. 汇回要求

境外股东控制的境外上市企业发行股份所得经登记后，可以留存境外。境内机构境外以人民币或者外币计量直接投资获得的利润，应当按有关规定汇回。从结算行汇回资金不需要外汇局批准。原则上，境内机构在境外发行外汇债券所得除获批准外，应全部汇回境内。

居民实体开立外汇账户，将资本项目收入存入外汇资金，须经国家外汇管理局依法批准或者办理银行登记。在境内银行开立外汇资本账户的境内外资企业，须到符合条件的银行登记基本信息。前提条件是企业已取得市场监管机构颁发的营业执照；某些交易需要金融监管机构的验证或批准。

2. 对资本和货币市场工具的管制

①资本市场证券。a. 股票或其他证券。第一，境外机构和个人投资本国资本市场。

自 2020 年 6 月 6 日起，大幅简化合格境外机构投资者（QFII）、人民币合格境外机构投资者（RQFII）境内证券投资收益汇出手续，不再需要提交中国注册会计师出具的专项审计报告、纳税申报证明等材料；取而代之的是完成税务申报的承诺书。

自 2020 年 11 月 1 日起，中国证监会、中国人民银行和国家外汇管理局发布的第 176 号令，中国证监会公告〔2020〕63 号扩大了合格境外机构投资者（QFII）、人民币合格境外机构投资者（RQFII）可投资的金融工具范围。合格境外机构投资者（QFII）及人民币合格境外机构投资者（RQFII）可投资境内证券、期货市场，包括在证券交易所买卖的股票、存托凭证、债券、债券回购以及有权证的债券，新三板股票和其他证券，中国人民银行允许合格境外机构投资者（QFII）、人民币合格境外机构投资者（RQFII）投资的银行间债券市场产品，债券、利率、外汇衍生品，公开交易的投资基金，在中国金融期货交易所交易的金融期货；在中国证监会批准的期货交易所交易的商品期货合约，在国务院或中国证监会批准的交易所交易的期权，中国证监会允许合格境外机构投资者（QFII）、人民币合格境外机构投资者（RQFII）交易的用于对冲目的的外汇衍生品以及中国证监会允许的其他金融工具。

自 2014 年 11 月起，内地和香港特别行政区投资者可在一定条件下，在中国证监会和香港证券及期货事务监察委员会联合公布的限额内,分别投资于香港和上海股市(沪港通)。自 2016 年 12 月起,在满足一定条件的情况下,香港特别行政区投资者可以投资深圳股市,反之亦然(深港通)。沪港通的总额度已于 2016 年 8 月取消,而深港通则不设总额度限制,但两个方案都有每日额度:沪港通 520 亿元人民币,深港通 420 亿元人民币。

境外投资者可在香港人民币清算行或参与行完成外汇基金汇兑和外汇风险对冲业务,纳入人民币买卖业务。

第二,由境外机构和投资者在本国出售或发行。中国证监会于 2018 年 3 月启动创新企业发行中国存托凭证(Chinese depository receipts,CDR)试点,对 CDR 发行、公开发行、交易进行安排,规定了 CDR 发行的基本条件和程序,制定了使用 CDR 进行再融资的总体要求。随后,中国人民银行和国家外汇管理局发布了关于跨境存托凭证资金管理的规定。2018 年 10 月,中国证监会发布了《关于上海证券交易所与伦敦证券交易所互联互通存托凭证业务的监管规定(试行)》(证监会公告〔2018〕30 号),明确了沪伦通条件下与 CDR 相关的发行审批、上市交易、信息披露、跨境交易、登记结算等制度安排。沪伦通正式启动,以上交所和伦敦证交所之间的互联互通机制为基础,允许在伦敦证交所上市的境外基础证券的合格发行人在上交所发行中国境内的 CDR。

境外发行人发行境内存托凭证所筹集的基于新证券的资金,可以以人民币或外币汇出境外,也可以保留在境内使用。存托凭证境内托管人可以根据境外发行人分配的股息和份额,向存托凭证持有人提供相应的服务,办理相关资金的收付、兑换等业务。

第三,本国居民境外购买。境外股东控制的境外上市公司可以回购其境外上市交易的股份,但须经国家外汇管理局核实资金来源并批准境外支付。

经批准,保险公司可以对外投资。保险公司境外投资余额总和不得超过其上季末总资产的 15%,实际投资总额不得超过国家外汇管理局核准的投资支付限额。自 2020 年 7 月 17 日起,对保险公司投资的股权类资产(此前不超过公司上季末总资产的 30%)的账面价值实行以偿付能力为基础的差异化比例监管政策,重大股权投资的账面价值不得超过公司上季末净资产;账面价值不包括保险公司用自有资金投资的保险企业股票。单个固定收益资产、股权类资产、固定资产和其他金融资产的投资账面价值不得超过公司上季末总资产的 5%。单一资产投资是指在主要投资资产类别中,对单一、特定的投资品种的投资。

分期发行的投资品种，单个资产投资的账面价值为各分期期内的投资总额。对单个法人的投资不得超过保险公司上季末资产总额的20%。保险基金境外股权类资产投资包括普通股、优先股、全球存托凭证、美国存托凭证、非上市企业股权等股权工具或产品。保险机构投资境外股份，应当在指定国家或者地区的证券交易所主板或者香港创业板进行交易。对非上市企业股权的直接投资仅限于金融服务、养老金、医疗保健、能源、资源、汽车服务和现代农业部门的企业股权。

经批准，符合条件的基金管理机构和其他证券管理机构可以在一定范围内，将居民单位和个人的外汇基金、人民币基金组合使用，从事股票等证券投资。包括银行、基金管理公司、证券公司、保险公司在内的合格境外投资者，可在国家外汇管理局批准的投资额度和监管限制范围内，按照规定使用外汇购买境外股票和其他投资工具。截至2021年6月30日，共有173家合格境内机构投资者（QDII）获得额度，总额为1 473.2亿美元。

在人民币合格境内机构投资者（RQDII）制度下，外商投资人民币不受获得金融工具的配额、总体限制和内部限制，必须投资于境外金融市场的人民币计价产品。

同一基金或者集体计划持有的同一机构（政府、国际金融组织除外）发行的证券的市值不得超过该基金或者集体计划净值的10%；基金和集体计划购买证券，不得有控制或影响证券发行机构及其管理层的意图。同一境内机构投资者管理的整个基金或者集合计划持有同一机构有表决权证券总量的比例不得超过10%。指数基金可以不受这些限制。

境外上市公司境内关联公司的境内员工在国家外汇管理局登记后，可参加境外上市公司的股权激励计划，按照该计划的条款购买股份或期权。

内地和香港投资者可分别在一定条件和限制下投资香港股市和上海、深圳股市。

银办发〔2018〕81号文进一步规范了符合条件的人民币投资者境外证券投资的投资产品、资金使用、宏观审慎管理、信息报告等事项。

第四，由居民在境外出售或发行。居民企业在境外发行股票或者存托凭证，须经中国证监会核准并向国家外汇管理局登记。发行资金汇出不受汇回限制，可兑换人民币在境内使用。境内企业在境外发行股票筹集的人民币资金，可以汇入境内使用。

b. 债券或其他债务证券。第一，境外机构和投资者购买。境外人民币清算行和境外参与行可以在银行间债券市场开展债券现货交易和债券回购业务。外国中央银行或货币当局、国际金融组织和主权财富基金可以在中国人民银行允许的范围内进行其他银行间市场交易，如债券现货交易、债券回购、债券贷款、债券远期及利率互换、远期利率协议等，金额不受限制。

在境外依法注册设立的各类金融机构，如商业银行、保险公司、证券公司、基金管理公司等资产管理机构，以及上述金融机构按规定向客户发行的投资产品，以及经中国人民银行批准的养老基金、慈善基金、捐赠基金等其他中长期机构投资者，可在银行间债券市场进行债券现货交易，也可根据对冲需要进行债券借贷、远期债券、远期利率协议、利率互换等交易，投资额度不限。

自2020年11月1日起，中国证监会、中国人民银行和国家外汇管理局发布的第176号令、中国证监会公告〔2020〕63号扩大了合格境外机构投资者（QFII）、人民币合格境外机构投资者（RQFII）可投资的金融工具范围。具体内容参见上述"a. 股票或其他证券"相关部分。

这些投资者也可以申请参与新股发行、可转换债券发行、额外股票发行、股份分配和其他类似类型的投资。这类投资受个别机构的投资上限限制。

外国中央银行（货币当局）和其他储备管理机构、国际金融组织、主权财富基金可以通过下列三种途径中的一种或多种，不受金额限制地参与所有上市交易，通过中国人民银行代理、通过具有国际清算和清算代理资格的商业银行、通过直接投资。

境外人民币买卖业务参与行向中国外汇交易中心提出申请后，可成为银行间外汇市场成员。它们可以使用所有列出的交易产品，没有额度限制，但交易背景仅限于人民币买卖业务。外资人民币清算银行的安排，一开始是2003年对香港特别行政区和澳门特别行政区人民币业务的支持安排。2009年，随着跨境人民币业务试点的开展，这一安排进一步扩大。2016年以来逐步发展，境外投资者可以直接投资银行间债券市场。

境外投资者可以通过债券市场连接对国内债券市场进行间接投资，对象债券包括所有可以在国内银行间债券市场交易和流通的债券类型。这一安排允许中国内地和海外投资者参与对方的债券市场。目前，只有北上交易已经启动，允许香港和其他地区的投资者投资于中国银行间债券市场，而南下交易尚未启动。

第二，境外竞购和投资者在本国销售和发行。外国政府机构、国际开发机构、外国金融机构公司、非金融企业公司均可在中国债券市场发行人民币债券。其中，外国金融机构公司在全国银行间债券市场发行债券，须经中国人民银行批准；在全国银行间债券市场发行相关债券的外国政府机构和国际开发机构，以及在全国银行间债券市场发行非金融企业债务融资工具的外国非金融企业，应当向全国金融市场机构投资者协会申请登记。

全国金融市场机构投资者协会发布了适用于境外非金融机构发行人民币债券的指导意见。2015年12月，中国证监会启动了在交易所债券市场发行熊猫债的试点；外国机构可以在该市场发行熊猫债。

第三，居民境外购买。合格境内机构投资者（QDII）包括银行、基金管理公司、证券公司和保险公司，可在国家外汇管理局批准的各自外汇额度和监管限制范围内购买境外债券。

境内机构投资者的银行、券商、保险公司汇出境外投资证券的资金净额不得超过批准的投资限额。经批准，保险公司可以对外投资。保险公司境外投资余额总和不得超过其上季末总资产的15%，实际投资总额不得超过国家外汇管理局核准的投资支付限额。单个固定收益资产、股权类资产、固定资产和其他金融资产的投资账面价值不得超过公司上季末总资产的5%。单一资产投资是指在主要投资资产类别中，对单一、特定的投资品种的投资。分期发行的投资品种，单个资产投资的账面价值为各分期期内的投资总额。对单个法人（境内外）的单一投资，不得超过保险公司上季末总资产的20%。

保险资金在境外投资政府债券、政府支持债券、国际金融机构债券、公司债券、可转换债券等固定收益产品时，计价货币不必是国际主要货币；债券应获得国际认可评级机构的BBB−或BBB−以上评级。按规定免除债券信用评级要求的，发行人的信用评级应当不低于该债券信用评级要求。中国政府在海外发行的债券不受信用评级限制。可转换债券应在规定的国家或地区证券交易所主板市场上市交易。截至2021年6月30日，共有173家合格境内机构投资者（QDII）获得额度，总额为1 473.2亿美元。

在人民币合格境内机构投资者（RQDII）制度下，对人民币的境外投资不受额度、总体限制和获得金融工具的内部限制。人民币资金不能汇出境外购汇。

第四，由居民在国外出售或发行。企业和金融机构在境外发行期限超过1

年的债券,必须事先向国家发展和改革委员会申请备案登记。境内金融机构法人经中国人民银行批准,可以在境外发行人民币债券。

在中国境内的法人金融机构、企业以及外资银行(含香港特别行政区、澳门特别行政区和中国台湾地区的银行)境内分支机构,可以在其资本和净资产确定的范围内,自由开展人民币和外币跨境融资,无须中国人民银行和国家外汇管理局预先审批。

自2020年3月12日起,金融机构和企业宏观审慎调整参数由1上调至1.25。金融机构和企业分别于2020年12月11日和2021年1月7日降为1。根据《中国人民银行关于全口径跨境融资综合宏观审慎管理有关事宜的通知》(银发〔2017〕9号)的规定,本规定适用于金融公司以外的公司,不包括政府融资平台和房地产开发商。所适用的金融机构包括经中国人民银行、中国银保监会、中国证监会批准的所有金融机构法人。

②货币市场工具。a.境外竞购和投资者购买。合格境外机构投资者(QFII)及人民币合格境外机构投资者(RQFII)可购买货币市场基金。合格境外机构投资者(QFII)及人民币合格境外机构投资者(RQFII)可直接参与银行间债券市场投资交易。境外人民币清算行和获得银行间债券市场投资额度的境外参与行可以在银行间债券市场开展债券回购业务,为境外人民币业务提供资金。通过回购进行融资的限制与在岸持有的债券有关。外国中央银行或货币当局、国际金融组织和主权财富基金可以在中国人民银行允许的范围内进行其他银行间市场交易,如债券现货交易、债券回购、债券贷款、债券远期及利率互换、远期利率协议等,金额不受限制。实行的是备案要求,而不是以前的配额批准。

在境外依法注册设立的各类金融机构,如商业银行、保险公司、证券公司、基金管理公司等资产管理机构,上述金融机构依法按规定向客户发行的投资产品,以及经中国人民银行批准的其他中长期机构投资者,如养老基金、慈善基金和捐赠基金,可以在银行间债券市场进行即期债券交易和中国人民银行批准的其他银行间债券市场交易,投资金额不受限制。

b.境外机构在本国发行或销售。境外发行机构符合银总部〔2015〕72号条件的,可在上海自贸区内发行跨境同业存单。

c.居民在境外购买。合格境内机构投资者(QDII)可按照各自的外汇额度和监管限额购买监管许可的货币市场工具。人民币合格境内机构投资者

（RQDII）可以投资于外国金融市场上以人民币计价的产品。保险资金境外投资货币市场产品，包括商业票据、银行承兑汇票、大额可转让存单、逆回购协议、政府短期债券、银行间隔夜拆借等货币市场工具或期限不超过一年的产品。保险资金投资证券投资基金，应当经指定国家或者地区的证券监督管理机构批准或者登记；基金管理人必须遵守有关规定，必须能够提供可核实的业绩记录，涵盖不少于三年的历史；投资组合必须简单、清晰，标的资产清晰，符合相关规定；货币市场基金必须拥有 AAA 或同等评级。

境内证券公司基于套期保值风险的目的，可以按照有关主管部门的要求买卖外汇管理工具和套期保值的股票市场风险、汇率风险理财产品或工具，但境外市场资产余额不得超过中国证监会规定的限额。

d. 居民在境外发行。在跨境融资全面宏观审慎管理的框架下，中国人民银行和国家外汇管理局将不再对外债发行实行预先审查和预先审批的要求，但各金融机构和企业将按照统一明确的规则，对与其资本或净资产挂钩的跨境融资风险加权余额进行估算，允许金融机构或企业在该限额内从事跨境人民币或外币融资业务。同时，中国人民银行将根据宏观调控要求，设置和调整相关参数，对金融机构和企业跨境融资进行逆周期调整。这涵盖了所有从非居民手中吸收本币或外币资金的国内机构，包括表内和表外融资。

3. 关于基金、信托项目

①境外机构或投资者购买。QFII 及 RQFII 可以投资于在中国资产管理业协会登记注册的私募投资基金管理人依法设立的境内公开交易的投资基金、证券期货机构以及私募投资基金。

港澳居民可通过跨境理财通在粤港澳大湾区的内地银行购买理财产品。这一倡议已经宣布，正式启动和实施细则仍在制定中。

②境外机构或投资者在境内发行。符合法律要求的香港公募基金产品，经批准后可在内地销售。

③居民在境外购买。QDII 可在境外购买集合投资证券，并受其外汇额度和监管限制。RQDII 可按规定在境外金融市场投资人民币计价产品。

④居民在境外发行。符合法律规定的国内公募基金产品，经香港证监会批准，可在香港特别行政区销售或发行。

4. 对衍生品和其他金融工具的控制

①国外机构和投资者在本国购买。QFII 和 RQFII 为对冲风险，基于对冲交

易目标，可以投资境内股指期货，进行外汇风险对冲。外国货币当局等外汇储备管理机构、国际金融组织和主权财富基金可以通过以下三种方式中的一种或多种进入中国银行间外汇市场，开展远期、掉期、期权等各类外汇交易，通过中国人民银行代理，通过中国银行间外汇市场成员代理，以及直接成为中国银行间外汇市场外国成员。交易方式包括 OTC 方式和撮合方式，金额不限。外资银行可以申请加入 CFETS，然后可以直接参与外汇同业市场；也可以申请成为 CFETS 的会员，然后通过代理参与市场。境外非银行金融机构可以申请加入中国外汇交易中心，并通过代理参与外汇同业市场。

外国央行、货币当局、国际金融组织和主权财富基金可以发起债券远期和利率互换、远期利率协议以及其他经中国人民银行批准的银行间市场交易。符合中国人民银行公告〔2016〕第 3 号要求的合格机构投资者，包括商业银行、保险公司、证券公司、基金管理公司等在境外依法注册的各类金融机构，以及上述金融机构依法向客户发行的投资产品，以及经中国人民银行批准的其他中长期机构投资者。养老基金、慈善基金、捐赠基金等可以在银行间债券市场开展现货交易，也可以进行债券借贷、债券远期、远期利率协议、利率互换等交易。

②境外机构或投资者在境内发行。外国中央银行、货币当局、国际金融组织和主权财富基金可以发起债券远期和利率互换、远期利率协议以及其他经中国人民银行批准的银行间市场交易。符合中国人民银行〔2016〕第 3 号公告要求的合格机构投资者，包括商业银行、保险公司、证券公司、基金管理公司等在境外依法注册的各类金融机构，以及上述金融机构依法向客户发行的投资产品，以及经中国人民银行批准的其他中长期机构投资者。养老基金、慈善基金、捐赠基金等可以在银行间债券市场开展现货交易，也可以进行债券借贷、债券远期、远期利率协议、利率互换等交易。符合中国人民银行〔2016〕第 3 号规定的合格投资者，可参与银行间衍生品市场除发行外的所有活动。

③境内居民或机构在境外购买。中国银保监会监管范围内的银行金融机构，经原银监会批准，可以为下列目的购买、销售衍生工具：a. 对冲内在资产负债表风险；b. 获利；c. 为客户（包括金融机构）提供衍生品交易服务。银行金融机构在开展新的经营品种、拓展新市场等创新活动前，应当书面征求监管机构的意见。代表客户开展境外财富管理业务的商业银行不得投资大宗商品衍生品。

从事外汇、股票、商品衍生品交易和在交易所上市衍生品交易的机构，必须遵守国家外汇管理局等有关规定。银行业金融机构符合规定的，可以从事境内黄金期货交易业务。合格境内机构投资者（QDII）可在其外汇额度范围内，按照规定投资于境外衍生工具。

经国资委批准，中央企业可以开展境外衍生产品业务。原中国保险监督管理委员会（CIRC）允许保险公司使用远期、互换、期权和期货等产品来对冲风险。境外上市公司境内关联公司的境内员工在国家外汇管理局登记后，可参加境外上市公司的股权激励计划，按照该计划的条款购买股份或期权。

自 2015 年起，上海金融机构或企业可通过设立自由交易账户参与境外衍生品交易。

人民币合格境内投资者（RQDII）可以根据中国银保监会的有关要求，投资境外人民币衍生产品。④本国居民或机构在境外发行。非银行机构未经批准，不得向境外销售、发行。银行在境外销售或发行衍生产品须事先获得中国银保监会批准。

5. 对信贷业务的控制

①商业信贷。a. 由国内向国外。银行业金融机构可以在经批准的经营范围内，直接向境外提供商业贷款。b. 由国外向国内。自 2021 年 2 月 4 日起，对境内企业境外人民币借款进行了调整。境内企业为办理一笔境外人民币贷款，可以开立多个人民币账户，也可以使用一个人民币账户来处理与多个境外人民币贷款相关的收支。

②金融贷款。a. 由国内向国外。银行业金融机构在经批准的业务范围内，可以直接向境外提供商业贷款。

境内机构的人民币跨境贷款必须在当地外汇监管机构登记。境外人民币和外币贷款总额不超过上年度经审计财务报表显示的股东权益的 30%。此外，还对贷款的目标、资金来源、贷款期限、用途、提款等提出了附加要求。

境内代理银行可以在一定期限内为参与境外人民币业务的银行开设人民币融资账户。境内总行或总行可向境外人民币清算行提供人民币流动性支持。在现有外债和对外贷款制度框架下，居民企业可以使用人民币进行跨境信贷业务管理。b. 由国外向国内。向居民单位提供的期限在 1 年以上的境外贷款，必须提前向国家发改委备案登记。

中国境内金融机构和企业的法人可以在资本和净资产确定的范围内，自由开展人民币或外币跨境融资。它们不需要事先获得中国人民银行或国家外汇管理局的批准。

外资银行境内分支机构（含香港特别行政区、澳门特别行政区和中国台湾地区的银行）可在其资本或净资产确定的限额内自由开展境内外跨境融资，不需中国人民银行和国家外汇管理局预先审批。

在现有外债和对外贷款制度框架下，居民企业可以使用人民币进行跨境信贷业务管理。

外商投资企业的中长期外债和短期外债余额合计不得超过投资总额与注册资本的差额。"投资总额"是指合营投资合同和企业章程规定的用于生产的建设资金和流动资金的总和。在此范围内，向非居民借款不需要预先批准，但是，借款人必须向外汇局办理登记手续。将这些资金转换为人民币不需要外汇局的批准。

跨国企业集团根据自身经营管理需要，可以与国内外非金融成员企业开展人民币资金集中交易。

③担保。居民和非居民的跨境担保不需经国家外汇管理局批准。在一定条件下，国内机构可以接受国外机构或个人提供的担保。境外非金融机构可以将其人民币结算账户资金作为境内融资担保。境外贷款的在岸担保必须单独登记。

6. 对直接投资的管制

①对外直接投资。2014年，商务部修订了《境外投资管理办法》，对企业在境外投资设立法人实行"备案为主，核准为辅"的管理模式。除了对敏感国家和地区的海外投资和对敏感产业的投资实行审批制度外，其他所有的海外投资都实行备案制度。需要批准的国家是指与中华人民共和国没有外交关系的国家和受联合国制裁的国家；必要时，商务部可以另行公布需要进行审批管理的其他国家名单。需要批准的行业是涉及中华人民共和国限制产品和技术出口的行业，以及影响一个以上国家（地区）利益的行业。目前，99%的境外投资事项都是通过备案管理的。

根据《境外投资管理办法》，对备案管理范围内的境外投资者，国有重点企业向商务部备案，地方企业向地方省级商务监管部门备案。

境内法人单位备案后，可以对外直接投资。对非敏感行业的对外投资实行备案管理。其中，中央政府管理的企业以及境内资金超过3亿美元或等值人民币的地方企业对外投资，应向国家发改委备案；3亿美元及等值人民币以下由当地企业对外投资的，应当到省级主管部门备案。自2018年3月1日起，国家发改委关于中国企业对外投资的第9号令被第11号令所取代。国家发改委修订了敏感行业名单，将一些行业从表上删除，包括电信运营，基础设施，大规模土地开发，输电线、电网等；新增了一些管制行业，包括武器和军事装备研发、制造、维修，房地产，酒店，电影制片厂，娱乐，体育俱乐部；以及境外设立的股权基金或投资平台，没有具体的实体经济项目。与第9号令类似，任何对敏感行业的投资都需要发改委的批准。

根据第11号令，国家发改委取消了对非敏感行业超过10亿美元的对外直接投资的批准要求。

自2018年3月1日起，境内自然人通过其控制的外国公司或港澳台公司进行境外投资属于第9号令范围之外的，按第11号令规定执行。具体来说，投资敏感行业需要国家发改委批准，投资超过3亿美元或等值人民币的非敏感项目，必须向国家发改委通报项目基本信息，但不需要审查或批准。

对外直接投资也应当在银行进行登记。银行可以根据"了解客户""了解业务""尽职调查"三大原则，为企业办理开户、汇出资金等业务。境内机构可以利用各种合法的资产来源进行对外直接投资，包括自有外汇资金、按规定在境内取得的外币贷款、用人民币购汇、有形资产或无形资产以及留存在境外的利润等。在对外项目正式启动筹备阶段，居民单位向境外汇出资金，金额不超过中国投资者投资总额的15%，金额不超过3亿美元。

国有企业和民营企业对外直接投资应报国家发改委和商务部备案或批准。除设立境外特殊目的实体外，境内个人不得对外直接投资。

②对内直接投资。外商在华投资项目分为鼓励类、允许类、限制类和禁止类。由于《中华人民共和国外商投资法》及其实施条例的实施，中国对外国投资者实行准入前国民待遇加负面清单的管理制度，将限制和禁止项目列入负面清单；鼓励项目列入《鼓励外商投资产业目录》；允许项目包括所有《鼓励外商投资产业目录》和负面清单中没有列入的项目；禁止项目为外商投资负面清单所列领域。外商投资负面清单上限制投资的领域，必须符合相关限制性投资要求，包括负面清单上的持股比例要求和对高级管理人员的限制。对准入负面清单以外领域的外资，按照内外资平等对待原则进行管理。外国企业和个人可以在中国境内投资，只要符合有关外商投资的法律法规和其他法律法规的要

求。外国企业和个人在中国境内设立合伙企业，必须向国家市场监督总局授权的地方市场监督部门申请企业登记，这种情况不需要商务部批准。以投资为主要业务的合伙企业，由政府另行规定。投资资金由外汇转为人民币，可由企业自行确定。外国直接投资也应该在银行登记。

2020年7月23日起，《外商投资准入特别管理措施（负面清单）（2020年版）》和《自由贸易试验区外商投资准入特别管理措施（负面清单）（2020年版）》正式生效，为国家发改委、商务部于2020年6月23日发布。

2020年版外商投资准入负面清单进一步精简。其中，国家负面清单从40个项目减少到33个项目，2个行业部分开放；自贸试验区负面清单从37项减少到30项，部分开放1个行业。a.加快推进服务业重点领域对外开放。在金融领域，取消了对外资在证券公司、证券投资基金管理公司、期货公司、人寿保险公司持股比例的限制。在基础设施领域，50万人口以上城市的给排水管网建设和运营必须由中国股东控制的要求被取消。在交通领域，取消了禁止外商投资空中交通管制的规定，对民用机场的规定进行了调整。b.放宽制造业和农业准入。在制造业领域，取消了商用车制造的外资持股限制，取消了放射性矿物冶炼、加工，核燃料生产的外资限制。在农业领域，小麦新品种选育和种子生产必须由中方股东控制的要求被放宽至中方股东持股比例不得低于34%。c.继续开展自由贸易试验区试点。在医药领域，取消了禁止外商投资中药饮片的规定。在教育领域，允许外商独资企业设立职业教育机构。

目前，外国投资者投资国内上市公司B股不受限制。

境外投资者可以对境内上市公司A股进行战略投资，但受以下限制。a.投资者必须具备以下条件：一、是合法注册并经营的外国法人或其他组织，财务状况良好，信誉良好，具有成熟的管理经验；二、实际境外资产总额不低于1亿美元或实际管理的境外资产总额不低于5亿美元，母公司实际管理的境外资产总额不低于1亿美元或实际管理的境外资产总额不低于5亿美元；三、有健全的治理结构和良好的内部控制制度，运作规范；四、近三年内（包括母公司）未受到国内外监管机构的重大处罚。b.上市公司A股必须通过合同收购、上市公司定向发行新股或者国家法律、法规规定的其他方式取得。c.投资可以分期进行，完成第一期募集取得的股份比例不得低于公司已发行流通股的百分之十，但有特殊要求或者经有关部门批准的行业除外。d.上市公司A股三年内不得转让。e.法律、法规规定的特定行业投资者持股比例不得超过限制，法律、法规禁止的领域不允许投资者投资上市公司的。f.上市公司国有股股东必须遵守有关规定。

外国投资者可以使用在境外合法取得的人民币在中国境内从事直接投资活动。合法取得的人民币包括外国投资者在以下几个方面取得的：a.跨境贸易结算中取得的人民币；b.中国内地的股权互换利润和收益、投入资金的减少、清算和投资的提前回收；c.在境外发行人民币债券、股票等。

银行可根据企业提交的收支指示，按照"了解客户""了解业务""尽职调查"三大原则，对外商直接投资业务进行人民币结算。直接投资所得利润不足五万美元，经银行真实性审查，无须证明文件，可汇回国内。对于汇出超过50 000美元的利润，银行必须核实与当前利润汇出有关的文件，包括董事会关于利润分配的决议（或合伙人关于利润分配的决议）、纳税申报表格原件和经审计的财务报告。

7.直接投资清算的控制

上市公司A股三年内不得转让。经营期限届满前提前清算的，应当经原审批机关批准或者作出司法决定。在清算时，在相关银行登记后，外国投资者可以购买外汇并启动资金回流。境外投资者清算所得的人民币资金，可以由银行汇出境外，无须中国人民银行批准。

8.房地产交易的控制

房地产交易的控制适用于管理直接投资的法规。

①居民实体在境外购买房地产的行为。居民实体在境外购买房地产的行为与对外直接投资的行为类似。经批准，保险公司可以对外投资。保险公司境外投资余额合计不得超过该保险公司上季末总资产的15%。对单个法人单位的投资不得超过保险公司上季末总资产的20%。境外和境内房地产投资余额不得超过保险公司上季末总资产的30%。余额总额不包括保险公司用自有资金购买的自用房地产，其余额不得超过其上季末净资产总额的50%。单项房地产投资不得超过保险公司上季末总资产的5%。

②外资购买商品住宅。外资购买商品住宅，必须符合实际需要和自用的原则，可以到外汇指定银行直接兑换人民币购买。

③外资售出房地产。外资可根据有关外汇管理规定，直接到银行办理房地产销售资金汇回手续。转汇不需要单独审批。

9. 对个人资本交易的控制

①贷款。a.本国居民对国外。居民个人未经特别授权不得向国外居民提供贷款。b.国外对本国居民贷款。非居民个人未经特别授权不得向居民提供贷款。

②礼物、捐赠、遗产和遗产。a.国内向国外。国内居民凭有效的个人身份证明文件，可在银行购买外汇用于援助和帮助海外直系亲属，金额不超过每年5万美元。数额较大的，个人必须向银行提供有效身份证件以及有关部门或者公证机构出具的直系亲属证明、救助证明等材料。外国继承人，包括来自香港特别行政区、澳门特别行政区和中国台湾地区的继承人，可以将遗产转移到国外。b.国外向国内。居民的捐赠、遗赠、遗产所得不超过5万美元的，凭有效身份证件可在银行兑换人民币。超过本金额的销售或者结算，需要提供有效的个人身份证件、法律文件以及其他相关说明和资料。

③资产转让。退休和养老基金可以汇往国外，自然人出境或者在香港特别行政区、澳门特别行政区居留，在取得移民身份前，可以清算其在中国境内的合法财产，购买外汇汇出境外。出境人员在境外转让财产的购汇、付汇，须经国家外汇管理局批准。

10. 针对金融部门的规定

1. 商业银行和其他信贷机构的具体规定

中国加入世贸组织后，外国金融机构可以在中国设立全资子公司、中外合资银行或外国银行分支机构。根据2019年10月修订并公布的《中华人民共和国外资银行管理条例》，外资银行可以同时设立全资附属银行和外资银行分行，也可以同时设立中外合资银行和外资银行分行。

取消了拟设立中外合资银行的外资独资或大股东"设立申请前1年年末总资产不低于100亿美元"的限制，取消了拟设立分支机构的外资银行"设立申请前1年年末总资产不低于200亿美元"的限制。

外国银行分支机构可以受理中国居民个人不低于50万元的定期存款。外资银行的子公司、分支机构开业后可以立即从事人民币业务，不需要单独的审查和批准。《中华人民共和国外资银行管理条例》第二十九条、第三十一条规定在其业务范围内经营人民币业务的业务主体。外资银行在筹建期间应当做好准备工作，完成下列任务，外资银行的子公司或者外国银行首次申请经营人民币业务，应当具备下列条件：a.配备与业务发展需要相适应的相应数量的经营人员；b.出具向社会公开使用的重要业务凭证、表格；c.配备经主管机关批准的安全保卫设施；d.建立人民币业务的内部控制制度和操作程序；e.外资银行业务单位从事人民币业务，需要增加注册资本或者流动资金的，应当聘请在中国境内注册的会计师事务所验资，并向中国人民银行所在地的中国人民银行机构提交验资证明。

香港、澳门银行在内地设立独资银行、合资银行和分支机构，必须符合《中华人民共和国外资银行管理条例》的有关要求。

①向国外借款。商业银行和其他金融机构对外借款期限在1年以上的，必须提前申请向国家发改委备案登记。

所有对外借款都必须在国家外汇管理局登记。中资商业银行发行债券必须获得中国银行保险监督管理委员会的批准。境内金融机构经中国人民银行批准，可以在境外发行人民币债券。中国境内的法人金融机构和企业可以在资本和净资产确定的范围内，自由开展人民币或外币跨境融资。它们不需要事先获得中国人民银行或国家外汇管理局的批准。

外资银行境内分支机构（含香港特别行政区、澳门特别行政区和中国台湾地区的银行）可在其资本或净资产确定的限额内自由开展境内外跨境融资，不需中国人民银行和国家外汇管理局预先审批。为促进政策平稳联动和过渡，按照国民待遇原则，统一提高中外企业"跨境融资杠杆率"。

②向国外贷款（金融或商业信贷）。银行业金融机构可以在经批准的经营范围内，直接向境外提供商业贷款。人民币贷款没有额度和审批要求。商业银行以外的境内机构开展跨境贷款业务，其境外人民币和外币贷款余额之和不得超过上一年度经审计财务报表显示的股东权益的30%。

③在国内以外汇形式放贷。银行必须遵守《中华人民共和国商业银行法》有关资产负债率管理的规定。居民从境内金融机构借入外汇用于偿还本金，不需要外汇局登记和批准。然而，债权人必须定期提交贷款登记，并向国家外汇管理局报告还本付息情况。

④投资监管。a.银行对外投资。中资商业银行申请投资设立、参股或者收

购境外机构,必须具备下列条件:一、具有健全有效的公司治理结构和与其境外业务发展相适应的内部控制、业务线管理、风险控制能力。二、必须有明确的海外发展战略。三、必须具有良好的综合管理能力。四、主要审慎监管指标必须满足监管要求。五、股权投资余额原则上不得超过净资产(合并会计报表核算)的50%。六、最近三个连续的财政年度必须是盈利的。七、申请年度的年末资产余额不低于1 000亿元。八、具有与国外经营环境相适应的专业人才队伍。九、中国银行保险监督管理委员会规定的其他审慎条件。b.外资对国内银行投资。境外金融机构作为中资商业银行机构的创始人或战略投资者,必须具备以下条件:一、其最近年末总资产原则上不低于100亿美元。二、最近两年在中国银行保险监督管理委员会认可的国际评级机构的长期信用评级良好。三、最近两个财政年度必须持续盈利。四、商业银行的资本充足率必须达到注册地银行业平均水平,不得低于10.5%。非银行金融机构资本总额不得低于加权风险资产总额的10%。五、有健全有效的内部控制。六、注册地必须有完善的金融机构监管体系。七、机构所在国家(地区)经济条件较好。八、中国银行保险监督管理委员会规定的其他审慎条件。

境外金融机构成为中资商业银行股东,作为发起人或战略投资者,应遵循长期持股、优化治理、业务合作、避免竞争的原则。

中国银行保险监督管理委员会可以根据金融业风险情况和监管要求,调整境外金融机构设立的必要条件。对外资金融机构参股的中资商业银行,按照参股时中资商业银行的机构类型实施监督管理。对外资金融机构入股农村商业银行的监督管理,按农村商业银行有关规定执行。境外金融机构还必须遵守国家关于境外投资者在中国境内投资的有关规定(中国银行保险监督管理委员会令〔2018〕5号)。

⑤开放外汇头寸限额。自营外汇交易的金融机构每日交易总量(未平仓外汇总量)不得超过外汇流动资金的20%。经最高管理者授权,自营外汇交易的金融机构可以保留不超过外汇流动资金或者外汇经营资金1%的小规模隔夜未平仓外汇头寸。

累计外汇开仓率是累计外汇开仓量与净资本之比,按季度计算,不得超过20%。符合条件的商业银行可以同时使用其他方法来衡量外汇风险(例如,风险价值法或基点现值法)。

《中国银监会关于印发商业银行监管评级内部指引的通知》(银监发

〔2014〕32号）明确规定了外汇累计持仓额。商业银行必须按季度报告累计外汇未平仓头寸；报告的内容是银行在报告期内持有外汇的信息，包括因从事期权操作而持有的外汇。此外，《国家外汇管理局金融机构办理关于自营外汇买卖业务的管理规定》也提出了相关监管要求。

2. 针对机构投资者的规定

①保险公司。保险公司对外投资总额不得超过其上季度末总资产的15%，实际投资总额不得超过国家外汇管理局核准的投资支付限额。保险公司必须综合计算各类投资产品的比例（包括境内外投资金额），个别项目的比例要求与国内同类产品一致。对保险公司投资的国内外股权类资产的账面价值实行差额监管、以偿付能力为基础的比例监管政策，重大股权投资的账面价值不得超过公司上季末净资产，账面价值不包括保险公司用自有资金投资的保险企业股票。外国和国内房地产投资余额不得超过公司上季末总资产的30%，该账面价值总额不包括保险公司用自有资金购买的自用房地产，其余额不得超过上季度末净资产总额的50%。单个固定收益资产、股权类资产、固定资产和其他金融资产的投资账面价值不得超过公司上季末总资产的5%。单一资产投资是指在主要投资资产类别中，对单一、特定的投资品种的投资。分期发行的投资品种，单个资产投资的账面价值为各分期期内的投资总额。

②养老基金。社会保障基金境外投资比例按成本计算，不得超过总资产的20%。全国社会保障基金委托资产投资于机构发行的单个证券，由单个全国社会保障基金境外投资管理人管理的证券，不得超过该证券、基金额度的10%。按成本计算，不得超过全国社会保障基金境外委托管理资产总额的20%，但基金投资管理人作为机构投资者参与社会保障基金境外公开上市配售和私募配售，以及社会保障基金将其持有的股份委托境外投资管理人进行投资经营的除外。

③投资公司和集体投资基金。经批准，在规定的额度内，符合条件的基金管理机构和其他证券经营者可以将居民单位和个人的外汇、人民币资金集中到境外投资股票等有价证券。同一基金或者集体计划持有同一机构（政府、国际金融组织除外）发行的证券的市值不得超过该基金净值的10%，基金和集合计划购买证券不得有控制或影响证券发行机构及其管理层的意图，同一境内机构投资者管理的基金和集合计划持有同一机构已发行有表决权证券总额的比例不得超过10%。指数基金可以不受这些限制。